GEORG STEFAN TROLLER

DAS FIDELE GRAB AN DER DONAU

GEORG STEFAN TROLLER

Das fidele Grab an der Donau

MEIN WIEN 1918–1938

ARTEMIS & WINKLER

Für Robert Schindel in Wien,

der ja eine Generation später noch einiges
von dem fidelen Grab, wie es Alfred Polgar nannte,
selbst mitbekommen hat.

Die Deutsche Bibliothek verzeichnet diese Publikation
in der Deutschen Nationalbibliographie;
detaillierte bibliographische Daten sind im Internet
unter http://dnb.ddb.de abrufbar.

3. Auflage 2005

Druck und Bindung: fgb · freiburger graphische betriebe
ISBN 3-538-07188-8
www.patmos.de

INHALT

Erster Akt · Der Neubeginn
1918–1924
7

Zweiter Akt · Die goldenen Jahre
1925–1929
86

Dritter Akt · Die Krise
1930–1932
136

Vierter Akt · Die Illusion
1933–1937
177

Fünfter Akt · Das Ende
1938
237

Danksagung
283

Bildnachweis
284

Literaturverzeichnis
285

Personenregister
290

ERSTER AKT • DER NEUBEGINN
1918–1924

1

Als am 28. Juni 1914 der bosnische Student Gavrilo Princip in Sarajevo ein Attentat auf den österreichischen Erzherzog Franz Ferdinand verübt, wird genau der falsche Mann ermordet. Unter dem verheißungsvollen Namen »Vereinigte Staaten von Groß-Österreich« sollte ja, laut dem Thronfolger, nach dem Ableben von Kaiser Franz Joseph I. die in allen Fugen krachende Monarchie in einen föderativen Staatenbund umgegossen werden. Leider lebte der alte Kaiser mit seiner lethargischen Politik des Durchwurstelns und Austarierens erst viel zu spät ab, um sein Erbe noch zu retten. Der Zerfall des jahrhundertealten Habsburgerreiches, einst die stärkste Kontinentalmacht Europas, durch den Weltkrieg hinterließ bei den Österreichern einen mit nichts zu vergleichenden Schock. Aus der einstigen Großmacht war »ein halbes Dutzend Ohnmächte« geworden, mitten drin ein auf nicht einmal alle deutschsprachigen Gebiete reduzierter Rumpf.

Erste Friedensmonate in Wien: Hungersnot, Mehlknappheit, Brotkürzungen. Tausende sind zuletzt der Spanischen Grippe zum Opfer gefallen, darunter auch der 28jährige Egon Schiele und seine schwangere Frau Edith. Ihr letzter Brief, einen Tag vor ihrem Tod geschrieben: »Ich habe Dich unendlich lieb und liebe Dich immer mehr grenzenlos und maßlos.« Und sein letztes Wort, drei Tage später am 30. Oktober 1918: »Der Krieg ist aus – und ich muß gehn!« Auch Klimt, Otto Wagner und Kolo Moser waren in diesem Schicksalsjahr gestorben – der Jugendstil ist endgültig ausgeträumt. (Bis er ein halbes Jahrhundert später als Wiener Heimindustrie wiederauferstehen wird.) Siebzig Prozent der Wiener Bevölkerung gelten zu dieser Zeit als unterernährt. Selbst das luxuriöse Sacher muß seinen Restaurationsbetrieb schließen. Die letzte Straßenbahn fährt abends um halb acht.

Wien, einst geographischer Mittelpunkt einer blühenden Monarchie von 53 Millionen, ist zur verarmten Grenzstadt eines Alpenländchens von sieben Millionen Einwohnern geworden. Der neuen »deutsch-österreichischen« Regierung steht der Sozialdemokrat Karl Renner vor. Schon 1919 aber muß die Erklärung »Deutsch-Österreich ist ein Teil der deutschen Republik« auf Druck der Entente wieder außer Kraft gesetzt werden, es entsteht die ungeliebte »Republik Österreich«. Die Idee einer Staatengemeinschaft mit Deutschland jedoch wirkt weiter fort in allen politischen Parteien. Und der unselige Renner wird noch in den Märztagen 1938 verbissen für den Anschluß an Nazideutschland stimmen.

Dabei ist die neue Republik in bezug auf ihre wirtschaftliche Kapazität gar nicht so schlecht weggekommen. Sie besitzt mit 22% der früheren Bevölkerung immerhin 30% des erzeugten Volkseinkommens. Trotzdem ist jeder zutiefst überzeugt, daß das Land nicht für sich allein zu überleben fähig ist. »Nach aller irdischen Voraussicht konnte dieses von den Siegerstaaten künstlich geschaffene Land nicht unabhängig leben und – alle Parteien schrien es aus einem Mund – wollte gar nicht selbständig leben. Einem Lande, das nicht existieren wollte, wurde – Unikum in der Geschichte! – anbefohlen: ›Du mußt vorhanden sein!‹« (Stefan Zweig)

Ja, Österreich – nach dem Ausspruch der französischen Siegermacht »das, was übrigblieb« – hält sich letztlich für nicht lebenswürdig! Es will seinen eigenen Niedergang nicht überdauern. Jedes Anzeichen, daß man trotzdem überdauern könne, macht Wien jetzt also unbewußt zunichte: durch Parteienhader, Revolten im falschen Augenblick, großspurige Proklamationen, politische Spontanreaktionen. Kurz, eine ideologische Verblendung, die den Wienern eigentlich fremd zu sein schien.

Über den Charakter der Wiener ist durch die Jahrhunderte viel geschrieben worden – ihren musischen Sinn, ihre lebhafte Phantasie und insbesondere ihre jähen Gefühlswallungen. Und auch sonst allerhand Lobendes wie auch Abfälliges, am liebsten von ihnen selber. Denn der echte Wiener ist sich in der Regel seiner Schwächen ja durchaus bewußt, lebt sie aber mit Genuß aus. Die Kulturbeobachterin Hilde Spiel spricht überdies von »einem ständigen inneren Kampf, einer Unsicherheit und Schlaffheit des Wieners, von dem Bewußtsein geprägt, daß nichts von Dauer ist und hinter jeder Tür der Tod lauert.« Auch konstatiert sie »instinktive Abneigung gegen den Intellekt und vorsätzliche Bosheit um ihrer selbst willen.« Schon in Nestroys boshaftem *Lumpazivagabundus* findet sich als Selbstbeschreibung von Tischlergeselle Leim: »Ich seh einem lustigen Kerl gleich, aber das is Alles nur auswendig, inwendig schaut's famos aus bei mir. Wie ich trink, glaub ich, ein jeder Tropfen ist Gift – wie ich iß, so ißt der Tod mit mir.«

Was die Kunst betrifft, so waren die Wiener, auch wieder laut Hilde Spiel, »mehr den sinnlichen als den intellektuellen Vergnügungen zugeneigt.« Zumeist ließen sie sich »auf ernste Literatur nicht ein, fanden leichter Zugang zu einem bildlichen Meisterwerk und vertrauten auf ihre angeborene Musikalität. Dies erlaubte ihnen, die Tiefen ihrer eigenen Gefühle auszuloten, ohne sie in Worte fassen zu müssen und so allzusehr der Wirklichkeit auszuliefern.«

Der Charme der Österreicher, und besonders der Wiener, bestand ja letztlich in einer Art gemütvoller Naivität, die dem Göttlichen wie dem Irdischen und sogar dem Teuflischen mit der gleichen herzhaften Unbefangenheit gegenübertrat. Ihre wechselvolle und jetzt schon lang nicht mehr triumphale Geschichte hatte sie auf Versöhnlichkeit und Ausgleich angelegt. Und sie besaßen die erfreuliche Gabe, bei bedeutenden Menschen und Vorgängen die minderen, ja blamablen Eigenschaften zu schätzen, hinwiederum im Kleinen und Herzigen das Ewige mitzuspüren. Kurz, sie waren im Kern Biedermeier geblieben bis zu einem Zeitpunkt, als das eigentlich gar nicht mehr möglich war. Daraus entwickelte sich ein anschwellendes Mißtrauen gegen alles Andersgeartete, das sie zu überflügeln und zu übervorteilen drohte. Gegen die »Preißen«, gegen die Tschechen und vorrangig gegen die Juden. Um die Jahrhundertwende hatte man in Wien sozusagen das 20. Jahrhundert erfunden. Faktisch unter totaler Mißbilligung der übrigen Bevölkerung, die darin (siehe Hitler) vor allem jüdische Frechheit und Dekadenz argwöhnte. Und jetzt? Jetzt waren die Juden in diese österreichische Kultur verliebt, der sie zur vorläufig letzten Blüte und Zusammenfassung verhelfen durften. Was nicht ausschloß, daß man die Einheimischen auch schon mal frotzelte oder zu betakeln suchte. Aber im allgemeinen fand man doch, daß diese treuherzigen, lebensfrohen Zwockel, bei denen das Ländliche selten weiter als ein paar Generationen zurücklag, sich aufs beste mit den eigenen, abgebrühteren Stadt- und Schtetlgehirnen ergänzte. Kurz, wir waren bereit, in dieses Land nicht nur Energie, Geld und Talent zu investieren, sondern unsere geballte jüdische Sentimentalität! Dafür sollte einem aber auch bitte schön die Chance gegeben werden, sich diesen Österreichern anzuverwandeln. Ohne auf unser Bestes zu verzichten, wollten wir insgeheim so werden wie sie!

Nur, was gab es da eigentlich noch zu unserer Zeit, worauf man hätte fußen können? Wie eben einst ein Raimund, Nestroy oder Grillparzer, ja noch ein junger Schnitzler oder Hofmannsthal, sich hatten vom Volke tragen lassen. Dahin die »Österreichische Idee«, das verlorene Gegengewicht zur Wilhelminischen! Die »Mythik des Donau-Alpenmenschen«, von der man ein Jahrtausend gezehrt hatte, existierte nur mehr auf dem Papier. Auf dem Schreibpapier nämlich der »völkischen« Autoren, die sich dem Schwindel verschrieben, man könne weitermachen wie bisher. Und diese Leute kamen sogar an, denn nichts verkaufte sich damals so vortrefflich wie patriotische Schmiere und literarische Zechprellerei. Hoch der Schmäh, die Illusion, der Phrasendrusch! Wer zwitschert schon gern von den Dächern, daß er innerlich bankrott ist? Man wußte Bescheid, aber schminkte sich auf unschuldig und schlicht. Man stellte sich naiv, gläubig, bäurisch, urtümlich, erdverbunden. Man schwelgte in Operettenseligkeit, blauer Donau, Wäschermadeln und Tirolerblut, Dreimäderlhaus und Fiakerlied. Und wer da nicht mitstrickte an dem folkloristischen Mummenschanz, wie Loos oder Horváth oder Wittgenstein, wie Schiele und Kokoschka, Freud und Kraus, der wurde denunziert und fertiggemacht, er hatte ja die schweigende Übereinkunft zur Lüge durchbrochen. Er galt als Jude, und wenn er zufällig keiner war, so pappte man ihm so geschmackvolle Etiketten auf wie: jüdisch angehaucht, verseucht, infiziert. Aus dem geistigen Zusammenbruch bewußt einen Ausweg zu suchen – in den Sozialismus, in eine neue Kunst und Literatur, ins Weltbürgertum –, das hieß jüdisch. Sich blöd stellen: arisch. Die Bescheuertsten fand man in der tieferen Provinz, allwo sie bei Trachtenaufzügen und Blasmusik verkündeten: »Mir san g'sund!« Die ewigen Wähler der Waldheim und Jörg Haider.

Und Wien ... Wien war inzwischen zum »Wasserkopf« geworden! Mit seinem jetzt viel zu aufwendigen Regierungsapparat, seinem zu nichts mehr verwendbaren Beamten- und Offiziersheer, seinem Übergewicht von fast einem Drittel der Gesamtbevölkerung ... und seiner Masse von 200.000 zumeist handeltreibenden Juden. Einst, in der Monarchie mit ihren zahlreichen unterentwickelten Territorien, waren sie das Schmieröl im Getriebe gewesen, ja häufig das Getriebe selbst. Jetzt empfand man sie als überzählige Schmarotzer. Sie hatten Grundlegendes geleistet in der Konsumgüterproduktion, im Verkehrs-, Banken-, Verlags- und Zeitungswesen, in der Kleider- und Pelzmode und vielem anderen. Da, wo sie sich angeblich »in alles hineinzudrängen suchten«, hatten sie doch viel davon überhaupt erst geschaffen!

Auch war ihre Oberschicht seit langem Mäzenatin und Sponsorin der Kunst oder zumindest ihr dankbares Publikum. So sind auf Egon Schieles letzter Käuferliste von neunzig Eintragungen über ein Drittel jüdische Namen. Und jetzt begannen die Juden eben, selber Kunst zu produzieren. Stefan Zweig spricht in der *Welt von gestern* von der »Flucht ins Geistige«, um auf diese Weise ihr Judentum »ins Allgemein-Menschliche aufzulösen. Erst durch die Liebe zur Wiener Kunst fühlten sich die Juden voll heimatberechtigt und wahrhaft Wiener geworden.« Und, laut Friedrich Heer: »Der österreichische Genius sprach den Genius des Judentums an, erregte ihn mächtig, entband in ihm Schwingungen, die bis heute nicht erloschen sind. Die großösterreichische Dichtung zwischen Kafka und Broch ist der

Dank des jüdischen Genius an den Genius Österreichs.« Und der gescheite Wiener (und daher natürlich in Prag geborene) Romanautor Leo Perutz dehnt das auf den gesamten Kulturraum aus: »Das deutsche Volk ist seiner Gedanken- und Tatkraft halber in der Welt viel geschätzt worden – geliebt wurde es nur von den Juden. Man kann schon sagen: Die Juden haben die Deutschen mit Unglück geliebt.«

Diese sich selbst mißtrauende, sich als »silbernes Zeitalter« abwertende Epoche zwischen 1918 und 1938 (Kraus: »Ich bin nur einer von den Epigonen ...«) war in Wahrheit ein letztes großes Aufbäumen hauptsächlich jüdischer Kreativität in Mitteleuropa. Während leider der Vulkan, um den man tanzte, nicht mehr aus fruchtbarer erloschener Lava bestand. Sondern das Magma bereits wieder flüssig und aktiv geworden war, bereits wieder hochkochte und sprühte ... begierig, diese Kultur, unter den begeisterten Zurufen der Ignoranten, die sich noch nicht als betroffen empfanden, mit seinem Feuerstrom zu vernichten.

2

»Die Vorkriegszeit«, mitsamt ihren Vorkriegspreisen und ihrer Vorkriegsqualität – eine Idylle, die man als Nachkriegskind offenbar gar nicht mehr richtig erfassen kann. In der Rückschau eine Art zeitloses Narrenparadies, gelegen zwischen Wien, Brünn, Prag und Budapest. Und hauptsächlich bewohnt von spießigen braven Juden, die zwischen ihnen herumreisend ihre Geschäfte machten!

Daß einige von ihnen auch im Getto hausen müssen, scheint nur ein vorübergehendes Mißgeschick und nicht ernst zu nehmen. Die Monarchie ist für alle da. Dazu eine wohl mythische Geschichte: Kommt ein galizischer Jude von einer Wien-Reise in sein Schtetl zurück und wird gefragt, was er alles erlebt hat. »Nu, ich hab den Nordbahnhof gesehn und den Praterstern und die Schiffgasse und den Karmelitermarkt.« »Und die Hofburg hast du nicht gesehn und das Burgtheater?« »Nein, in die äußeren Bezirke bin ich nicht gekommen.« Mit anderen Worten, der Mann hatte nichts weiter mitbekommen als das Getto der Leopoldstadt, für ihn der Mittelpunkt der Stadt, nein, des gesamten gesegneten Kaiserreichs!

In Wirklichkeit ist diese Leopoldstadt ein schmaler Wiener Gemeindebezirk am Donaukanal, in den sich zu unserer Zeit an die 160.000 Menschen zusammendrängen, zumeist Juden. Unter ihnen viele Tausende, die vor den Pogromen im slawischen Osten fliehen mußten. Hier liegt, in »Kleinwohnungen, in die sich Großfamilien drängen« (Joseph Roth), die Brutstätte unendlicher Talente, die, wenn ihnen das rare Glück zulächelt, in die Innere Stadt oder gar die ländlichen Nobelviertel vordrängen dürfen. Andernfalls bleiben sie in ihrer quälenden Enge hängen, treiben Handwerk und Gewerbe oder überleben von Tag zu Tag als »Luftmenschen«, heiraten in der Synagoge unter der »Chuppa«, dem Trauhimmel, vermehren sich fleißig, »dawnen« (beten) in unzähligen Bethäusern, studieren in zahllosen Kaffeehäusern Zeitungen in jiddischer, polnischer oder deutscher Sprache, spielen Schach, Tarock oder Klabrias, bilden sich – auch politisch –, machen Verse, Theater, Kabarett und sogar Kino, sind ewig aufgeregt, diskutieren, wehklagen und hoffen allesamt auf eine bessere Zukunft, morgen oder wenn der Messias kommt… Bis dann 1938 alle ihre Träume zerschellen.

»Die Leopoldstadt ist ein armer Bezirk. Es gibt kleine Herbergen, in denen fünfzig, sechzig Leute auf dem Fußboden übernachten. Im Prater schlafen die Obdachlosen. In der Nähe der Bahnhöfe wohnen die ärmsten aller Arbeiter. Sie haben viele

Kinder, sie sind an Hygiene und Sauberkeit nicht gewöhnt, und sie sind gehaßt. Niemand nimmt sich ihrer an. Die Christlichsozialen und Deutschnationalen haben den Antisemitismus als wichtigen Programmpunkt. Die Sozialdemokraten fürchten den Ruf einer ›jüdischen Partei‹. Die Jüdischnationalen sind ziemlich machtlos … Es gibt kein schwereres Los als das eines Ostjuden in Wien.« (Joseph Roth: *Juden auf Wanderschaft*)

Ihre Hauptarterie heißt Praterstraße. Wir – die »Arrivierten« von der feineren Seite des Donaukanals – werden sie später eilig per Tram durchfahren, um mit den Eltern, oder häufiger dem »Fräulein« genannten Kindermädchen, zum ersehnten Wurstelprater zu gelangen. Sie ist mit Kaffeehäusern, auch verruchten und verbotenen, bestückt »wie eine Hur mit falschen Perlen«, laut unserem literarischen Onkel Robert. Ohne Begleitung werden wir uns erst später, und wie auf Dschungelexpeditionen, hineinwagen. In diesen Lokalen verkehren, unter anderen anrüchigen Charakteren, die Künstler, samt weiblichem Anhang, des damals noch existierenden Carltheaters. Also der Heimstätte des gemütvollen Phantasten Ferdinand Raimund und seines illusionsloseren Nachfolgers Johann Nestroy. Dessen ausgepichter und pessimistischer Witz zweifellos auch von der jüdischen Kumpanei herrührte, mit der er sich hier umgab. Nur leider auch, als passionierter, aber schwacher Glücksspieler, sein Geld verlor. Nachher wird das Haus zum Musiktheater umfunktioniert. Jacques Offenbach läßt sich hier feiern, später die Operettenkönige Oscar Straus, Leo Fall, Edmund Eysler und ihre Diva Fritzi Massary. Im gleichen Haus tritt auch der Jongleur Rastelli auf, der seinen jüdischen Namen längst abgestoßen hat. Auch der Kabarettist Steinschneider, der sich als Astrologe und Hellseher unter dem nordischen Pseudonym Eric Jan Hanussen den Nazis erfolgreich anbiedert, bis sie ihn erfolgreich umbringen.

Nicht weit vom Theater die Kleiderbörse des Café Pollitzer, von Jungreporter Egon Erwin Kisch sarkastisch beschrieben. Als er nämlich hier nach dem Weltkrieg seine nutzlosen Offiziersblusen einem Herrn Meisterschitz zu verscherbeln sucht. Aber »mehr als zehn Kronen ist Herr Meisterschitz, wie er schwört, nicht imstande zu bezahlen, so wahr er lebt, und zwar für beide Blusen zusammen zehn Kronen, weil nämlich die dunkelblaue effektiv nichts wert ist, hingegen die feldgraue noch hundertmal weniger.« Und natürlich hängt, vom Autor liebevoll und buchstabengetreu notiert, hinter der Theke eine Tafel: »Handeln mit alte Kleider ist in den Lokal strengstens verboten.«

Die Leopoldstadt ... schamhaft verdrängt in den Werken von Schnitzler, Freud, Mahler, Herzl, Schönberg, Altenberg, Salten, Polgar u. v. a., die doch einst die Luft dieser verrufenen Geniequelle geatmet hatten oder zumindest ihre Familienwurzeln von dort herleiteten. Es war die allzeit verleugnete, sozusagen steinzeitliche Vorstufe ihrer nachmaligen Position als Eierköpfe und Berufswiener. Etwas von der Leopoldstadt aber blieb in ihnen allen haften: ihre verschwiegene Religiosität, ihr Strebertum, ihr nie ganz freudiger Utopismus, ihre Angst vor dem Ausgestoßensein und nicht zuletzt ihr verzweifelter Humor... Anders als die aschkenasischen Juden, die ja zumeist aus den armen Ostgebieten der Monarchie, auch aus Polen, Rußland oder Litauen stammten, mochten sich die seltenen Sepharden oder Spaniolen fühlen, nämlich als etwas Besseres. So berichtet Elias Canetti, wie sein Großvater, »el Señor Padre«, der aus Bulgarien stammte, durch die Leopoldstadt geschritten sei wie ein leutseliger, allseits hofierter Potentat!

Im übrigen war man abgründig witzig in den Kaffeehäusern, den Produktenbörsen und in Gottes Namen auch in den Bethäusern dieses übervölkerten Distrikts. Aber besonders in den

»Rauchtheatern«, den Kabaretts und Varietés, wo sich die Künstler gegen das laute Schmatzen und Trinken, den Tabaksqualm und den Eigenwitz eines abgebrühten Publikums durchsetzen mußten, das sich nichts vormachen ließ. Den sagenhaften Komiker Heinrich Eisenbach konnten wir zu unserer Zeit nicht mehr bewundern, wußten nur, daß ihn der Unbestechliche – gemeint ist natürlich Karl Kraus – lebenslang hochleben ließ: »Das einzige reelle Theatervergnügen, das Wien zu bieten hat.« Und Feuilletonist Felix Salten: Er zeigt »die nie zerstörbare, nicht zu bändigende Lebenskraft, die der Gettotraurigkeit entwischen will. Tausendjähriger Schmerz wird zum Gelächter des Abends.« Auch das »Budapester Orpheum« mußte mit Kriegsende schließen, in dem immerhin noch Hans Moser, einer der wenigen Nichtjuden des Ensembles, sein Raunzen lernte. Die dort kreierte klassische Jargonposse der *Klabriaspartie* von Adolf Bergmann kannten wir nur aus den »Hefteln«, in denen sie elend gedruckt vertrieben wurde (man findet sie heute noch mit Glück in Wiener Antiquariaten, allerdings nie in der ersten Auflage). Letzte Ableger des Ensembles zogen dann in das Haus Annagasse 3 in der Inneren Stadt, ein noch existierendes Gebäude, das bis heute ein gutes Dutzend Unterhaltungslokale beherbergt haben muß. Was die *Klabriaspartie* betraf, so soll sie über tausend Vorstellungen gekannt haben, einmal im Zirkus Busch sogar zu Pferd! Klabrias war damals ein bei den Israeliten beliebtes Kartenspiel … und daß dabei unaufhörlich geredet werden mußte, gehörte eben zu den Eigenheiten dieses unverschwiegenen Volksstammes. Der ja nur durch Worte das jederzeit angriffslustige Schicksal zu bannen glaubt. Sogar beim königlichen Schach lief meiner Erinnerung nach ein permanenter Dialog nebenher, der vor allem aus verballhornten Klassikerzitaten zu bestehen hatte. Wobei zu jedem boshaft gezischten »So!« ein

Stein wuchtig aufs Brett zu knallen war: »Und Roß und Rössel sah man niemals wieder – so!« »Da wendet sich der Geist mit Grausen – so!« »Der Bauer ist kein Spielzeug nicht – so!« »Dem Steine kann geholfen werden – so!« »Gehorsam zeiget auch der Christ, nur Mut wächst auf dem eignen Mist – so!« »Und Jesus hing zwischen zwei Schächern. Schach, schächer, am schächsten – so!« »Es war mal ein Schwachmatikus, der war auch ein Schachmatikus – matt!«

Zurück zur *Klabriaspartie*, bei der sich gleich anfangs Zahlkellner Moritz über den schlechten Geschäftsgang im Lokal ausläßt: »Wenn ich zu an sag, mei Geld will ich haben, sagt er, Ihna Geld können Sie ja haben, aber meines nix.« Und beklagt sich (vielleicht das erste Mal, daß dieses typische Kaffeehaushistörchen auftaucht, das uns noch fast ein Jahrhundert später Komiker Karl Farkas in die Kamera jüdeln wird) über den knausrigen Gast, der sich zur »Jausenzeit« kurzfristig aus dem Lokal verabschiedet: »Moritz, da geben Sie mir auf mein Sessel obacht und lassen Se mir kan ehersetzen, ich geh nur z'haus Kaffee trinken, kumm aber gleich z'ruck.« Später während der Kartenpartie möchte dann ein Herr Dalles der betamten (geschickten) Frau Reis ein Kompliment machen, während Herr Reis das eigene Arriviertsein unterstreichen will, und heraus kommt folgendes:

Dalles: Ganz betamtes Weiberl, sehn Se an wie se lacht, und die schöne Haar was se hat.
Herr Reis: Se gebt sich aber auch acht auf de Haar. Alle Nacht sperrt sie se in Nachtkastel ein.
Frau Reis: Zu was erzählste das?
Herr Reis: Se solln wissen, mir ham e Nachtkastl.

Allerdings: Betrachtet man heute die Fotografien dieser alten

Wiener Kaffeehäuser, so fällt einem doch auf, daß es mit der Geselligkeit nicht ganz so weit her sein konnte. Weil nämlich die meisten Gäste mit Lesen befaßt sind! Dem Lesen der Dutzenden oder sogar Hunderten von Zeitungen aus dem In- und Ausland, die dort, in Zeitungshalter aus Bugholz gespannt, aufliegen. Und die man also nicht für teures Geld zu abonnieren braucht. Manche Blätter waren besonders gefragt und mußten eigens beim Kellner reserviert werden. Dazu eine Geschichte aus der frühen Nazizeit: »Die im Café Fetzer um einen Tisch sitzenden Gäste beraten, was mit Hitler am besten zu geschehen hat, aufhängen oder im Käfig herumführen? Sagt einer: Ich hab was besseres. Ich soll sitzen im Café Fetzer und vor mir liegt die *Presse* und das *Tagblatt* und das *Journal*. Und dann wird kommen ein kleiner Mann im Regenmantel und fragen: Bitte, ist das *Journal* frei? Und ich werd sagen: Für Ihnen nicht, Herr Hitler.«

Aber noch sind wir in der gemütlichen Vorkriegszeit unter dem »alten Kaiser« Franz Joseph, einst von den Juden der Ostgebiete als ihr liebender Schutzherr verehrt und mythisch überhöht. Da beschreibt ein Feldarzt der österreichisch-ungarischen Armee, Josef Tennenbojm, in seinen Erinnerungen den galizischen Juden Abraham, dessen ganze Familie von den Russen im Pogrom ermordet wurde. Und der nun seine letzte Hoffnung auf den Kaiser setzt, als könnte nur er das Geschehene ungeschehen machen. Als er vom Arzt erfährt, daß der Kaiser tot ist, verliert er den Verstand. Auch in Joseph Roths Romanen kommt dieser Kaisermythos zum Tragen, bis der Dichter sich zuletzt in die Illusion hineinredet, er selbst – der es nie weiter als bis zum Anwärter in der Etappe brachte – sei einst des Kaisers schlachtenerprobter Offizier gewesen.

In der Wiener Innenstadt gibt es nach dem Zusammenbruch der Monarchie eine kurzlebige Blütezeit der jiddischen Dichtkunst. Der Maler-Poet Uriel Birnbaum (es ist die Zeit der Multitalente) trifft sich mit anderen betont jüdischen Lyrikern im Café Herrenhof. Man lechzt nach Anerkennung durch die schon Arrivierten oder gar die Einheimischen, leider vergeblich. So wird ihnen die einstige Kaiserstadt jetzt zum apokalyptischen Ort des Todes und des Untergangs: *In a Schtodt was schterbt* lautet einer der Titel. Anders im ärmlichen Judengetto der Leopoldstadt, dessen große Zeit jetzt erst anrollt. Sie produziert moderne jüdische Zeitungen wie *Der Veker*, *Der Avangard*, *Unser Vort*. Es gibt Jüdische Künstlerspiele, ein Jüdisches Künstlerkabarett mit Programmen wie »Hallo, hallo, hier Radio Jerusalem«. Im Carltheater tritt die berühmte amerikanische Sängerin Molly Picon mit jüdischen Chansons auf. Die Wilnaer Truppe bringt einen mystisch überhöhten *Dybbuk*, der das zumeist ostjüdische Publikum – aber auch Robert Musil bespricht das Stück – zu Tränen rührt: »Ein fassungsloses Versinken« schwärmt hingegeben Jungautor Eugen Hoeflich, später als M. Y. Ben Gavriel bekannt: »Das Telefon ist ausgeschaltet, die Eisenbahn fuhr zum Teufel, Kanonen fraß der Krieg, Betriebsamkeit stieß sich zu Tod, Psychoanalyse vermeldet ihren Konkurs – alles ist wieder wie es einst war, wie wir es einst erlebten in jener frühen Geburt verklungener Nächte spanischer oder deutscher oder chassidischer Judenstädte …« Was zählt dagegen ein Wien, das ihre Tränen rundum ablehnt:

Fremder Zonen fremde Söhne
Wanken wir taumelnd durch die Gänge
Fremden Geistes. Ziellos.

So gingen denn die jiddischen Dichter, von Wien enttäuscht, zumeist wieder nach Polen zurück und ihrem Schicksal entgegen. Die assimilierten blieben, unter ihnen Karl Kraus, der den »Jargon« verpönte (aber mit teuflischer Treffsicherheit einsetzte) und sich der hochdeutschen Stilkunde widmete, als wäre sie von ihm gepachtet. Sein besonderer Haß galt den Autoren, die »dorten« anstatt »dort« schrieben (wie übrigens auch Hölderlin) oder »trotzdem« statt »obwohl« (wie regelmäßig Franz Kafka und Fontane). Die wenigen Zeitgenossen, die er billigte, waren alle billigenswert, diejenigen, die er verachtete, aber in ihrer Mehrzahl nicht minder! Wutbebend brandmarkt er im Krieg – obschon selber von der Dienstpflicht enthoben – die »Heldenbeschreibungsanstalt«. Und meint damit das frontferne Kriegsarchiv, das Kriegsfürsorgeamt und insbesondere das Kriegspressequartier. Wo immerhin so gut wie alle bedeutenden Autoren Österreichs unterschlüpfen konnten und vor Feindeinwirkung beschützt waren. Darunter Hofmannsthal, Rilke, Bahr, Friedell, Wildgans, Zweig, Salten, später auch Werfel. Nur die unberühmteren mußten zur Front, so der »Medikamentenakzessist« Georg Trakl, der sich nach der blutigen Schlacht von Grodek eine tödliche Überdosis Kokain verabreichte. Der Bericht seines einfachen böhmischen Offiziersburschen über den Tod seines »lieben Herrn« gehört, mit den Abschiedsbriefen der hingerichteten Anarchisten Sacco und Vanzetti und dem von Friedrich Torberg aufbewahrten Brief der Köchin Katharina Jandak, zu den schönsten Dokumenten herzerfrischenden Analphabetentums … Andere eilten freiwillig zur Front und wurden dort schwer verwundet, so besonders viele Juden wie die Lyriker Theodor Kramer und Uriel Birnbaum oder der Komiker Fritz Grünbaum. Populär wurde gleich zu Kriegsbeginn das »Reiterlied« des jugendlichen Hugo Zuckermann: »Drüben am Waldesrand hocken zwei Raben. / Werd ich der erste sein, den sie begraben?« Er war es und fiel schon 1915 bei einem Reiterangriff. Auch spätere Skeptiker wie

Freud, Stefan Zweig und Schnitzler fanden den Kriegsausbruch erhebend. So daß man eigentlich als Kriegsverächter der ersten Stunde in Österreich neben Kraus fast nur den ihm verhaßten (ebenfalls aus dem Tschechischen gebürtigen) Publizisten Egon Erwin Kisch ausmachen kann.

Die Integrationsfigur für diese patriotische Begeisterung war der zum Judenfreund hochstilisierte Kaiser. Als dann 1916 sein weithin unbekannter Thronfolger Karl I. die Krone übernahm, wurde Franz Werfel dazu ausersehen, geeignete Aussprüche zu imaginieren, die der neue Herr bei öffentlichen Anlässen von sich geben könne. Werfel erfand, mit Hilfe zahlreicher Kollegen, was das Zeug hielt. Der hundsgemeinste Vorschlag – er stammte von dem scharfzüngigen Polemiker Anton Kuh – verschwand allerdings sofort in den Archiven: »In meinem Reiche geht die Sonne nie auf.«

Jetzt, nach dem Umsturz, sind einige der Jüngeren – darunter auch der vorübergehend revolutionäre Franz Werfel sowie natürlich der unvermeidliche Kisch – zu den »Roten Garden« gestoßen. Die nach deutschem Vorbild alle Macht- und Medienzentren zu übernehmen gedenken. Eines jener radikalen Vorhaben, die im Österreichischen mit einem »Pallawatsch« zu enden pflegen. Die selbststilisierten Roten Garden dringen also, laut Legende, in die Redaktion der *Neuen Freien Presse* ein, um sie zu veranlassen, ein Manifest zur Errichtung der »Sozialistischen Republik Deutsch-Österreich« abzudrucken. Diensthabender Redakteur ist gerade Kischs eigener Bruder Paul. Den er nun mit der Pistole auffordert, seinen Platz zu räumen. Worauf aus dessen Mund die, vielleicht apokryphe, Antwort erfolgt sein soll: »Gut, Egonek, ich weiche der Gewalt, aber ich sag's der Mama!« Dazu bissig Karl Kraus (einst als Mitarbeiter entlassen, weil er einen von Feuilletonchef Theodor Herzl gestrichenen Artikel nachts wieder ins Blatt schmuggelte): »Jene, die die *Neue Freie Presse* besetzten, taten es, weil sie auf andere Weise nicht hineinkommen konnten.« Kisch, der sich selbst das schmissige Beiwort vom »rasenden Reporter« verlieh, obwohl er in Wirklichkeit höchst penibel arbeitete, war nicht nur für seine realistische Zeitungsarbeit berühmt, sondern auch für seine über den ganzen Leib verteilten Tätowierungen (später von dem Porträtmaler Christian Schad getreulich abkonterfeit). Zielsicher wird Kisch auch von seinem Feuilleton-Kollegen Anton Kuh charakterisiert: »Sein Lebenstraum: 1793, Bürger Kisch wird zur Guillotine geführt. Kragen herunter; Trommelwirbel; der Leib kommt aufs Brett. In diesem Augenblick zieht Kisch eine Berichterstatterkarte aus der Tasche: ›Pardon… *Prager Tagblatt*‹!« Selige Zeiten, als das *Prager Tagblatt* (unser Vater hielt es im Hause) sogar noch die *Neue Freie Presse* an Glanz übertraf … und als man Journalisten noch nicht umbringen durfte.

Leider blieb es im November 1918 nicht bei dieser zweifelhaften Kisch-Komödie in Redaktionsräumen. Sondern die Kommunisten versuchten auch, das Parlament zu stürmen, um Regierung und Abgeordnete auf Vordermann zu bringen. Und natürlich war es ein Sozialdemokrat, Julius Deutsch (später Kommandant des Republikanischen Schutzbundes), der das Schlimmste verhütete. Ohne daß die »Schwarzen« je dieser Partei, die heftiger zu bellen als zu beißen verstand, den ihr gebührenden Dank gespendet hätten. Daß es an diesem Tag auch zwei Tote und 45 Verletzte gab, ist eine der Quellen des tiefen Mißtrauens, das von da an die Konservativen und die Provinz gegen das »rote Wien« beseelen und letztlich zum Anschluß durch die Nazis führen sollte… Was Kisch selber betraf, so vertraute er in diesem Fall weniger seinem Prager Presseausweis als seinen guten Beziehungen. Und versteckte sich bei den Eltern seines

Literaturkollegen Leo Perutz, damals eine der gefürchtetsten Kaffeehausbestien von Wien.

3

Hat wirklich anno 1683 der polnisch-österreichische Kundschafter Kolschitzky, nach dem Sieg über die Wien belagernden Türken, sich als einzige Belohnung die im verlassenen Feindeslager zurückgelassenen Säcke mit Kaffeebohnen ausbedungen? Sie auch zu rösten gewußt und damit, gerade noch vor Paris und Venedig, das erste europäische Kaffeehaus gegründet? Inzwischen ist unsere Kindheitslegende längst entlarvt. Das Wiener Kaffeehaus aber als Konversationsort, als Treffpunkt, als Lesehalle, als selbstgewählte Isolationszelle, aus der man nach Wunsch ins Miterleben eintauchen kann, als »home away from home« (nämlich ohne Ehepartner) und vieles andere muß jedoch von je dem tiefsten seelischen Magenknurren der Wiener entsprochen haben, um bis heute zu florieren. (Allerdings hatte Paris schon zur Zeit der Französischen Revolution so viele Cafés wie Wien heute, nämlich rund eintausend).

»Das Café erlaubt den Menschen, ihrem Interieur zu entkommen, was ja sowohl Heim wie Innenleben bedeutet« (so Stefan Zweig, aus dem Gedächtnis zitiert). Und für wieviel Wiener Frust und Beleidigtsein muß das Kaffeehaus von je Linderung bieten! Auch wenn sich die »weiche, warme Mokkaatmosphäre«, die Ludwig Hirschfeld noch 1927 in *Das Buch von Wien* schwärmerisch beschreibt, inzwischen etwas verflüchtigt haben mag: »Sofort begrüßen uns zwei, drei Kellner in einer herzlichen Weise, als ob es ein frohes Wiedersehen wäre: ›Habe die Ehre, guten Tag zu wünschen die Herrschaften, küß die Hand die Dame.‹ Der Ober, der hier Zahlmarkör heißt, häuft Zeitungen auf den Tisch und fragt verbindlich: ›Was wird angenehm sein?‹ Die Bestellung gibt er sodann an den einen Schritt hinter ihm stehenden Markör oder Zuträger weiter, nach welcher aufopfernden Dienstleistung er sich ins Privatleben zurückzieht.« Und dann kommen eben die Bestellungen in zahllosen Varianten, der Schwarze und der Mokka, die Schale Gold, die Nußschale, die Melange, der Kapuziner, die Nuß braun, der Türkische, der Espresso im Kupferkännchen, auf Wunsch passiert, der Fiaker, der Fiaker gespritzt, alles mit oder ohne Haut... Schattierungen, von denen kaum die Hälfte mehr dem heutigen Kunden geläufig sein dürften. Und die an der Küchentür, in unverständliche Kürzel zusammengefaßt, etwa so abgegeben wurden: »Fünf Lauf, dazu zwei ohne, einer mit, einer mehr braun, sehr heiß, zwei passiert, zwei Lauf Haut.« (Worauf einer unausrottbaren Sage zufolge der Kaffeebrüher am Herd zu antworten pflegte: »Macht ein Dutzend Braune. Kommt sofort.«) Auch Konversationslexikon, Adreßbuch, Schreibzeug standen unentgeltlich zur Verfügung (der Dichter Altenberg ließ sich sogar seine Post ins Café liefern). Nicht zu reden von der Vermittlung von Telefonnachrichten: »Herr von Pollitzer wurden von einer Dame angerufen, war aber nicht die Frau Gemahlin.«

Erste Künstlercafés entstehen schon im 19. Jahrhundert: das Bognersche Kaffeehaus in der Singerstraße, in dem die Schubertianer sich treffen. Das Silberne Kaffeehaus (Lenau, Raimund, Grillparzer) in der Plankengasse. In die Kunst- und Militärgeschichte eingegangen ist das Café Sperl, wo es sowohl einen »Genietisch« gibt, mit dem Volksschauspieler Alexander Girardi im Zentrum, als auch einen »Artillerietisch«, an dem u. a. der österreichische Generalstabschef Franz Conrad von Hötzendorf sich labt. Aus der hier im Haus gegründeten Hagengesellschaft entsteht später die Wiener Sezession. Das Griechenbeisl hinter der Rotenturmstraße, das sich gern bis ins Mittelalter zum Lieben Augustin zurückleitet, trägt nach wie vor die Autogramme seiner Stammgäste an Wänden und Decke. Eine der frühesten »antiornamentalen« Arbeiten von Adolf Loos war das eher karge Café Museum, daher auch Café Nihilismus genannt. Hier verkehrten neben Loos und Altenberg auch Musil, Polgar, Csokor und sogar Paris von Gütersloh. Obwohl dieser sich doch eigentlich, als Vertreter des barocken, verschnörkelten, surrealen Österreichertums, zu den Erbfeinden von Loos zählte. Mit der literarischen Moderne sind die drei Cafés der Herrengasse verbunden: das Griensteidl, das Central und das Herrenhof. Immer in dieser Reihenfolge genannt, als handle es sich um Ludwig den vierzehnten bis sechzehnten.

Das Griensteidl im Palais Herberstein Ecke Michaelerplatz, 1847 errichtet neben dem Alten Burgtheater, ist, wie oft beschrieben, die Heimstätte der theatersüchtigen »Jung-Wiener«. Darunter Schnitzler, Bahr, Beer-Hofmann, Salten, Raoul Auernheimer, Leopold Andrian, Felix Dörmann, Herzl. Und natürlich das Wunderkind Hugo von Hofmannsthal, der hier schon als Gymnasiast verkehrte und mit seinem melancholischen Einakter *Gestern* sogleich ein Wiener Grundgefühl ansprach: Wie schnell das Leben vergeht, man kommt gar nicht dazu, es zu erleben. Und welcher dann hier von dem eigens angereisten Stefan George zur Mitarbeit an seinen *Blättern für die Kunst* aufgefordert wurde. (Der spätere Zwist der beiden hat vielleicht weniger mit Geistigem zu tun, als daß möglicherweise der Ältere den schmucken Wiener Jungpoeten als Ersatz für seinen verstorbenen Epheben Maximin ausersehen hatte.) 1897 wird schließlich das Griensteidl geschleift ... nicht ohne daß kurz zuvor Schnitzler in sein Tagebuch notiert hätte: »Gestern Abend hat Salten im Kfh. noch den kleinen Kraus (der auch ihn angegriffen) geohrfeigt, was allseitig freudig begrüßt wurde.« Inzwischen ist das Griensteidl – wie ja auch das Central – als historischer Talmitempel längst wiedererstanden. Da ja Wien der einzige Ort ist, wo man verstorbene Kaffeehäuser zu neuem Leben erweckt und dabei auf alt zurückzüchtet, wie anderswo die Auerochsen.

»Wien wird jetzt zur Großstadt demoliert«, so der berühmte Eingangssatz der Satire *Die demolierte Literatur*, die der noch jungfrische Karl Kraus über den Abriß des Griensteidl und die Abwanderung seiner literarischen Stammgäste herausgab. Ein Satz von Ewigkeitswert, bedenkt man, mit welcher Unverfrorenheit bis heute historische Paläste, Theater, Villen und Wohnhäuser von ruchlosen Baulöwen abgetragen werden, um grundsätzlich Banalitäten an ihre Stelle zu setzen. (In die Griensteidl-Lokalitäten zog eine Silberhandlung, auf Sportpokale spezialisiert.)

Da über das Umschlagbild der blutroten Kraus-Broschüre, auf der man einen geifernden Greis sieht, der von zwei angeblichen »Hexen« oder »Gespenstern« fortgeschleppt wird, viel Unsinn geschrieben wurde, hier die einfache Erklärung: Es handelt sich um die Parodie eines frühen Titelblattes der *Jugend*, gezeichnet von Zumbusch, wo zwei leichtfüßige Jungfrauen einen krakeelenden Spießer mit Glatze und Backenbart über eine blühende Wiese wegschleifen. In der Kraus-Broschüre nun (heute fast unauffindbar, ich fand sie – wo sonst – bei Pollack's in Tel Aviv) stellt dann die bärtige Figur den Zeitchronisten Hermann Bahr dar. Und die zwei »Hexen« sind stadtbekannte Wiener Typen, noch in meiner Zeit allenthalben zu finden: Nämlich die slowakische Bauarbeiterin mit Spitzhacke, sowie das »Mörtelweib«, dessen Aufgabe es war, den anstelle von Zement häufig verwendeten billigen Lehm (siehe das Lied »Der gewissenhafte Maurer« von Otto Reutter) umzurühren. Worauf sie ihn dann in einem Holzbottich auf dem Kopf zum »Ziegelschupfer« zu transportieren hatte. Und ihre »gespenstische« Haube ist nichts anderes als das ortsübliche Kopftuch, in das eine kreisrunde Stoffwulst eingesteppt war, um das Tragen zu erleichtern.

»Was ist ein Kaffeehausliterat? Ein Mensch der Zeit hat, im Kaffeehaus darüber nachzudenken, was die anderen draußen nicht erleben.« (Anton Kuh) Zum selben Thema, aber umständlicher – er schrieb eben nicht für den Tageskonsum, hatte also nicht nötig, witzig zu sein – Franz Werfel in dem Roman *Barbara oder die Frömmigkeit*: »Man hält die Boheme im allgemeinen für die Lebensform der völligen Gesetz- und Zuchtlosigkeit. Das ist ein großer Irrtum. Sie hat ihre strengen Regeln wie nur irgendein Orden. Eine dieser Regeln lautet: Stellt sich jemand auf einen krassen Standpunkt, so nimm sogleich einen noch krasseren ein. Man muß also immer auf der Hut sein, um sich nicht einer bürgerlichen Rückständigkeit schuldig zu machen.«

Ach, was waren sie damals noch fesch revolutionär, die Herren vom Griensteidl, mindestens in literarischen Dingen. Inzwischen, laut dem umtriebigen Ludwig Hirschfeld, »würdige abgeklärte Herren, die sich in ihre Cottage-Villa oder in eine mit allem kirchlichen Komfort ausgestattete Weltanschauung zurückgezogen haben.« Wobei ersteres auf Schnitzler und Beer-Hofmann, beide stolze Hausbesitzer im noblen Cottage-Viertel, letzteres auf die Ostentativ-Katholiken Bahr und Hofmannsthal durchaus zutraf.

1897 also bleibt den Griensteidlern nichts anderes übrig, als geschlossen einige hundert Schritt nordwärts ins Café Central zu marschieren. Wo sie allerdings schon ihren Vollender in Gestalt des »Dichters der Nichtigkeiten« Peter Altenberg … und ihre Nemesis Karl Kraus vorfinden, einen »häßlichen Zwerg von geradezu abstoßender Geistigkeit«. Sowie die 235 (!) Zeitungen aus dem In- und Ausland, deren Gratislektüre sie als ihr Recht empfinden. Das um 1860 von Baumeister Heinrich Ferstel in edler Kitsch-Gotik errichtete Gebäude war für die Österreich-Ungarische Bank bestimmt, im Obergeschoß ihre Notendruckerei. »Oben druckt man das Geld, das man unten schuldig bleibt«, hieß es, als in das Erdgeschoß mit seinen vielen unheimeligen Sälen das Café Central einzog. Am ungemütlichsten, wie ein glasüberwölbter Lichtschacht, eingefaßt von offenen Treppen, der große Kuppelsaal des Arkadenhofs. Wo an streng getrennten Ecken und Tischen die Allianzen der Schachspieler, der Tarockisten, der Sozialisten, der Slawophilen, der Revoluzzer – wie etwa Trotzki – und eben der Schriftsteller stundenlang über einer Tasse Kaffee ausharren, einander beobachten, belauern ... und beschreiben. Darunter Musil, Egon Friedell, Gütersloh, Werfel, der Schauspieler Max Pallenberg, der Komponist Leo Fall, der Feuilletonist Anton Kuh und unzählige andere. Zu den Prominenten gehört Alfred Polgar, genannt der Marquis de Prosa, sein Stil »Filigranit«. Polgar – von ihm stammt der Satz von Wien als dem »fidelen Grab an der Donau« – ist auch der Verfasser einer vielzitierten »Theorie des Café Central« (ich denke aber, wir waren die ersten, die sie verfilmten) voller hochgemuter Antithesen wie: »Das Café Central ist nämlich kein Caféhaus wie andere Caféhäuser, sondern eine Weltanschauung, und zwar eine, deren innerster Inhalt es ist, die Welt nicht anzuschauen ... Das Café Central liegt unterm wienerischen Breitengrad am Meridian der Einsamkeit. Seine Bewohner sind größtenteils Leute, die allein sein wollen, aber dazu Gesellschaft brauchen ... Der Centralist lebt parasitär von der Anekdote, die von ihm umläuft ... Der Gast mag vielleicht das Lokal gar nicht, aber sein Nervensystem fordert gebieterisch das tägliche Quantum Centralin ...«

Hat Kraus in seiner Satire nicht einmal vor dem arrivierteren

Arthur Schnitzler haltgemacht, »der am tiefsten in diese Seichtigkeit taucht und am vollsten in dieser Leere aufgeht« (zu solchen geschniegelten Paradoxien verführt eben das Literatencafé unwiderstehlich, man fragt sich, wie Oscar Wilde es außerhalb schaffte), so beschreibt andererseits Schnitzler seinen lebenslangen Gegner in dem Roman *Der Weg ins Freie* mit Degout als den »Kritiker Rapp« hinter einem Stoß von Zeitungen: »Eben hatte er den Zwicker von der Nase genommen, putzte ihn, und so sah das blasse, sonst so hämisch-kluge Gesicht, mit den stumpfen Augen wie tot aus.« Auch der eitle Alfred Polgar bekommt sein Fett ab, als Dichter Gleißner »im Glanze einer falschen Eleganz, mit einer ungeheuern schwarzen Krawatte, darin ein roter Stein funkelte.«

Aber auch Frauen spielen im Central – wie später im Café Herrenhof – eine Rolle, dafür lebte man in Wien und nicht in der Türkei oder auf dem Balkan! Teils als Autorinnen (»Literatten«), teils als Inspirationsquelle der Männer, und meist beides zusammen. Da war die witzige Schauspielerin Lina Loos, kurzfristig geheiratet von dem Architekten Adolf Loos, verehrt von Altenberg, Friedell, Csokor. Da war Emma von Alesch, geborene Rudolph, die als »Ea« in die Literaturgeschichte einging. Mitarbeiterin der tonangebenden *Modernen Welt*, lernte sie alle Größen der Stadt kennen, von den »Centralisten« bis hin zu Rilke, Schiele und Kokoschka. Dann heiratete sie einen Studienfreund von Robert Musil, aber schon fünf Jahre später verläßt ihretwegen Hermann Broch seine Frau. Im dritten Teil seiner *Schlafwandler*-Trilogie trägt sie den Namen Alpha. Während sie wiederum in Musils Komödie *Vinzenz und die Freundin bedeutender Männer* unter dem Namen Hanna jene Freundin ist.

Die erfolgreichste Literatte aber bleibt Gina Kaus. Die als Journalistin bei der *Arbeiterzeitung* beginnt und nachher vielbewunderte Illustriertenromane für Ullstein schreibt, aber auch Dramen, von denen eines sogar den Goethepreis erhält. Beruhend auf ihren in mehreren Ehen und zahlreichen Liebesbeziehungen (Blei, Soyka, Broch etc.) sauer erworbenen Kenntnissen des Frauenherzens und der Männergelüste. Karl Kraus ist einer ihrer Bewunderer: »Frauen wie sie finden immer Männer, die ihnen helfen«, meint er herablassend. Und bezahlt prompt ihre Telefonrechnungen, wenn man ihr in einer finanzschwachen Periode die Leitung gesperrt hat. Jahrelang soll er sie jeden Morgen vor dem Schlafengehen – er war Nachtarbeiter – angerufen haben, um sich von ihr informieren und amüsieren zu lassen. Die unternehmungslustige »Donna Juan« ist auch mit Kafka-Briefpartnerin Milena befreundet und tritt ihr sogar einen ihrer Liebhaber ab. Geistiger Höhepunkt ihrer Anerkennung als Autorin (bevor sie als schwer arbeitende Szenaristin in Hollywood endet): Sie fungiert unter den 130 Schriftstellern, deren Bücher man nach Hitlers Machtergreifung in Berlin öffentlich verbrennt …

Dann gibt es da noch Bibiana Amon, die »Strahlende«, als »Gretchen von Peter Altenberg entdeckt und nun schon zur Helena erblüht«, laut Anton Kuh. Der zwar als homosexuell galt, sie aber trotzdem als Geliebte für sich reklamierte. Sie ist es, die jenen entscheidenden Ruf »Gib acht, Anton! Die Revolution!« ausgestoßen haben soll. Als nämlich im November 1918 der aufmüpfige Wiener Plebs bis zum Niederösterreichischen Landtag vorstieß, der dem Central genau gegenüberlag. Womit sie aber, laut Kuh, eben nicht so sehr den Umsturz gemeint habe als die viel sensationellere Umsiedlung der Boheme vom Central in das benachbarte Herrenhof!

Als wir Mitte der sechziger Jahre für das deutsche Fernsehen einen Nachruf auf das Central zu filmen beabsichtigen, stoßen wir auf unerwartete Schwierigkeiten. Das ehemalige Lokal wird jetzt von einem »Österreichischen Seefrachtenkontor« belegt, das schon in seiner Titelgebung von Kafka herrühren muß. Denn daß Österreich zuletzt eine Meeresküste besaß, nämlich die Adria, reichte nun wirklich tief in die Monarchie zurück! Weisungsgemäß begeben wir uns zur Gebäudeverwaltung, wo man allerdings noch nie von einem Café Central gehört haben will und uns striktes Drehverbot erteilt. Es wird offenbar, daß man das Haus mit seinen viel zu raumgreifenden Hallen – eine im zweiten Stock dient sogar als Basketballplatz – abzureißen gedenkt, bevor die Denkmalschützer aktiv werden. Historische Glorifizierung ist ungefähr das Letzte, womit man sich jetzt abgeben will. Was bleibt uns anderes übrig, als die Chance wahrzunehmen, daß quer durch den Bau, von der Herrengasse zur Freyung, eine Passage verläuft – hier sagt man Durchhaus –, deren »öffentliche Benutzung auf eigene Gefahr bis auf Widerruf gestattet« ist. Dort verstecken wir uns, bis die Tore geschlossen werden, und haben nun die Nacht für uns.

Eine unvergeßliche Nacht, in der wir entdecken, daß im Arkadenhof noch die alten Cafémöbel, angeblich längst in die Ewigkeit eingegangen, gegen eine Wand gestapelt stehen. Die wir nun mühevoll wieder aufbauen, dazu das entsprechende Geschirr aus den Kellerräumen. Sogar eine Originalnummer des expressionistischen *Sturm* finden wir dort. Mit Kokoschkas umstrittenem Drama *Mörder, Hoffnung der Frauen*, das dem Blatt damals die Kündigung seiner halben Abonnentenschaft bescherte. Und Schachspiele. Und Säulen. Und Mantelständer. Und eine Kassa. Drei Schauspieler im Kostüm haben wir selbst mitgebracht: Einen Autor, einen Kellner und ein Kuchenmädchen darstellend, die nun, gespenstisch ausgeleuchtet, an die Tische verteilt werden. Alle in eingefrorenen Stellungen, denn hier schwimmen wir ja im Symbolischen. Gegen Morgen, wie das Durchhaus eröffnet wird, bauen wir noch rasch einen Portier in den Eingang, der uns verabschieden soll. »Österreichische Seefrachten, gibt es das überhaupt?« wird er gefragt. »Ach, wissen S', in diesem Land is halt alles möglich.« Er verbeugt sich, und die Kamera schwenkt hinunter auf ein Mosaik, das wir unter dem Bürstenteppich entdeckt haben: »Eingang Café Central«.

Heute ist das Seefrachtenkontor verschwunden und das Café in alter Pracht wieder erstanden, sogar mit einer lebensgroßen Altenberg-Puppe an einem der Tische. (Ein P.A.-Porträt, leider nicht das ursprüngliche, findet sich auch in der historischen Loos-Bar nahe der Kärnterstraße, damals der eleganteste Treffpunkt von Wien.) Natürlich wird heute das Central von Schriftstellern gemieden, welche sich noch am ehesten im Café Hawelka, im Bräunerhof oder Prückel finden lassen. Der Eingang ist jetzt wieder an das Ecktor verlegt, und auch das Mosaik scheint nicht mehr vorhanden. Aber ein Lesecafé ist das Central noch immer.

4

Tod eines Dichters ... aber vielleicht sollte man das Wort lieber in Gänsefüßchen setzen, da allzu penetrant von Peter Altenberg selbst in Anspruch genommen. Jedenfalls war es sein letzter Traum, noch den sechzigsten Geburtstag zu erleben. Er verpaßte den Termin um zwei Monate. Starb aber rechtzeitig, nämlich im Januar 1919, um eine Zeit nicht mehr erleiden zu müssen, die für seinesgleichen nur noch ein vages Achselzucken übriggehabt hätte.

»Ich saß einmal mit zwei Gefallenen. Die eine alt, fertig, zerpatscht vom Leben wie die Fliege unter der Pracke. Die andere jung, blühend. Die Alte ungeheuer lustig und die Junge ungeheuer traurig. Da sagte ich zu der Alten: ›Du, wieso ist es?!?‹ Da sagte die Alte: ›Du, die hat's noch nicht nötig, lustig zu sein – – – !‹«

Eine Geschichte, wie sie nur »P. A.« (wie er sich am liebsten nennen hörte) so erzählen konnte: prägnant, philosophisch und mit Schlußpointe. Man erfährt, daß der Autor mit »Gefallenen« zu tun hat und per Du ist. Man erfährt etwas über »das Leben«, etwas Sentimentales zumindest. Und einiges Zutreffende über »die Frauen«, denn »wenn er sie schilderte, so las er gar nicht in einer fremden Seele, sondern in seiner eigenen« (Gerhard Fritsch). Bezeichnend für ihn die vielen Unterstreichungen, Rufzeichen, Bindestriche: P. A. deklamiert, nein schreit seine Erfahrungen schrill in die unverständige Welt. Ein Naturapostel ohne Natürlichkeit, ein pädophiler dostojewskischer Idiot, justament kanonisiert von Karl Kraus, da als Naiver Krausens genaues Gegenteil. Und präzise abgeschätzt von Kafka als »Genie der Nichtigkeit, ein seltsamer Idealist, der die Schönheiten der Welt wie Zigarettenstummel in den Aschenbechern der Kaffeehäuser findet.« (Allerdings war P. A. Nichtraucher.)

»Ich kaufte einem wunderbaren 7jährigen Mäderl einen sehr schönen kleinen Elefanten, aus einer Masse modelliert. Sie erhielt ihn mittags während der Suppe. Sie erbleichte vor Erregung. Sie sagte nur: ›Aber essen tu ich jetzt nix mehr – – – !‹ Und ging in ihr Zimmerchen. Was, was müßte man einer Erwachsenen schenken, damit sie sagte die heiligen Worte der Seele: ›Aber essen tu ich jetzt nix mehr – – – ‹?!?«

In zehn Bänden sind diese Prosaskizzen erfolgreich und immerhin bei S. Fischer, Berlin, aufgelegt worden. Geschrieben in seinem impressionistischen »Telegrammstil der Seele«. Der sich allerdings mit wachsendem Alter zu einer hysterischen Selbstverkündung einengt, wobei der habituelle Trinker und

Nachtschwärmer eine gesunde, naturnahe Lebensart proklamiert, der sein tatsächliches Bohemedasein genau entgegengesetzt ist. »Sein Gesicht war intelligent und sympathisch, aber die Vollglatze und der lange, niederhängende Schnurrbart entstellten es. Die Kleidung war geradezu grotesk: ein großkarierter englischer Mantel mit weiten Ärmeln, breitgestreifte Hosen, ein buntes Hemd mit offenem Kragen – in der damaligen Zeit etwas Unerhörtes« (so Freundin Helga Malmberg). Alle jüdischen Familien des bürgerlichen Wien kannten oder wußten zumindest voneinander, waren sich bei Gesellschaften begegnet oder im »B. B.«, der wohltätigen Freimaurer-Loge B'nai B'rith. Wir Nachgeborenen begreifen also spielend, wie sehr dieser als Richard Engländer zur Welt Gekommene damals einen Schandfleck für seine Sippe darstellen mußte, gerade noch tragbar als jüngerer Sohn und unter Pseudonym. Jüngere Söhne durften studieren oder sich künstlerisch ausleben, der ältere hatte den vorgeschriebenen Dornenpfad ins Geschäft des Vaters zu wandeln. Richard studiert »das Leben«. Und nennt sich Peter, nach einer hübschen Spielgefährtin, die angeblich einst so gerufen wurde und in dem kleinen Ort Altenberg daheim war.

Überhaupt hat er's mit den Nymphchen und auch sonst schönen jungen Frauen. Zumindest in ihren Ablichtungen – nicht anders als die von ihm vergötterte Kaiserin Sissi mit ihrer »Schönheitengalerie«. Sein Zimmer im Grabenhotel, Dorotheergasse (»mein Sarg-Kabinett«) ist über und über behängt mit Porträtfotos, von ihm beschriftet mitsamt seinen üblichen Superlativen, Unterstreichungen, Ausrufungszeichen. Wobei er der romantischen Illusion anhängt, daß äußere Schönheit auch einem seelischen Adel entsprechen muß: »Die absolut idealen Beine!!« »Beethoven-Blick!« (bei einem sechsjährigen Mädchen). »Dich nackt anbeten dürfen!« »Letzter Wahnsinn meiner Seele!«

»Edelster zartester Nerven-Extract bist du!« »Beauté est vertu« – Schönheit ist Tugend, von wegen. »Wohin, träumerische Frau, wandelst du rastlos? Weg von der Lüge«, auf ein Sissi-Foto. »Die lieblichste, gutmütigste, zarteste, anhänglichste Frau«, auf das Bild einer Vierzehnjährigen. Und eigentümlich: Diese nachdenklichen Kleinmäderlgesichter, diese durchgeistigten Frauenantlitze, diese rührenden Kinderbeine unter Spitzenhöschen, diese schmalfingrigen Damenhände sind trotz kitschiger Kommentierung tatsächlich von zeitloser Anmut! Peters Blick war unfehlbar, wie leider nicht immer seine Prosa. 10.000 beschriftete Bilder sollen im Nachlaß vorhanden sein (was ich allerdings für unwahrscheinlich halte). Dazu der Dichter, 1918 kurz vor seinem Tod: »Wenn ich denke, wer dieses geliebte Kabinett erben wird, da freut mich das ganze Sterben nicht.« Wer es zuletzt erben durfte, ist die Wiener Stadtbibliothek, die in den sechziger Jahren des verflossenen Jahrhunderts unter der Direktion des Kunsthistorikers Franz Glück steht, wohl eines ehemaligen Naziverfolgten. Da wir einen Film für das deutsche Fernsehen über Altenberg und seine Zeit vorbereiten, suchen wir die Bibliothek auf. Spricht der Professor zu mir giftig: »Auf euch Piefkes haben wir gerade noch gewartet.« Dank einer gutmütigen Assistentin bekommen wir dennoch ein Dutzend dieser Fotos geliehen. Darunter das von P. A.s letzter Liebe, Helga Malmberg.

Peter Altenberg war zeitlebens auf rein »geistige« Liebesverhältnisse spezialisiert. Ja, er hat sich offenbar seine unzähligen Schwärme gerade unter solchen weiblichen Wesen gesucht, von denen er kein geschlechtliches Entgegenkommen erwarten konnte. Also wohlbehütete kleine Fratzen, unzugängliche Baronessen, gut verheiratete Ehefrauen und insbesondere die Lebensgefährtinnen seiner Freunde: »Ich finde die sexuelle Bedürfnislosigkeit kleiner Mädchen ästhetischer als die dem Geschlecht entgegenächzende reife Frau.« »Ich halte euch alle für tief bedauernswerte Organisationen, die unter dem Drange eines bedürfnisreichen Schwanzes das Weib ersehnen wie ein Scheißen-Müssender den Abort.« Eine der von ihm mit »manischer Verehrungswut« vergötterten Frauen ist die Schauspielerin Lina Loos, kurzzeitig verheiratet mit Adolf Loos, dem Erbauer des avantgardistischen »Hauses ohne Augenbrauen« am Michaelerplatz. Als Lina ihm einmal ein neues Foto verweigert, schreit Peter empört auf: »Wo sie doch immer das Original bei sich hat!« Er ernennt sich zu ihrem Beschützer gegenüber dem »Unter-Mann« Loos. Dieser – er und Karl Kraus sind Altenbergs lebenslange Freunde und Aushelfer – in einem Brief an Lina: »Kraus meint, daß jedermann am besten tut, wenn er seine Eifersucht Altenberg in Kommission gibt. Er übernimmt alle Qualen, sucht alle Verehrer abzuhalten, schreibt hin, schreibt her, tobt und brüllt. Nur Duellforderungen übernimmt er nicht.«

Im Jahr 1905, P. A. ist bereits 46 Jahre alt, trifft er eine herbe Hamburgerin von neunzehn mit patrizischem Pferdegesicht, die bei der Wiener Werkstätte arbeitet: Helga Malmberg. Zu seiner namenlosen Verwunderung verliebt sich das junge Mädchen in ihn. Sieben Jahre sind sie ein Paar, leitet ihn die völlig Unerfahrene durch alle Widrigkeiten seines Lebens. Er führt sie in die Boheme ein, in seine Cafés: Central, Münchner Löwenbräu, Museum, Rebhuhn. In die Salons der Zeit, vor allem den der Tänzerin Grete Wiesenthal (»eine der wenigen, die unsereins hätte heiraten müssen«). Ja, er schickt sie in die Varietés, deren Premieren er zu rezensieren hat, und schreibt nach ihren Eindrücken seine Kritiken. Dazwischen immer wieder wütender Streit und Trennung, denn P. A. gehört (wie vielleicht auch einst Lenz oder Kleist) zur gottverlassenen Gilde der impotenten Erotiker. Oder aber er kann, wie etwa Baudelaire oder Van Gogh, seine Befriedigung nur bei »hygienischen Ausflügen« zu Straßenmädchen finden. (P. A.: »Die Finger können ewig zärtlich gleiten. Laß also dein ungeschicktes Reiten.«) 1912 trennt sich Helga von dem nunmehr hoffnungslosen Neurastheniker. Sein letzter Brief an sie: »Du hast dein Möglichstes getan – sei bedankt und gesegnet!!!«

Fünfzig und mehr Jahre danach führen wir die gebrechliche alte Frau in das Altenbergzimmer des Grabenhotels. Die uns geliehenen Fotos haben wir an den Wänden befestigt, auch ihr eigenes Jungmädchenbild. Und da liegt auch der Knotenstock, der dicke Leibgurt, der Kneifer des Hinübergegangenen. Helga, mit dem Alter noch edler im Ausdruck geworden, in hochgeschlossener Spitzenbluse mit ovaler Brosche (in Wien hat eine alte Dame eben so auszusehen wie eine alte Dame), ist sehr auf das Geistige ihrer Freundschaft bedacht: »Das Physische, wenn er es denn wirklich brauchte, konnte er sich ja anderswo holen.« Sie hat einige seiner Originalbriefe mitgebracht: »Möge das Schicksal Ihr Ausnahme-Sein nicht so streng bestrafen, wie es sonst zu tun pflegt mit edlen Sonderlingen! Amen!« »Man muß direkt fürchten, einer Frau zu begegnen, die alle Vorzüge in sich vereinigt! Dann ist man unbedingt zu unglücklicher Liebe verdammt und geht langsam an ihr zugrunde!« Erzählt von seiner Einfühlungsgabe für Kinder, Dirnen, einfache Menschen. Ob sie es nicht am Ende bedaure, ihn verlassen zu haben? »Karl Kraus hat mir selbst dazu geraten, den ich übrigens nur als wahren und gutartigen Freund kennenlernte. Ich wäre ja mit P. A. umgekommen! Nach der Abschiedsszene bin ich auf die Straße gestürzt mit dem Ruf: ›Luft! Nur Luft!‹ Und habe seitdem immerhin als Hofrätin Blau ein volles eigenständiges Leben geführt, mit drei wohlgelungenen Kindern.« Haben Sie in den letzten fünfzig Jahren oft an Peter Altenberg gedacht? »Eigentlich nein.«

5

Die Künstlerumschichtung vom Central ins Café Herrenhof, von den meisten Wienern im Drang des Umsturzes kaum wahrgenommen, kommt für die Betroffenen einem Erdbeben gleich. Dazu Anton Kuh: »Bruder – das war doch etwas anderes! Ein breites, helles, prächtiges, unpersönliches, bourgeoises Familiencafé. Emanzipation vom süffisanten Bohemegeruch. Man debattierte zwar wieder, aber nicht mittels Bonmots und Pointillismen, sondern mit Skalpmessern und unter gleichzeitiger Wegnahme einer Geliebten. Nur die Mumien blieben im Central zurück!« Auch Kokain und Dr. Freud stehen hoch im Kurs. Werfel, Musil, Broch, Joseph Roth und der auf Spannungsromane mit Tiefgang spezialisierte Leo Perutz gehören zu den Stammgästen. Nicht etwa gemütlich vereint, sondern, laut Helga Malmberg, jeder an seinem eigenen Tisch, der absolut tabu ist. Schriftsteller Milan Dubrovich: »Einigkeit herrschte nur in der Überzeugung, daß ein produktives Gespräch zwischen Mann und Frau nur auf der Basis eines vorher exekutierten sexuellen Erlebnisses möglich ist.« Friedrich Torberg mit seinem unerschöpflichen Gedächtnis (trug er wirklich nie ein Notizbuch bei sich?) will einen alten Kellner gekannt haben, der eine Lackierer-Farbskala mit zwanzig numerierten Braunschattierungen bei sich trägt, wonach hier von den Gästen der Kaffee bestellt wird. (»Hermann, was soll das? Ich habe einen Achter bestellt, und Sie bringen mir einen Zwölfer!«) Wobei doch endlich die Frage aufs Tapet kommen muß, warum man sich in Wien nicht wie anderswo seinen Kaffee mit einfach dazuservierter Sahne selbst zusammenmischen kann?

Als ungekrönter König des Hauses und »Personifikation des Herrenhofgeistes« gilt Ernst Polak. Er ist Nichtliterat (bzw. »Literat ohne Werk«), dafür wohlhabender Bankbeamter. »Ein

Viel- und Besserwisser von stupender Behendigkeit« (Johannes Urzidil), der Werfel protegiert und Kafka entscheidend fördert. Jedoch in dessen *Schloß* als zweideutiger Bürochef Klamm eine nicht ganz rühmliche Rolle spielt. Im übrigen war er in erster Ehe mit Milena Jesenska, Kafkas Brieffreundin, verheiratet. Auch Stefan Zweig erinnert sich später an den einzigen Cafégast, von dem man je Geld pumpen durfte. – Als »in« wurden untertags die vorderen Fensternischen eingestuft, in denen man Zeitung lesen konnte. Abends jedoch wanderte man zum Diskutieren ins Hinterzimmer. Joseph Roths gründlicher Biograph David Bronsen berichtet, daß der Dichter auch hier schon, wie später in Paris, verschiedenen Lebensstilen frönte: Nachmittags zwischen zwei und vier saß er vergnügt im Journalistencafé Rebhuhn in der Goldschmiedgasse, meist begleitet von seiner jungen Frau Friedl (sie endete als Opfer einer Euthanasie-Aktion). Und schrieb, unter lauten Unterhaltungen mit Kollegen, die humorvollen Wiener Feuilletons, mit denen er damals sein Einkommen bestritt. Abends verwandelt Roth sich dann in den ungestümen Dialektiker, der im Herrenhof mit Kuh, Leo Perutz, Alfred Polgar usw. über »das Begreifen der Zeit« disputiert.

Der spitzzüngige Polgar (von Roth lebenslang übertrieben als sein Lehrer bezeichnet) ist einer der besten Stegreifredner des Hauses. Seine gesammelten Kurzkritiken und Essays – er selbst hörte sich am liebsten einen »Meister der kleinen Form« nennen – brachte Rowohlt in nicht weniger als neun Bänden heraus … plus einem Auswahlband aus den neun. Darin solche Zuckerln wie: »Das Genie geht durch die Mauern und stößt sich wund an der Luft.« »Mancher bemüht sich vergebens, die Mängel seines Talents durch Defekte seines Charakters auszugleichen.« Oder, allen Filmkritikern aufs Kopfkissen: »Ganz ohne Technik geht die Sache doch nicht. Wie die unsterbliche Seele an den schmutzigen Leib, ist die heilige Kunst gebunden an die schnöde Kunstfertigkeit.« Berüchtigt auch Polgars ätzende Schärfe gegenüber lästigen Anschmeißern. So läßt er – Torberg war Zeuge – einen Bewunderer, der ihn mit der scheinbar ausweglosen Frage: »In welche Richtung gehen Sie?« bis auf die Straße verfolgt, abblitzen: »In die entgegengesetzte!« Und als sich in einer Sylvestergesellschaft der nämliche an ihn heranmacht: »Das wird Sie amüsieren, Herr Polgar. Ich habe auf dem Weg hierher einen Bekannten getroffen – übrigens ein glühender Verehrer von Ihnen –, und der hat sich von mir mit den Worten verabschiedet: ›Also, Sie sehe ich erst nächstes Jahr wieder‹, witzig nicht?« … da brummt Polgar verbissen: »Das können Sie von mir schon Anfang Februar hören.«

Zu den weiteren Stammgästen des Herrenhof – heute zu einer banalen Espressobar herabgesunken und (anders als Griensteidl und Central) noch nicht auf alten Glanz zurückpoliert – gehörte der noch zu beschreibende Erfinder phantastischer Historien Leo Perutz. Und der unbedeutendere, aber diesen an Angeberei noch übertreffende Otto Soyka.

Über Perutz und Polgar berichtet Torberg, die beiden hätten schon immer besonders scharf auf Eitelkeitsposen reagiert, obschon ja selbst nicht davon ausgenommen. Nun sei Soyka einmal in komplettem Reitkostüm, samt Schaftstiefeln, Sporen und Gerte, im Herrenhof aufmarschiert. Worauf Polgar giftig: »Ich habe ja auch kein Pferd. Aber *so* kein Pferd wie der Soyka hab ich bestimmt nicht.« Torberg weiter: »Perutz seinerseits machte sich ein einigermaßen kompliziertes Spiel zunutze, das an einem der Herrenhof-Tische im Schwange war und an dem auch Soyka teilnahm. Es ging davon aus, daß dem Charakterbild eines Menschen, gewissermaßen als Ergänzung, ein Tier entspräche, in dem sich seine schlechten Eigenschaften verkörperten und das ihm deshalb zuwider war. Die Reihe kam an Perutz. Und Perutz besann sich keine Sekunde lang: Mein Tier ist der Soyka, sagte er. Die Gegner schieden nach kurzem Ohrfeigenwechsel unversöhnt…«

6

Die letzten Tage der Menschheit, das »Marsdrama« von Karl Kraus über den Weltkrieg, erscheint endlich 1919 als Ganzes in seiner Zeitschrift *Die Fackel.* Wenn auch von mir erst ein Dutzend Jahre später entdeckt. Als es nämlich uns Söhnen gelang, den väterlichen Bücherschrank aufzustemmen, um an die lockenden »roten Büchel« heranzukommen. Die unendlich Aufregendes und Aufsässiges versprachen … und auch hielten. Unser Vater war, wie die meisten bürgerlichen Juden Wiens, Kaiseranhänger gewesen, im Krieg auch zur Truppe eingerückt. Neigte aber jetzt, als in Brünn geborener Mähre, eher der neuen tschechoslowakischen Republik zu, unter ihrem demokratischen Präsidenten Masaryk, als Österreich oder Deutschland, deren einst bewunderte Leitbilder ja so schmählich versagt hatten. Denn was war da nicht anno 1914 etwa von den dichtenden Koryphäen alles verzapft worden, hauptsächlich von Kriegsdienstenthobenen: »Gelobt sei dieser Krieg…« (Bahr), »Gottlob, es ist erschollen…« (R. A. Schröder), »Ich bin ein heiliger Reiter…« (Binding), »Sei geheiligt, Graus auf Erden…« (Dehmel), »Eh der Leib durchlöchert ist, kann der Feldzug nicht geraten…« (Hauptmann) usw. Nur vergleichbar den Jubelrufen der gesamten deutschen Schreiberzunft zu Hitlers 50. Geburtstag. Aber auch die Juden ließen sich nicht lumpen, so Ernst Lissauer mit seinem »Haßgesang gegen England«. Einem Ohrwurm, den er danach lebenslang bereute: »Wir leben vereint, wir sterben vereint, wir haben zusammen nur einen Feind: England!« Bis hin zu dem fülligen Egon Friedell, den zwar die Armee nicht haben wollte (»Eine Körpererscheinung wie Ihre ist bestenfalls einem Major gestattet, und in dieser Charge können wir Sie nicht gleich anfangen lassen!«, laut Lina Loos). Der aber trotzdem in der Wiener Urania Kriegsabende abhielt, auf daß »der helle deutsche Gedanke auch fernerhin in Europa siegreich bleibe«.

Kraus, diese dämonische Figur, dieser unerbittliche Moralist und Gerechtigkeitsfanatiker mit prophetischem Zorn, dieser »Erzjude« (Berthold Viertel), der 600 Nummern seiner *Fackel* zur Gänze allein in nächtlicher Schwerarbeit verfaßte – nicht nur darin dem exorbitanten Balzac vergleichbar –, ließ nie einen Leser ungerührt. Sogar der schon schwerkranke Kafka bat noch kurz vor seinem Ende um Zusendung der neuesten Nummer: »Diese süße Speise aller guten und bösen Triebe will ich mir nicht versagen.«

»Es ist meine Religion, daß die Uhr auf fünf vor zwölf steht« – an diesen Zeitplan hat Kraus sich lebenslang gehalten. Immer waren es »letzte Tage«, stand der Vulkanausbruch dicht bevor, drohte demnächst die Apokalypse oder auch nur das »Apokalypserl« (Albert Ehrenstein), herbeigefürchtet, wenn nicht gar herbeigewunschen. Österreich als »Versuchsanstalt für den Weltuntergang« war ihm allzeit geläufig, und so traf dieser denn auch unvermeidlich ein, da ja – laut Nietzsche – das, wovon man redet, wird! Die »letzten Tage der Menschheit« hat er mit grimmiger Besserwisserei durchlitten, die allerletzten Tage – Emigration oder Auschwitz – noch zu erleben, ersparte ihm ein gütiges Geschick. Karl Kraus, der »Dalai-Lama von Wien« (Else Lasker-Schüler), der »weiße Hohepriester der Wahrheit« und »zürnende Magier« (Trakl), »abgestiegen zur Hölle, zu richten die Lebendigen und die Toten« (Oskar Kokoschka), »zu demaskieren die

Larven der Käuflichkeit und der Geschwätzigkeit« (Walter Benjamin), war »als das Zeitalter Hand an sich legte, diese Hand« (Brecht). Nicht weniger apodiktisch die Kraushasser, die hinter seiner unerschöpflichen Angriffslust und seinem unfehlbaren Ohr für verbale Selbstenthüllung nichts anderes als Tierstimmenimitation, Überheblichkeit, manische Eitelkeit, gar »jüdischen Selbsthaß« herauspolkten. Oder zumindest »die gespaltene Persönlichkeit des romantischen Einzelkämpfers« (Joachim Riedl). Nun ja, wem zu Karl Kraus nichts einfiel, der würde nie einen originellen Gedanken haben, das war einmal sicher.

Der Erste Weltkrieg – von ihm so nicht vorausgesehen, da er als Dichter meist nur Persönlichkeiten und keine politischen Trends durchschaute – ließ dann in ihm dieses rabulistische Massenspektakel der *Letzten Tage* hochkochen, dessen Spieldauer er auf zehn Abende einschätzte (Canetti: »Ein Haß, der selbst dem Weltkrieg gewachsen war«). Und das ja nie in voller Länge aufgeführt wurde und wohl im Grund auch unaufführbar ist – die wenigen Ausnahmen konnten nicht überzeugen. Da ja keine durchlaufende Handlung stattfindet, sondern alles darauf beruht, daß die unzähligen Protagonisten sich durch die spezifische Art ihrer Phrasenhaftigkeit selbst bloßstellen. Wenn da der kuhstallduftende Lieblingsautor des deutschen Kaisers sich diesem lobhudelnd nähert und der Adjutant ihm warnend zuflüstern muß: »Dialekt, Ganghofer, Dialekt!« Oder wenn die patriotische Kriegsreporterin Alice Schalek darauf besteht, in einer raren Gefechtspause selbst ein Geschütz abzufeuern, und den dadurch provozierten feindlichen Artillerieüberfall mit den Worten quittiert: »Was wollen Sie haben, das ist doch interessant« … so werden hier gnadenlos die Schreibtischtäter vernichtet, die Kraus als Hauptschuldige ausmacht. »Am Anfang war die Presse, und dann erschien die Welt« – hier sind wir schon bei

»the medium is the message« und unserem heutigen Mißtrauen gegen den Ersatz des Ereignisses durch dessen Darstellung.

Vom gottverlassenen Etappenleutnant auf der Ringstraße (»Also was sagst zum Krieg? A bisserl a Aufmischung, gar net schlecht. Höxte Zeit.«) bis zum gottsöbersten Kaiser mit seinem musikalischen Couplet »Mir bleibt doch nichts erspart«, ja bis hin zu Gottvater selbst – dessen Schlußwort »Ich habe es nicht gewollt« nur die Parodie eines bekannten Kaiserausspruchs ist – reicht die Palette dieses »makabren Wachsfigurenkabinetts« (Heinrich Fischer). Das mit schadenfrohem Gusto aus den schmierigsten Farben von Gemeinheit, Sadismus und Selbstbetrug gemischt ist. Wobei der Eigenliebe eine Sonderrolle zufällt:

Akt I. 24. Szene: Zimmer des Generalstabschefs. (Conrad v. Hötzendorf allein. Haltung: die Arme gekreuzt. Standfuß und Spielfuß, sinnend.)

Conrad (mit einem Blick gen Himmel): Wann nur jetzt der Skolik da wär!
Ein Major (kommt): Exlenz melde gehorsamst, der Skolik ist da.
Conrad: Was denn für ein Skolik?
Major: Na der Hofphotograph Skolik aus Wien. Er beruft sich darauf, daß ihn Exlenz wieder bestellt haben.
Conrad: Na bestellt kann man grad nicht sagen, aber eine Anregung hab ich ihm zukommen lassen …

War Hötzendorf tatsächlich ein solcher Ausbund an Selbstgefälligkeit? Oder hat Kraus nicht hier, wie auch sonst, aus der eigenen Psyche geschöpft? Dazu der Lyriker Berthold Viertel: »Als ich später Personen der Satire kennenlernte, war ich enttäuscht. Sie waren in der Wirklichkeit gar nicht so aufregend, so anregend, so strittig wie bei Karl Kraus. Sie waren der Wirklichkeit lange nicht so gut gelungen.« Zahllos sind die Beschreibungen der Zeitgenossen, wie Kraus steif und isoliert im Café Central oder später im feineren Imperial thront, die Zeitung dicht vor den kurzsichtigen Augen. Saß er einmal an einem der Dichtertische, dann durfte auch gesprochen werden, jedoch fast ausschließlich von oder über Kraus selbst. Dazu der Schriftsteller Otto Soyka: »Thema waren die Feindschaften von Karl Kraus. Man konnte schweigen … allerdings durfte man nicht allzu ausdrucksvoll schweigen. Das Recht der freien Meinungsäußerung stand jedem zu, nur seine Ausübung hätte Ausschluß bedeutet.« Der Mann, der »Welt und Wort gleichsetzte« (Harry Zohn) hat mit den *Letzten Tagen* unzählige ihm nachfolgende Dramatiker, Filmautoren, Kabarettisten und Dokumentaristen beeinflußt, darunter natürlich auch mich. Das Tragikomische, das Ironische, das Anekdotische, das Selbstenthüllende des Dialogs, auch der makabre Touch … das alles muß damals auf Lebenszeit in mich eingesunken sein. Als Wichtigstes aber das strenge Formgefühl, das den Autor kein noch so passioniertes Außersichsein je vergessen ließ. Bloß warum Kraus in seinem Weltendrama auf den Separatauftritt als rechthaberischer »Nörgler« nicht verzichten wollte, blieb rätselhaft. Aber auch Chaplin hat ja im *Großen Diktator* einem pathetischen Schlußappell in eigener Sache nicht widerstehen können! … Daß Karl Kraus letztlich als »großer Hasser« in die Geschichte einging, gehört zu den vielen Zweideutigkeiten seines Lebens. War er es wirklich?

»… Und es war Park, alter Park, und kam ganz nahe an einen heran mit seinem feuchten Herbst, bis nach mehreren Wendungen, Brücken, Durchblicken, durch einen alten Wassergraben abgetrennt, das Schloß aufstieg … mit Altanen, Erkern und um Höfe herumgestellt, als sollte sie nie jemand zu sehen bekommen…« Wer schreibt so einfühlsam über altes Gemäuer? Wer anders als Rainer Maria Rilke (besonders wenn er in Verbindung zu adligen Damen steht): »Die schöne Baronesse (die wie eine Miniatur aussieht, welche ein Jahr vor der großen Revolution gemacht worden ist, im letzten Augenblick), kam mir entgegen … während zwei Diener mit schweren Silberarmleuchtern in die tiefen Gemächer wie in Höfe hineinleuchteten…« Es ist das böhmische Barockschlößchen Janowitz, als dessen zukünftigen Bewohner (»meine Rückzugsmöglichkeit«) sich Rilke um so eher betrachten darf, als sich beim Tee herausstellt, daß das benachbarte Schloß Kamenitz einst Rilkes Urgroßvater gehört hat. Damit kann der Dichter sich als Ebenbürtiger der Sidonie von Nádherný fühlen, deren Adel ohnehin erst ein karges Generatiönchen zurückreicht.

Allerdings steht da ein kleines Hindernis im Weg. Baronesse Sidi hat kürzlich noch einen weiteren literarischen Verehrer gefunden, der sogar Anspruch auf Gegenliebe und Ehe erhebt: Es ist kein anderer als Karl Kraus in Wien. Darauf schreibt ihr Rilke jenen berüchtigten ausgepicht-hinterhältigen Brief, der so gar nicht zu seinem feinsinnigen Image passen will. Vom »letzten unaustilgbaren Unterschied« zu Kraus ist da Rede, von »einer Freundschaft *ganz in Waffen*«, denn »er *kann* Ihnen nicht anders als fremd sein, ein *fremder* Mensch.« Wird hier auf die jüdische Herkunft des Rivalen angespielt? Aber gewiß. Und Rilke darf überzeugt sein, daß er verstanden wird, auch ohne die in Wien gängige Floskel vom »Asiaten« zu gebrauchen.

Schließlich hat er sich mit Sidi schon darüber geeinigt, daß auch der ihr kürzlich vorgestellte Franz Werfel ein »Judenbub« sei, daß »an alledem, letzthin, doch eine feine Fremdheit haftete, ein Geruch von anderer Gattung, etwas Unüberwindliches …« Die Baronesse hatte danach Werfel so von oben herab behandelt, daß dieser anscheinend Karl Kraus von ihrer engen Beziehung zu Rilke wissen ließ. Woraus sich dann Krausens lebenslanger Haß auf Werfel wie von selbst ergab. Kraus weiß nichts, aber ahnt etwas, von Rilkes perfider Attacke. Und nun läuft er zu Hochform auf. Mit über tausend Briefen, Postkarten, Telegrammen – bis zu vier an einem einzigen Tag – wird er die Geliebte bestürmen, die sich zeitweise der Hingabe, auf Dauer der Ehe verweigert! Heute liegen die Briefe im Innsbrucker Brenner-Archiv. Wohl weil Ludwig von Ficker, langjähriger Herausgeber der Zeitschrift *Der Brenner*, einer der seltenen Freunde war, auf die Kraus, wie übrigens auch Trakl und Wittgenstein, im österreichischen Hinterland zählen konnte. (Ficker hat aber dann nicht den Mut gehabt, Wittgensteins »Logisch-philosophische Abhandlung« – wie sie zuerst bescheiden auf deutsch hieß – zu publizieren).

Nimmt man heute die zwei dicken Konvolute zur Hand, in denen die Liebesergüsse des unheilbar unterwürfigen Karl Kraus aufbewahrt sind, so scheinen sich die Buchstaben in pure Glut zu verwandeln: »Alles was ich bin gehört Dir. Willst Du's nicht?« »Ich brauche Dich, um Dir zu helfen. Wie wenn ich nehmen wollte?« Er fragt, warum sie auf so lautes Herzklopfen nicht Herein gesagt habe: »Was schafft denn Dir und mir alle Qual? Daß ich Dich so haben will, wie ich Dich sehe.« »Solchen Verlust erträgt kein Menschenherz, und gewiß nicht dieses sich anbetend für allen Menschenhaß entschädigende.«

Der gefürchtetste Mann von Wien verfaßt einen ganzen Briefroman, der – angeblich von ihrem Hund geschrieben – an ihr Reitpferd gerichtet ist. »Ringe in schwerster Lebensstunde, daß ein gutes Wort diesem furchtbaren Herzbeben ein Ende mache.«

Er streitet sich mit der Post, wenn Botschaften seiner »Liebestodesangst« länger als einen Tag Zustellung brauchen … heute wäre man mit einer Woche zufrieden. Nur wenige von Sidis Gegenäußerungen scheinen erhalten, so etwa: »Ich brauche Dich, um zum Leben gebracht zu werden«, oder: »Weiter, weiter – oh, da gibt es keine Grenzen, kein Genügen. Denn ich will echte Versuchung, will tief erschüttert werden, um zu wissen, wie ich erlöst werden kann.« Später dann, im Tagebuch: »Kraus steckt mir im Blut. Er macht mich leiden … Ich wollte, er würde mich weniger lieben. Je stärker seine Liebe, desto weniger kann ich sie erwidern.«

Zwei Menschenalter darauf verfilmen wir – mit Helmuth Lohner und Elisabeth Augustin – diese unmögliche Liebesgeschichte. Halten das Schloß fest mit seinem italienisch ausgemalten Treppengewölbe, die knarrende Holzstiege, über die Kraus in Sidis Zimmer geschlichen sein muß … und die Parkbank, dicht unter uralten Birken am jetzt schwanenlosen Teich, auf der er zu Zeiten der Aussöhnung die blutrünstigsten Szenen seiner *Letzten Tage* verfaßte. Wie paßt das zusammen? Vielleicht nicht so schwer zu begreifen, wie die ersten Leser der Briefe (sie kamen erst in den siebziger Jahren ans Licht) es empfanden. Dies ist ja seine ureigenste Chance: Er *muß* sich in seine Liebe hineinsteigern, denn je hoffnungsloser er Sidi liebt, desto maßloser darf er seinen Haß auf die restliche Welt herausspeien. Erst das eine rechtfertigt das andere! »Ewiger Knabe durch Dich«, schreibt er verzweifelt, während eines seiner zahlreichen literarischen Opfer, Richard Flatter (der es gewagt hatte, nach Kraus, der kein Englisch sprach, noch Shakespeare zu übersetzen) notiert: »Wem es widerfährt, daß er den Zorn des Herrn Kraus weckt, der hat ausgesorgt für sein Leben!« Er schreibt Sidi: »Ich kann nicht weiter. Warum tust Du das?« Und wird nie begreifen warum. Kraus hat ja, wie fast unvermeidlich zu dieser Zeit, den Antisemitismus seiner Umwelt längst verinnerlicht. Er kann es gar nicht fassen, daß eine solche Frau ihn lieben sollte. Gerade deshalb stößt er sie unbewußt zurück, indem er als Liebesbettler auftritt anstatt als Herr. Um so unverständlicher, als er sich ja längst im Bett bewiesen hat! Und sie? Was kann sie anderes fühlen als die ewig bohrende Frage: Warum verwandelt sich dieser quäkende, quälerische Frosch nicht endlich in den Prinzen, der er wirklich ist? Ach, letzten Endes konnte sie noch eher die Vorurteile ihres Standes überspringen ... als er die seines Verstandes! Was, wenn Kraus, entgegen seiner Überzeugung, lebenslang nur das gab, was *er* brauchte, und nie was sie brauchte?

Im Zweiten Weltkrieg wird das Schloß dann zu einer Panzerwerkstatt der SS umfunktioniert, der herrliche Park samt Umgebung zu einem Truppenübungsplatz. 50.000 Menschen werden dazu evakuiert. Unter den Kommunisten geht schließlich alles in öffentlichen Besitz über. Sidi emigriert nach England, lebt hinfort von Unterstützung. Endlich darf sie den toten Kraus uneingeschränkt verehren: »Heimatlos bin ich, seit *er* uns verließ. Alles andere war dann nur Schale ...« Sie stirbt 1950, aber es wird noch fast dreißig Jahre dauern, bis man das heruntergekommene Anwesen renoviert. Ein Kraus- und ein Rilke-Zimmer sind auch da, die beiden genialen Sexualneidhammel jetzt friedlich vereint, wie es die Ironie der Nachwelt eben für gut heißt ...

Später in Wien Besuch eines altmodischen Filmarchivs. Dort am Schneidetisch gesehen die berühmte Kraus-Lesung seines fulminanten Gedichts »Die Raben«, aus den *Letzten Tagen*: »Immer waren unsre Nahrung / die hier, die um Ehre starben ...« Und so geht es mit schnarrenden ar-, er- und ra-Tönen durch viele Strophen hindurch, von vogelflattrigen Handbewegungen des Autors begleitet. Ein unerträglich pathetischer Ton, der aber zu den horrenden Kriegsaufnahmen passen wird, die ich darunterblenden will. Dann zeigt uns der Archivar zuvorkommend eine Filmmontage aus verflossenen Anschlußtagen 1938. Unter anderem zu sehen der Anschlagzettel im Schulgebäude, mit dem wir mosaischen Schüler damals »ausklassifiziert« wurden, mit sofortigem Verbot, das Lehrgebäude weiterhin zu betreten. Ja, da hing er wieder, der Text, an den ich mich so gut erinnerte, nur stand diesmal ein Haufen Schuljungen davor mit hängenden Köpfen. »Dös san die arischen Mitschüler«, klärt mich der Vorführer auf, »die was untröstlich san, weil's jetzt ihre jüdischen Kameraden nicht mehr ham.« Und dann mit treuherzigem Augenaufschlag: »Selbstredend is des a nachgedrehte Einstellung, weil gegeben hat's des natürlich net.« Welch eine Szene für den großen Hasser! *Karl Kraus, verhaßt, verliebt* soll unser Dokumentarfilm heißen. Ich denke schon, daß diese beiden Seiten seiner Persönlichkeit tragisch zusammengingen.

7

Apropos Rilke: Dieser menschenscheue Dichter, der nicht leicht mit jemandem verkehrte, jedenfalls unter dem Rang der Baronin und auch da am liebsten brieflich … dieser Rilke sagte damals über einen typischen Wiener Kaffeehausgast: »Ich hab seinen Umgang gern, in dem die österreichischen Eigenschaften beisammen sind, gut gehalten und hell, wie in einem weichen Etui…« Um wen mag es sich bei solch fragwürdigem Urteil handeln? Erstaunlicherweise um den wenig dichterischen Felix Salten, Feuilletonist der *Neuen Freien Presse*, der sämtliche literarischen Felder mit Geschick beackerte. (»Salten schrieb immer das, woran seine Freunde gerade arbeiteten« – so Karl Kraus in *Die demolierte Literatur*). Es aber trotz zahlreicher Romane,

Novellen, Essays, früher Stummfilmdialoge – und einer gemutmaßten Urheberschaft des Wiener Dirnenromans *Josefine Mutzenbacher* – nie zu großen Lorbeeren brachte.

Dieser Großstadtmensch Salten hat nun überraschend eine bis dahin unerschlossene Marktlücke entdeckt: *Bambi, eine Lebensgeschichte aus dem Walde* erscheint und bringt alle Herzen zum Schmelzen. Natürlich mit Ausnahme des unschmelzbaren Karl Kraus, der Salten (sie hatten sich ja einmal geohrfeigt) als »Rehsodomit« beschimpft. Das Buch wird in viele Sprachen übersetzt. Die englische Übertragung besorgt ein gewisser Whittaker Chambers, nachmals Hauptzeuge der Anklage gegen die des Atomverrats an die Sowjets angeklagten Eheleute Rosenberg. Weitere Tierromane über Eichhörnchen, Hasen usw. folgen, denen der Autor lauter zartfühlende menschliche Eigenschaften und Dialoge in den Mund legt. Auf solchen Anthropomorphismen beruht in Bälde der ganze Disney!

8

Ein weiterer fruchtbarer Verfasser von Liebesbriefen war übrigens einer der raren Freunde und Protegés von Karl Kraus, der Maler Oskar Kokoschka. Seine frühen Porträts von Kraus (als zornbebender Vorleser eigener Werke) und von Altenberg (als aufgeregter Polyp) widersprechen der damals in Wien grassierenden Ansicht, dieser »Wilde« sei in seinen Bildern auf die krudeste Erotik fixiert. Man mochte Kokoschka nicht, auch als man sich mit Schiele abgefunden hatte: »Geradezu krankhaft … eitel Narrheit und Tollerei … eine unerfreuliche Phase der Kunst, die möglichst bald überwunden werden möge.« Viel Klagen darüber, aber noch viel mehr Liebesforderung in den vierhundert Briefen, die er zwischen 1912 und 1915 – dem Jahr ihrer Neuvermählung mit dem Architekten Walter Gropius – an seine Geliebte schreibt, die verwitwete Alma Mahler. Manchmal mehrere am Tag, ganz wie Freund Kraus. Alma, die sich liebend gern vergöttern läßt, aber nicht vereinnahmen, empfindet ihn bald als lästig. Und schimpft ihn so lange einen Feigling, bis er sich als Dragoner zum Kriegsdienst meldet. Als er endlich mit schwerer Kopfwunde im Spital liegt, weigert sie sich, ihn zu besuchen. Für sie ist die Sache ausgestanden. Nicht so für Kokoschka, der jetzt auf Erfolgssuche nach Dresden übersiedelt ist, anschließend nach Berlin. Von dort aus bestellt er 1918 bei der Puppenmacherin Hermine Moos jene berühmte lebensgroße Fetischpuppe in Form seiner entfremdeten Almi, an der kein Psychologe vorbeigehen kann. Obwohl sie ja auch nur eine Weiterbildung der Haarlocke oder des geschönten Fotos darstellt, wie sie jeder Liebende pflichtgemäß bei sich trägt ... wenn auch ins Absurde gesteigert.

Seine detaillierten Anweisungen an die hilflose Puppenmacherin benehmen einem noch heute den Atem. So beschwört er sie eine Woche nach dem Zusammenbruch der Mittelmächte vom Lazarett aus, daß sein »zukünftiges Glück und sein Seelenfrieden« von diesem Objekt abhinge, das im Herzen seines Lebens stünde. Einen Monat später folgen Wünsche von haarsträubender Detailversessenheit. Hände und Füße sollen keine leblosen Massen darstellen, sondern wie belebt wirken. Er habe ja auch schon in Berliner Läden elegante Schuhe, Unterwäsche und Kleider für die Puppe zusammengetragen! Er fordert einen öffnungsbereiten Mund mit Zunge und Zähnen, aufklappbare Augenlider, nicht zu weit hervorstehende asymmetrische Brüste, echte Haare, eine Pfirsichhaut, und so über viele Seiten hinweg ...

Als die fertige Puppe endlich eintrifft, meint man einem Höllensturz beizuwohnen. Die Gliedmaßen wirken wie »Strümpfe, die mit Mehl angestopft« sind, schon platzen die Nähte und zeigen illusionsstörend ihre Füllung. Am schlimmsten aber sei die Haut geraten, die an Eisbärfell erinnere – und tatsächlich auf dem uns überlieferten Foto und auch Kokoschkas *Selbstporträt mit Puppe* so wirkt. »Was also, liebes Fräulein Moos, sollen wir jetzt tun?« Was offenbar bedeutet, daß er nicht willens ist, für diesen Fehlschlag zu zahlen. Zwei Monate später schickt er Alma, auf dringende Aufforderung, ihre Briefe zurück. Zwar fällt diese ganze Geschichte in die Zeit von Umsturz, Revolution und Hungersnot, in Wien gibt es Zusammenstöße zwischen Arbeitern und Polizei, auch ziehen die ersten Frauen ins Parlament ein … aber Kokoschka bleibt unbetroffen, ist ausschließlich mit sich selbst und seinen fixen Ideen befaßt.

Es ist ein ganz anderer, politisch bewußter und seelisch gefestigter Künstler, der dann zwanzig Jahre später – als einer der wenigen Großen neben Picasso – gegen den Faschismus vom Leder zieht. Da gibt es das *Rote Ei*, wo ein gangsterhafter Mussolini und ein feixender Führer sich über Österreich hermachen. Und ein anderes Bild, auf dem die westlichen Demokratien sich wie die Affen Augen, Ohren und Mund zuhalten, während im Hintergrund Wien in Flammen aufgeht. Oder ist es schon die Judenheit?

Der langlebige Künstler, der von sich selber sagte, daß er vor jedes neue Bild wie ein Anfänger hintrete, endete mit einer »Schule des Sehens«, die er in der historischen Festung über Salzburg eingerichtet hatte. Nur wenig milder geworden, lange Kinnlade vorgereckt, zieht er gegen die neue Wiener Heimindustrie zu Felde, die alles aus dieser Zeit zum tourismusträchtigen Sezessionsstil umfunktioniert habe. So will er keineswegs mit dem »Dekadenten« Klimt in einen Topf geworfen werden. Gar mit Schiele, der ihm »bloß die Bilder gestohlen und mit Obszönitäten garniert« hat. Dann verkündet er leidenschaftlich (ich war nur als Journalist da) sein Credo: Daß man zuerst einmal ein Bild in der Natur sehen lernen muß, es als solches erkennen, bevor man darangehen kann, es auf seine persönliche Art wiederzugeben. Entsprechend meiner späteren Erfahrung als Dokumentarfilmer, daß unsere Hauptaufgabe darin bestehen muß, die gewünschte Einstellung aus ihrer Umwelt herauszuschälen und zur Aussage zu zwingen.

9

Immer hatte der Zauber von Wien darin bestanden, daß hier Natur und Kunst, Hoch und Niedrig, Tragik und Farce, Modernes und Altmodisches sich nicht bloß vermischten, sondern zu fusionieren schienen. Daß das eine das andere nicht nur duldete, sondern ihm als Folie diente, es erhöhte und in Szene setzte. In dieser Stadt schien für alle Platz zu sein, auch alle Nationalitäten, alle Religionen. Was vielleicht weniger mit Toleranz zu tun hatte, als mit der ästhetischen Freude am Zusammenklang. Man war eben musikalisch, erlebte die Dinge als Adagio, Crescendo, Fortissimo und ahnte instinktiv, daß die Dinge erst im Kontrast zu ihrem richtigen Effekt kamen. Wien wußte seine Gegensätze auszugleichen, konnte sie vielleicht tragisch nehmen, aber nicht ernst: Wozu hatte man seinen »Hamur« und seinen Sinn für Gaudi. Da gab es also einerseits das aufregende Wien, das fortschrittliche, waghalsige, den Dingen auf den Grund gehende. Und es gab das – nicht davon wegzudenkende, ja als dessen Humus unerläßliche – gemütliche und gemütvolle Wien, das unserer ersten Kindheitseindrücke. Da saßen noch in der Abendsonne die Hausbesorger mit den Parteien plaudernd vor dem Tor, da spielte in den Höfen der Werkelmann auf seiner Drehleier, da riefen kleine Mädchen ihr »An Lavendel hab i daa, kummts kaufts mir an aa«, da hallten noch unsere Schritte in den engen Gassen der Inneren Stadt, da trappten die schweren Zuggäule vor Bierkutschen über das Holzpflaster, gab es nachts die einsame Stille am Franziskaner- oder Minoritenplatz. (Man hörte sie damals nicht, erst später, in New York, hat man sie gehört). Und dieses Wien haben wir ganz selbstverständlich geliebt, wie man eben seine Mutter liebt, ohne viel darüber nachzudenken.

Zu diesem gemütvollen Wien gehört natürlich auch der Heurige. Wobei man mit der Tramway nach Grinzing oder Sievering oder Salmannsdorf hinausrüttelt. Dann noch ein paar Schritte zu Fuß, und man steht in einem dieser kopfsteinbepflasterten Weindörfer mit ihren ebenerdigen gelben Winzerhäuschen. Über deren runden Eingangstoren der »Busch'n ausg'steckt« ist, zum Zeichen, daß es heurigen Wein gibt. Den genießt man, im Garten an langen Tischen zusammensitzend. Wird mit »Herr Nachbar« angeredet, mit ein paar Tschechen- oder Judenwitzen bedacht. Und läßt sich vom Wirt oder der Frau Wirtin mit Harmonikabegleitung die einschlägigen Lieder vorspielen, zuerst fröhlich, dann tränenreich. Mit »Mei Huat der hat drei Ecken« mochte es losgehen, darauf folgte »I kumm aus Grinzing und bring an winzigen Affen nach Haus« oder »Mei Muatterl war a Weanerin«, und alles endete üblicherweise mit »Erst wann's aus wird sein mit aner Musi und an Wein«, da ja (laut Zeitbeobachter Horst Krüger) »unter der Liebe und dem Tod beim Heurigen nichts zu haben ist«. Gleichzeitig werden wir »Schroppen« von allen mit Busserln beschenkt und dürfen frei herumlaufen, »die Leut anschaun«. Das Ganze eine Art Herzensweide und Selbstbestätigung Gleichgesinnter, wobei selbst der gestrenge Vater aufzutauen pflegt, denn »Menschen, Menschen san mr alle«.

Hier, wenn irgendwo, war das »goldene Wienerherz« zu finden … nur daß es sich bei manchen so leicht wieder in den Seelenschrank verschließen ließ, mußte uns unheimlich vorkommen. Einstweilen aber waren wir in die Stadt verwachsen mit tausend Würzelchen, von denen wir kaum etwas ahnten, deren plötzlicher Herausriß jedoch Narben zurückließ, die bis heute spürbar sind.

Damit aber sogen wir auch viele von den Vorurteilen auf, mit denen man sich damals um die Modernität betrog. Daß bäurisch besser sei als städtisch, Deutscher sein besser als Franzos (oder gar Italiener, diese »Katzelmacher«), dumpfes Gefühl besser als klarer Verstand. Was letztlich darauf hinauslief, daß die »germanischen Arier« was Edleres wären als alle andern und insbesondere wir. Dies akzeptierten wir im Grunde und waren entschlossen, uns zum Arier hochzudienen! Auch wir trugen »Steirerg'wandeln«, dazu Lederhosen mit Kniestrümpfen. Auch wir sagten »tulli« und »leiwand«, wenn wir etwas schön fanden, und »zupf di, drah di!«, wenn jemanden nicht. Und auch wir glaubten daran, daß die jüdischen Ärzte und Erfinder und Musiker nur schwache Nachahmer wären. Ganz so wie etwa, laut Klassenlehrer Müller, die zutiefst unkreativen Japaner nur das Wort »Solingen« auf ihre minderwertigen Eisenwaren zu stempeln wußten! Und nie, nie würden es jüdische Dichter zu solchen grandiosen Werken bringen wie etwa *Der Judas von Tirol* des Bauerndramatikers Karl Schönherr, das stand fest. Aber die ganze Zeit ahnten wir doch im Hinterkopf, daß da etwas nicht stimmte. Daß wir nicht etwa Parasiten einer uns fremden Kultur waren, sondern sie zu unserer eigenen gemacht hatten und – wofür den Bodenständigen häufig der Mut fehlte – zu ihrer letzten und manchmal absurden Konsequenz durchzogen.

10

Waren die arrivierten Wiener Juden zumeist Assimilanten – auch viele Zionisten und die Zurück-zur-Jüdischkeit-Bewegung unter den Philosophen Buber und Rosenzweig konnten damals dazu gerechnet werden –, so fehlte uns nur leider oft der Assimilator. Also die Einheimischen, die willens gewesen wären, sich uns einzuverleiben zwecks Auffrischung des Blutes und der Kultur. Dies empfanden viele von ihnen aber als Zumutung (vielleicht noch mehr als die damaligen Deutschen). Warum eigentlich? Waren wir ihrem authentischen Volkscharakter dermaßen entgegengesetzt? Nein, aber – viel gefährlicher – ihrem erträumten, ihrem illusorischen! Diese alpine Mischrasse, durch die, sehr zu ihrem Vorteil, seit zwei Jahrtausenden sämtliche europäischen Völkerströme hindurchgezogen waren, sah sich jetzt zunehmend als pures Germanentum. Gegen alles kann man anstinken, aber nicht gegen einen Massenwahn, der sich den dunklen indischen Volksstamm der Arier zu Ahnen erkürt, dafür die hellhäutigen Juden als Nichtarier und als »Asiaten« abstempelt. Gegen solchen Etikettenschwindel war kein Kraut gewachsen. Wir standen nunmehr, auf eine unerfindliche Art, für die Durchhalteparolen der verblichenen Monarchie, aber gleichzeitig auch für die »Novemberverbrecher« von 1918 und den »Dolchstoß im Rücken«. Wir repräsentierten sowohl die Kriegsgewinnler und Kapitalisten wie auch die ihnen spinnefeinden Anarchisten und Roten. »Wissen Sie, wer an allem schuld ist? Die Juden und die Radfahrer!« »Warum die Radfahrer?« – das war ein gängiger Witz. Die reichen Juden waren angeklagt als Blutsauger und Schädlinge, die armen als Binkeljuden, die beim »Wirtsvolk« schmarotzten. Wenn wir unsern Traditionen anhingen, so galten wir als Orientalen, Fellachen oder Tschandalen, und wenn wir unsere Bräuche aufgaben, als Einschleicher und falsche Fünfziger. Man begann seine Karriere als Judenbub, mit langen Hosen stieg man zum Saujuden auf, das weibliche Gegenstück lautete Judensau. Lärmte man mit der Klasse, so ging es zu wie in einer Judenschul, lief man herum, so zeigte man jüdische Hast, hielt man sich abseits, so dünkten sich die Juden was Besseres. War man schwach im Turnen, aber stark im deutschen Aufsatz, dann hatte man jüdische Leibfeindlichkeit durch kalten jüdischen Verstand kompensiert, unter Beihilfe von jüdischer Zudringlichkeit, wenn nicht gar von jüdischem Dreh. Der Jud ist an allem schuld ... zuletzt glaubten wir selber daran, denn dauernde Mißbilligung wird verinnerlicht.

Das alles war nun keineswegs ein bloßes Resultat des Nachkriegschaos – wie gern behauptet –, sondern reichte in Österreich weit zurück. Wo etwa ein von Hitler bewunderter selbststilisierter Adeliger, der sich Lanz von Liebenfels nannte, schon 1899 einen Orden gegründet hatte, dessen Mitglieder sich »zu blau-blonder Reinzucht« verpflichten mußten. 1906 kam dann seine *Theozoologie oder Die Kunde von den Sodoms-Äfflingen* heraus (Zarathustra, ich hör dir trapsen!). Darin blond-blaue Frauen sich mit Affen einlassen, wodurch dann unvermeidlich die »Niederrassen« entstehen.

Ein anderer falscher Aristokrat und Judenhasser betitelte sich sogar »Ottokar Stauf von der March« – wohinter allerdings ein ordinärer Ottokar Chalupka aus Ölmütz versteckt war (da wo die berühmten Quargeln herkamen). Aber was hätten die Slawen der Monarchie auch sonst machen sollen, die es – anders als die Ungarn – nie zu einem eigenen Adlerkopf im Staatswappen gebracht hatten! Wenn Kraus in den *Letzten Tagen* einen böhmakelnden Dichterling »Pogatschnigg genannt Teut« auftreten läßt, so blieb er damit noch weit hinter der Tatsache zurück, daß es gleichzeitig einen Universitätsprofessor namens Borodajkewycz gab, der als erstes von Konzentrationslagern für Fremdstämmige phantasierte und davon, daß man Juden zu Seife verarbeiten könne. Von dem dichtenden SA-Mann Mirko Jelusich wird noch später die Rede sein.

Dieser völkische Gedankenmüll bediente sich gern des immer gleichen Vokabulars. Da mußte gereinigt werden, gerodet, gesäubert, desinfiziert, ausgeräuchert und ausgejätet, gewichst und gestriegelt ... eine Putzwut, die sich allerdings nur selten auf den eigenen Körper erstreckte. Parasiten, Bazillen, Bakterien, Ungeziefer waren überhaupt eine Besessenheit dieser Zeit, deren Unterbewußtsein (vielleicht auch vom Grabenkrieg her) in Läusen, Würmern, Trichinen, Wanzen, Warzen, Auswüchsen, Ekzemen, Wucherungen, Pestilenz und Forunkulose schwelgte. Eine »Geschwulst des kulturellen Lebens« macht Hitler später in den Juden aus, die »wie die Made im faulen Leibe« seien. Und in Victor Klemperers *LTI – die Sprache des Dritten Reiches* läßt sich nachlesen, daß die Feldgendarmen, die zu Kriegsende nach Deserteuren fahndeten, Armbinden mit dem Bandwurmwort »Volksschädlingsbekämpfung« trugen. Noch in Auschwitz fand ich, groß wie ein Bibelspruch auf einen Dachbalken gemalt, die Worte »Eine Laus, dein Tod!«. Auch daß in den Gaskammern nicht Giftgas, sondern ein bloßes Ungeziefer-Vernichtungsmittel eingesetzt wurde, gehört in dieses Kapitel.

Nichts davon konnte damals den Juden irgend begreiflich sein, die sich in ihrer Mehrzahl als Deutsche bzw. Österreicher, und sogar manchmal in ihrer Verblendung als die besseren, empfanden. Kopfschüttelnd stand man in Wien vor dem als »Sensationsroman« angekündigten Machwerk *Seine Jüdin* des populären Rudolf Hans Bartsch (nicht zu verwechseln mit den ähnlich volksnahen Franz Karl Ginzkey oder gar Karl Hans Strobl).

Ein Heimkehrerroman, wie man die traurigen Berichte – auch unser Onkel Robert Pick hatte einen publiziert – über die vielen aus der Gefangenschaft zurückgekehrten k.u.k. Offiziere nannte (Mannschaften blieben ausgespart), die nach dem Krieg kein Bein mehr auf den Boden kriegten. Oder als »armer Gigolo« zum Eintänzer herabsanken – siehe auch Joseph Roths *Flucht ohne Ende*. Bei Bartsch führt nun der ehemalige Oberst den allegorischen Namen Christoph und heiratet eine schöne Jüdin namens Grete. Als welche ihm, o Schmach, zu einer neuen Karriere im Geschäftsleben verhelfen will, während es ihn, wie alle Obristen, zum trauten Schusterhandwerk zieht. Woraus sich irgendwie der fundamentale Gegensatz zwischen jüdischem Mammon und älplerischem Edelmenschentum ergeben soll. Erschienen nicht etwa um 1820, als dergleichen Schmäh unter dem Titel »Lebensbilder« auf Wiener Vorstadtbühnen reüssierte. Sondern eben ein Jahrhundert später inmitten orientierungsloser Massenmenschen. Die verzweifelt nach irgendwelchen Werten suchen, die ihr Einssein mit der Mehrheit beweisen sollen. Und was vermittelt mehr Solidarität als der Ausschluß von »Nichtzugehörigen«? Auflage des Buches: 25.000 schon im Erscheinungsjahr.

Aber was bedeutete das verglichen mit dem Erfolgsroman *Die Sünde wider das Blut* von Artur Dinter. Hier hieß der symbolträchtige Held gleich Hermann Kämpfer, und seine Angetraute Elisabeth ist die Tochter eines teuflischen jiddelnden Kommerzienrats, der – was sonst – nicht weniger als fünf Bordelle betreibt. Alle voller blonder, blauäugiger Landmädchen, einst von sexbesessenen jüdischen Zuhältern verführt. Der nasenbohrende Unhold kennt kein höheres Ziel, als »das Wirtsvolk zu durchseuchen und zu vergiften«, wogegen Hermann vergeblich anreitet. Denn »wenn es dem deutschen Volke nicht gelingt, den jüdischen Vampyr, den es ahnungslos mit seinem Herzblute großsäugt, unschädlich zu machen…« und so weiter über 350 Seiten hinweg. Verkaufsziffer zwischen 1918 und 1921: 200.000 Exemplare! Hier konnte Hitler für *Mein Kampf* seitenlang abschreiben.

11

Von Karl Kraus um die gleiche Zeit grimmig verachtet und verulkt: Zeitgenosse Hugo von Hofmannsthal. Hat der Satiriker bei seinem Freund Peter Altenberg anstandslos hingenommen, daß er sich (reichlich übertrieben) dauernd selbst als »Dichter« in die Brust warf, so ging ihm das bei dem wahren Dichter des *Jedermann* stark auf die Nerven. Eine seiner giftigsten Szenen in den *Letzten Tagen* zeigt Reserveoffizier Hofmannsthal, der weit vom Schuß im Kriegsfürsorgeamt tätig ist. Und dort in der Zeitung einen offenen Brief von seinem Jung-Wiener Kollegen Hermann Bahr zu Gesicht bekommt: »Ich weiß nur, daß Sie in Waffen sind, lieber Hugo, doch niemand kann mir sagen, wo. So will ich Ihnen durch die Zeitung schreiben. Vielleicht weht's der liebe Wind an Ihr Wachtfeuer… Ich weiß, Sie sind froh, sie fühlen das Glück dabei zu sein. Es gibt kein größeres… Es geht euch ja so gut. Und es muß einem ja da doch schrecklich viel einfallen, nicht? … Und das hat unserm armen Geschlecht der große Gott beschert…« usw. Zitate anstatt der Parodie, ganz wie später, in seinen besten Sachen, Robert Neumann!

Auch daß Hofmannsthal so kurz nach dem Krieg an der erstaunlichen Gründung der Salzburger Festspiele maßgeblich beteiligt war – »ein Ort, an dem Kunst unter außergewöhnlichen Bedingungen Ereignis wird« –, konnte Kraus nicht überzeugen. Den die Ungeniertheit, mit der Reinhardt die Fassade des

Salzburger Doms zur Spielfläche umfunktionierte, sogar zum Wiederaustritt aus der katholischen Kirche bewog! (Womit Kraus gewiß den Spitzenplatz in Friedrich Torbergs Kategorie »Wozu Juden alles fähig sind« für sich beanspruchen darf!)

Jetzt, kurz darauf, gibt es von Hofmannsthal den *Schwierigen*. Gemäß des Autors Motto: Nach verlorenen Kriegen muß man Komödien schreiben. Diese erste – und letzte – Wiener Gesellschaftskomödie, die an Tiefgang (»Die Tiefe muß man verstecken. Wo? An der Oberfläche!«) den englischen und französischen das Wasser reichen kann, erscheint zuerst in der *Neuen Freien Presse* unterm Strich als Feuilleton, wie ein Fortsetzungsroman. Honorarträchtig aber eine zweifelhafte Ehre. Im Dialog sehr wienerische Sätze wie: »In meinen Augen ist Konversation das, was jetzt kein Mensch mehr kennt: Nicht selber perorieren, wie ein Wasserfall, sondern dem andern das Stichwort bringen.« Eigentümlicherweise ist die einzige Gestalt des Stückes, die »keine Konversation« besitzt, dessen allseitig geliebter und bewunderter Angelpunkt Graf Kari Bühl. (Wie erfrischend für einen angehenden Filmemacher, der lebenslang unfähig bleiben wird, übers Wetter oder die werte Gesundheit zu reden.) Aber was ist es letzten Endes, wodurch dieses Stück, das dem deutschen Publikum oft nur ein mitleidiges Lächeln abfordert, den gelernten Österreicher so anspricht? Wohl weil hier, vielleicht zum letzten Mal, seine Möglichkeiten ausgespielt werden, weil er hier so gezeichnet ist, wie er sein könnte! Und, ja, zu solchen Karis und Helenes und Stanis und Antoinettes hätten auch wir nachmaligen Emigranten es vielleicht gebracht, hier hätten wir ganz bei uns sein können, oder gemeint, es zu sein, in der beruhigenden Gewißheit der Dazugehörigkeit, des Anheimgegebenseins. Hier, hier hätten wir unsere Erfüllung gefunden! Daher ich auch jetzt noch – selbst in französischer Fassung mit dem Polen

Andrzej Sewerin – das doch etwas bemooste Stück nie ohne Tränen sehen kann.

Alles in diesem Lustspiel dreht sich um Kommunikation, die nicht bloß am Telefon dauernd daneben geht. Hier, ins Komische gewandelt, die berühmte Sprachkrise von Hofmannsthals frühem »Chandos-Brief«: Worte sind nicht mehr deckungsgleich mit dem, was man meint, entsprechen nicht mehr den Gefühlen und den Dingen: »Alles was man ausspricht ist irgendwie indezent.« Wieso Kraus gerade dafür nicht empfänglich war, bleibt ein Rätsel.

Daß sich hinter der reizenden Helene, die der alternde Antiheld schließlich heimführen darf, keine andere verbarg als die spätere Salonschlange Helene Nostitz (die sich zuletzt sogar den Nazis anbiederte), ahnte man gleich. Erfuhr aber erst später aus Graf Kesslers Tagebüchern, daß der Dichter »in der Figur des Kari ziemlich starke Anleihen bei mir und bei der Beziehung zwischen Helene Nostitz und mir gemacht hat.« Bis dahin hielt man den Kari für ein leicht outriertes Selbstporträt. Menschenscheu, empfindsam, aber immerhin weniger affektlos als der ebenfalls als Hofmannsthals Ebenbild gedachte Herr von Sala in Schnitzlers *Einsamem Weg*.

Verwirrend allerdings fürs Publikum: Wann spielt dieses Stück eigentlich? Vor dem Krieg? Aber da ist ja vom »Fünfzehnerjahr« die Rede, vom »Verschüttetwerden im Schützengraben«. Zu Kriegsende? Aber da müßte doch irgendwie vom Kohlemangel und Rübenwinter parliert werden, und nicht nur von neuen Dienern und Konfusionen. Oder gar nach dem Krieg? Aber einer der Knackpunkte des Stückes ist doch eine geplante Rede vor dem – längst abgeschafften – »Herrenhaus«. Letztlich schwebt eben alles in dem Nimmerland der klassischen Komödie, angefangen mit Shakespeares »böhmischer Küste«.

12

Laut der neuen österreichischen Verfassung, repräsentiert durch Regierungschef Renner, ist auch der Adel aberkannt. So daß es jetzt offiziell Hugo Hofmannsthal heißen muß, Otto Habsburg, ja einmal lese ich sogar: Ludwig Beethoven! Ein Wiener Original, der dickliche Graf Sternberg, pflegt schon auf der Straße jedem Bekannten, dem er begegnet, zuzurufen: »Geadelt von Karl dem Großen, entadelt von Karl Renner!« Nur die Wiener Kellner bleiben dabei, ihre Kunden je nach Trinkgeld mit Herr Graf, Herr Baron oder zumindest »Herr von« zu titulieren. Selbstverständlich inklusive der Juden. Im Hinterland sieht man das anders. Wenn man dort die Hauptstadt den ungesunden Wasserkopf des Staates nennt, so hat das irgendwie auch mit der Kopflastigkeit zu tun, die man den Juden vorwirft. Die Provinz hingegen fühlt sich urwüchsig, und sie gibt jetzt zunehmend den Ton an. Dieses Landvolk hält sich tatsächlich für »tümlich«! Unsere Wiener Lesebücher ignorieren möglichst viel von der sogenannten Asphaltliteratur. Kein Döblin läßt sich blicken, kein Mann, Zweig oder Werfel, von solchen Verworfenen wie Kraus oder Brecht nicht zu reden. Dafür jede Menge Bergbauern, Herrgottswinkel und schwielige Hände am Pflug. Allerdings bleiben die – von allen Landwirten heißersehnten – Traktoren ausgespart, wahrscheinlich erinnern sie zu sehr an Kolchos.

Ja, nichts in diesem Land war zu dieser Zeit so, wie es sich ausgab. Überall Verfälschung und Verschweigen am Werk. Niemand war, was er schien. Und woran immer man glaubte, man empfand auch sich selbst im geheimen als Schwindler und Schmähführer. Diese Selbstmißachtung brachte viele dazu, daß sie vernagelter wurden, als es eigentlich dem österreichischen Wesen entsprach. Und führte bei den Juden zu einer Steigerung ihres ohnehin schon ironischen Witzes –, der im wesentlichen darauf hinauslief, daß man das, was man ganz unumwunden liebte – also das Land, das Österreichische, das Wienerische – jetzt durch den Kakao zog und das Jüdische dazu. Gerade diese Dinge wurden uns aber übelgenommen. Das war »dekadent«, das war »zersetzend«, wenn nicht gar »entartet«, offenbar ein Resultat unserer »gottesmörderischen« Religion.

Also heißt es, sich im täglichen Umgang möglichst kleinzumachen. Bloß nicht auffallen. Kein Geschrei auf der Straße, keine übertriebenen Gesten. Sperrt man sein Geschäft an den Hohen Feiertagen, so steht am Rolladen: »Vorübergehend wegen Krankheit geschlossen«. Gebetschal und die übrigen Utensilien bringt man in einer unauffälligen Aktenmappe zum Tempel (das Wort Synagoge ist verpönt). Benutzt man das Auto, so wird es zwei Straßen weiter abgestellt. Nach dem Gottesdienst verstreut man sich schnell und mit hochgeklapptem Kragen. Wird trotzdem gestänkert, so hat man im Laufschritt zu verduften. Dabei schämt sich jeder für die Feigheit der andern und seine eigene. Man ist eben klüger. Der Klügere gibt nach. Aber der Stärkere behält recht.

Schon 1920 beantragt der christlichsoziale Abgeordnete und Prälat Ignaz Seipel – er wurde später mehrmals Regierungschef – den Numerus Clausus an der Wiener Universität. Also die Beschränkung der Anzahl jüdischer Studenten. Ein Jahr darauf findet dann ein dreitägiger Antisemitentag in Wien statt, einberufen vom »Deutsch-Österreichischen Schutzverein Antisemiten-Bund«. Nur zwei Jahre später gibt es bereits einen Ringstraßenmarsch von geschätzten fünfzig- bis hunderttausend gegen eine imaginierte »Diktatur des Judentums«. (Dieser Verfolgungswahn, vermengt mit Messianismus, ist dann deutlich bei Hitler auszumachen.) Auch in der einst von Hitlers Vorbild, Bürgermeister Lueger, gegründeten Christlichsozialen Partei – die gegenwärtige Österreichische Volkspartei ist ihr Nachfahre – steht der Antisemitismus als Massenanreiz im Vordergrund.

So sieht man auf den zeitgenössischen Parteiplakaten etwa einen heldisch dreinblickenden Saubermann, der gegen einen Haufen von dicken »Geldjuden« (Zylinder nicht zu vergessen) und ihren Luxusfrauen anrennt. Dazu der Text: »Deutsche Christen, rettet Österreich«. Auch hier wird schon an »deutsche Volksgenossen« appelliert, von der »jüdischen Weltplutokratie« gefaselt, von »verhetzten Volksmassen« und dem »Boden des Volkstums«. Man erkennt, daß die spätere Nazi-Ideologie nicht in Selbstzeugung aus Freyas Schoß entsprang, sondern zutiefst aus den Wahnvorstellungen eingesessener bürgerlicher Parteien!

13

In diesem Klima findet jetzt die Wiener Premiere des vor einem Vierteljahrhundert geschriebenen *Reigen* von Arthur Schnitzler statt. Daraufhin erste Störaktionen »völkischer« Jugendlicher. Die Zeitungen phantasieren von geilster Pornographie, Bordellprologen, jüdischer Schweinerei, Freudenhaus, Dirnenhöhle. Der Abgeordnete und spätere Bundeskanzler Ignaz Seipel wettert gegen dieses »Schmutzstück aus der Feder eines jüdischen Autors«. Vier Tage später stürmen 600 Jugendliche den Saal. Schwefelwasserstoffbomben und Teereier werden geworfen, zuletzt müssen die Bühnenarbeiter Wasserschläuche auf das Publikum richten, um den Tumult zu steuern. Der von der konservativen *Reichspost* als »Akt der Selbsthilfe christlicher junger Männer« eingestuft wird! Darauf verbietet die Polizei weitere Vorstellungen. Ähnlicher Aufruhr Wochen später in Berlin. Und obwohl ein anschließender Prozeß mit dem Freispruch sämtlicher Mitwirkenden endet, läßt die Sache doch Schnitzler so angeekelt zurück, daß er weitere Aufführungen sperrt. Außer leider für Frankreich, wo die Rechte ihm nicht gehören. So daß das Stück dort zwei Mal – von Max Ophüls und Roger Vadim – sentimental-kitschig verfilmt werden kann. Ein erster Stummfilm aber soll erstaunlicherweise schon 1911 in Wien gedreht worden sein, von dem uns leider nichts überliefert ist. Daß Schnitzler der Filmkunst durchaus zugetan war, wissen wir von seinen zahlreichen Kinobesuchen (»*Blauer Engel* – im Ganzen unleidlich«) und sogar Drehbuchvorschlägen: »Nur *der* Film wird bestehen können, der aus folgerichtigen und durch sich selbst verständlichen Bildern besteht.«

Der erste »Reigenfilm« war vielleicht die früheste Produktion der österreichischen Filmindustrie – mitbegründet von jenem vergnügungssüchtigen Grafen Alexander Kolowrat, der in den *Letzten Tagen* regelmäßig mit dem Ausruf vorkommt: »Heut drah (feiere) ich mit dem Sascha Kolowrat!« Saschafilm heißt denn auch seine Pionierfirma. Ihr Hauptwerk: *Sodom und Gomorrha, die Legende von Sünde und Strafe.* 1922 unter der Regie des Ungarn Mihaly Kertész produziert, der später als Michael Curtiz in Hollywood Karriere machen wird (*Casablanca*). Ein Monumentalfilm, mit Tausenden Statisten, rekrutiert aus dem Heer der Wiener Arbeitslosen, und im biblischen Wienerwald gedreht. Dieses Massenspektakel konkurrierte damals erfolgreich mit Cecil B. de Milles Ausstattungsfilmen, ließ aber leider Graf Saschas Kassen entblößt zurück. Obwohl man ja auf dem erhaltenen Filmplakat vor einstürzenden Häusern ein hingestrecktes Weib mit nacktem Riesenbusen sieht, der im Film gar nicht vorkommt.

Ein anderer dieser begabten Ungarn, die bei der Sascha begannen, um schließlich in London bzw. Hollywood zu enden:

Sándor Laszlo Kellner, als Sir Alexander Korda in die Kinogeschichte eingegangen. Dazu eine Story von 1942 aus Hollywood, wo Korda mit einem weiteren Ungarn plaudernd in die Filmkantine tritt. Worauf ihm ein Wiener Emigrant empört zuruft: »Jetzt ist Krieg! Sprechen Sie die Landessprache! Sprechen Sie Deutsch!«

Auch der Wiener Autor und Alleskönner Egon Friedell steht der neuen Filmkunst aufgeschlossen gegenüber: »Das Kino hat etwas Skizzenhaftes, Abruptes, Lückenhaftes, Fragmentarisches. Das ist im Sinn des modernen Geschmacks ein eminent künstlerischer Vorteil.« Und Peter Altenberg im schrillen Stil seiner Spätzeit: »Ich schleudere hiermit meinen Bannfluch gegen alle jene, die in bestgemeinter Absicht oder aus Geschäftsinteressen sich gegen die Kinotheater wenden! Es ist die beste, einfachste, von dem öden Ich ablenkende Erziehung…« Zwischen 1918 und 1930 werden in Österreich nicht weniger als 700 Streifen gedreht. Von frühen stummen Meisterwerken wie *Orlacs Hände* mit Conrad Veidt bis zu den kitschigen Musikantenfilmen über Mozart oder Schubert, die dann bis in die Nazizeit den Unterhaltungsbedarf eines mißbrauchten Publikums bestreiten werden.

Aber auch schon einen Film über Theodor Herzl gibt es, eine »Monstre-Vorstellung zugunsten der Opfer der Pogrome in der Ukraine«, mit dem großen Rudolf Schildkraut in der Titelrolle. Über den eine weitere Anekdote hier schon zu erzählen, ich mir nicht verkneifen kann. Sitzt also der eitle Mime, der sich längst in Hollywood arriviert glaubt, bei einer Party zusammen mit einer Dame, die bewundernd zu ihm aufblickt: »Sie mit Ihrer Stimme sollten wirklich beim Film sein!« Darauf er: »Madam, mein Name ist Schildkraut!« »Aber das macht doch nichts, den können Sie immer noch ändern!«

14

In Gottes Krieg, ein Gedichtband des gläubigen Juden Uriel Birnbaum, im Wiener Verlag Löwit erschienen. Den Titel meint der Autor wörtlich: Der Weltkrieg ist der Menschheit von Gott als Prüfung verordnet, wer sich für den Frieden ausspricht, wird schuldig der Lästerung! Auch die neue Republik Österreich fällt in diese Kategorie! Man kann nur staunen über soviel großartige Verbohrtheit. Illustriert ist das Werk mit Birnbaums eigenen gestrichelten Tuschzeichnungen, an dunkelsten Kubin erinnernd. Ein ergreifender Kriegstotentanz, den er selber durchgestanden haben muß … Um sich das Leben weiter zu erschweren, folgt der Dichter in seiner Sonettform einem besonders komplizierten Reimschema: ABAB BCBC CDCD EE.

Abgeschlagener Angriff

Wo ist die Stadt, wo ich in Urlaub war?
Licht sticht in Wald und Schlinggewächs, – die Zähne
Zusammgebissen, naß von Schweiß das Haar,
Starr ich hinunter in die Höllenszene:

Die unten wissen nicht, daß ich nur höhne!
Mit Laub maskiert, so schleichen sie heran!
Um mich die Mannschaft, lauernd: Ein Slovene,
Polacken, Steirer, Tschechen – wie im Bann.

Sie liegen und ich steh' und horche: Wann?
Wie's schlurft! Still liegen! Schaben – schaben – sacht
Sich nähernd – Äste knacken – Dorten! – Dann:
»Halblinks Schnellfeuer!« – Eine Hölle kracht!

– »Jetzt Handgranaten!« – »Mehr! Mehr!« – Fünf! Sechs! Acht!
Das jauchzt, das schreit, das heult, das lacht – das lacht!

Dann die Verwundung:

– Da schießt ein Schrei aus mir, scharf wie ein Speer:
»ICH HABE KEINE FÜSSE MEHR!«

Im Lazarett nimmt sich eine junge katholische Krankenschwester seiner an, Rosa Grieb:

Ich komme aus der Ewigkeit zurück
Zu Deiner Güte und zu Deinem Blick!

Uriel verliebt sich in das Mädchen, heiratet sie. Er lebt schlecht und recht von seiner Arbeit als Grafiker. Zwei allegorische Bildgeschichten mit farbenglühenden Illustrationen erregen Aufsehen: *Moses* und *Der Kaiser und der Architekt*. Erhabene stämmige Figuren werden in schwere schwarze Konturen eingefaßt, die an Kirchenfenster gemahnen (auch an Rouault), parallel dazu leuchtende Farbflüsse. Von diesen symbolträchtigen Bildgeschichten – heute im Erscheinungsort Wien unauffindbar – entdecke ich eine in New York, die andere in Jerusalem. Zwei Emigranten müssen sich also die Mühe gemacht haben, die gewichtigen Bände mitzuschleppen.

Uriel Birnbaum ist der Sohn des Wiener jüdischen Religionsphilosophen Nathan Birnbaum, Wortschöpfer der Begriffe »Ostjudentum« und »Zionismus«. Später überwirft er sich mit Herzl und gründet nach dem Weltkrieg eine streng religiöse Gruppe gegen den Zionismus. Uriels Bruder Menachem fungiert um dieselbe Zeit als künstlerischer Leiter des einzigen jüdischen

Witzblattes, von dem ich weiß: des im Berliner Welt-Verlag erscheinenden *Schlemiel.* Auch Uriel arbeitet hier als Grafiker mit. Das Blatt (heute im Antiquariat unauffindbar) ist gemäßigt zionistisch, gern wird der Jugendbund »Blauweiß« herausgestrichen. In einer Anekdote hält ein Vater, »an dem die Erziehung durch seinen Sohn, einen Blauweißen, nicht spurlos vorübergegangen ist«, dem Sprößling folgende Ansprache: »Mein Junge, du mußt jetzt daran denken, dir einen Beruf zu wählen. Du weißt, ich bin ein moderner Mensch und will dir die volle Selbstbestimmung gewähren. Geh in aller Ruhe mit dir zu Rate. Heut ist Dienstag – Freitag, na, sagen wir Schabbes sollst du mir dann ganz ungeniert sagen, wohin du willst – ob lieber zur Herren- oder zur Damenkonfektion!«

Vom *Schlemiel* ist nur ein einziger Jahrgang erschienen, dann macht die Inflation das Wagnis zunichte. Die vorletzte Nummer zeigt – bereits 1920! – einen Fischer im Jägerhut, der mit einem hakenkreuzförmigen Angelhaken auf Wahlfang geht. Und das Schlußbild des allerletzten Heftes, von Menachem Birnbaum gezeichnet: Ein kompliziertes chemisches Retortensystem »zur Feststellung des Gehalts an jüdischem Blut«. 1933 muß dann die Familie nach Holland fliehen. Im Gefolge der deutschen Invasion wird Menachem Birnbaum in den Osten deportiert, Uriel überlebt dank seiner »Mischehe« mit Rosa Grieb. Eine Tochter, Miriam, war noch vor kurzem in Amsterdam aufzufinden.

15

Auf der einen Seite niederdrückendes Elend in dieser Inflationszeit, auf der anderen der »wahnwitzige Rausch des Genießens«. Nie hat es bis dahin so viele Kabaretts und Tingeltangel in Wien gegeben, laut dem Leibblatt der Christlichsozialen, der

Reichspost. Die wie üblich nur »jüdische Wühlarbeit« wittert, wo es um den allzu verständlichen Drang der Leute nach Gemütsentlastung geht. Schuld war der Jud! Hinaus mit ihm!

Aus dieser Parole macht nun der mit wachem Instinkt für Massenphänomene begabte Journalist Hugo Bettauer seine bissige Humoreske *Die Stadt ohne Juden.* Bettauers Romane tragen grundsätzlich solche reißerischen Untertitel wie »ein Roman vom Tage«, »ein Roman von heute« usw. Sein »Wiener Roman aus unseren Tagen«, die *Freudlose Gasse*, schafft es sogar zu einer internationalen Filmproduktion, mit Greta Garbo und Werner Krauß in den Hauptrollen sowie der Grotesktänzerin Valeska Gert als Bordellmutter. Überdies betreut der Autor noch eine sexuelle Aufklärungspostille, *Bettauers Wochenschrift*, auch als »Aufgeilungspostille« bekannt, da sie dringend benötigte Sexinformation gespickt mit erotischen Zweideutigkeiten darbietet. Eine Wiener Spezialität, gepflegt auch vom »Verlag für Kulturforschung«. In dem ganze Serien illustrierter Sittengeschichten wie die des Kinos, der Unterwelt, der Liebkosung und der Strafe, der Flagellation, des üppigen Weibes usw. erscheinen und sich glänzend, auch nach Deutschland, verkaufen.

Nun also Bettauers »Roman von übermorgen«, der den so oft geforderten Ausmarsch der Juden aus Wien graphisch vorführt. Allerdings nicht nur mitsamt ihrem Know-how, ihrem »Köpfchen« und ihrem Kulturanspruch. Sondern auch ihrem gesamten Besitztum – etwas anderes konnte man sich eben damals nicht vorstellen. So daß zuletzt Wien nur noch als ödes, abgewirtschaftetes Provinznest zurückbleibt, ohne Luxusgeschäfte, ohne Unterhaltungslokale, ohne Tenöre ... und ohne Nutten (»Menscher«): »Und das grade jetzt, wo mir der Fredi Pollack a neuches Automobil bestellt hat!« Bis schließlich in höchster Not der Bürgermeister die Abgewanderten beschwört zurückzukommen.

Und den ersten mit dem begeisterten Ruf empfängt: »Mein lieber Jude ...« Das Buch wird zum Verkaufsschlager, der geschickt sowohl an jüdische wie antisemitische Vorurteile appelliert und sich in einer Viertelmillion Exemplaren absetzt ... eine deutsche Nachahmung, *Berlin ohne Juden*, nicht eingerechnet. Dieser blutige Scherz ist aber auch zweifellos dafür mitverantwortlich, daß später die Nazis so gewitzt waren, den Juden fast ihre gesamte Habe als »Reichsfluchtsteuer« abzuknöpfen, bevor sie emigrieren durften!

Drei Jahre nach diesem Welterfolg wird Bettauer von dem Frühnazi Otto Rothstock in seinem Büro niederschossen. Das Gericht stuft gnädig den Mörder, um ihm die Verurteilung zu ersparen, als »unzurechnungsfähig« ein, und er kommt in die Nervenheilanstalt Steinhof. Nach wenigen Monaten als geheilt entlassen, wird er Zahnarzt in Hamburg, überlebt glücklich den Krieg und kann sich noch ein halbes Jahrhundert später in der Bundesrepublik als aufrechten Kämpfer gegen Schmutz und Schund darstellen.

16

»Weißt Du, Felice, Franz Werfel ist tatsächlich ein Wunder ... der Mensch kann Ungeheures«, so Kafka brieflich über Werfels Gedichte zu seiner Braut Felice Bauer. Nun hat der frühe Lyriker (ein »Kindheitsvirtuose«, laut Karl Kraus) das Erfolgsstück *Spiegelmensch* herausgebracht. Eine »magische Trilogie«, nichts weniger. Kraus, mit Werfel auf Lebenszeit zerstritten, verfaßt in Eile eine »magische Operette« als Parodie darauf: *Literatur oder Man wird doch da sehn*. (Der gejüdelte Titel soll auf Werfels angeblichen jiddischen Jargon anspielen.) Auch über dieses Stück äußert sich Kafka: »Vor längerer Zeit habe ich *Literatur* von Kraus gelesen. Nach dem damaligen Eindruck schien es mir außerordentlich treffend, ins Herz treffend zu sein. In dieser kleinen Welt der deutsch-jüdischen Literatur herrscht er wirklich oder vielmehr das von ihm vertretene Prinzip, dem er sich so bewundernswürdig untergeordnet hat, daß er sich sogar mit dem Prinzip verwechselt.«

In Werfels Drama tritt nun die Hauptfigur, die etwa Faust und Mephisto in eins verschmilzt, mit einem Extempore als Blattmacher vor die Rampe und spricht unmittelbar ins Publikum: »Ich gründe eine Zeitschrift und nenne sie: Die Leuchte? Nein. Der Kerzenstumpf? Nein. Die Fackel? Ja! Ich will den Stadtklatsch zu einem kosmischen Ereignis machen. Ich will als Cabarettier meiner apokalyptischen Verkündigung auftreten, denn ich bin ein guter Komödiant, ganz zu schweigen von meiner Neigung zum Stimmenimitator. Kurz und gut, weil ich zwar den Menschen *aus* den Augen, doch nicht *in* die Augen sehen kann, will ich ihnen lieber gleich in den Hintern schauen, ob dort ihr Ethos in Ordnung ist...«

Kein sehr appetitlicher Anwurf, den Kraus auch spielend abschmettert. Indem er ihn früheren, allzu schleimigen Anschmeißereien Werfels in parallel gedruckter Spalte gegenüberstellt: »Ich habe gestern einige Seiten Philosophisches über Karl Kraus geschrieben. Ich sende es Ihnen nicht – es ist ohnmächtig. Ohnmächtig gegenüber dem Ereignis, mit dem unerklärlich dieser Mann in mein Leben trat.« Allerdings muß solche überhöhte Prosa auch dem expressionistischen Zeitstil entsprochen haben, wie aus einer ähnlich gelagerten Eloge des Schriftstellers Otto Pick über Werfel selber hervorgeht: »Und Werfel sprach, Werfel sang, Werfel wogte, Werfel wurde, nachdem er geworden.« Und noch Jahre später schwärmt der kühle Friedrich Torberg: »Er begann, kaum daß man angetippt hatte, zu glühen und zu dampfen – und fünf Minuten später brannte man schon selbst.« Daß aber ein Moralist wie Kraus in diesen nun schon antisemitischen Zeiten ein ganzes Stück (mit eigener Musik) verfaßt, hauptsächlich um einem Rivalen und dessen jüdischem Anhang eins auszuwischen, kann man nur mehr schwer nachvollziehen. Oder war es tatsächlich, wie Kraus meinte, seine traurige Pflicht, die Wahrheit um jeden Preis auszusprechen, auch den der Anstiftung zum Pogrom? Hier immerhin der Nachruf auf Kraus in einem jiddischen Blatt, zwei Jahre vor dem Anschluß:

»Karl Krois is geboiren als Jid, hot sich später geschmad't (getauft) und is dann oisgetreten ois der katholischer Kirche. Sein Kampf hat sich nich gericht gegen Jiden oder nur gegen die Schädlichkeit fun einzelne Perschoinen, welche zufällig gewen Jiden… Krois is immer gwen an ausgehaltener Pazifist… Nit einem is Krois a Dorn in die Oigen durch sein Aufrichtigkeit, Emmessogen (Wahrheitsagen) un sein eigenartiger Charakter, welcher hot durch sein starker Energie un groissen Mut a sach oifgetan far emmeser Kultur un reiner Menschlichkeit…«

17

Die Nelkenburg – ein ritterlich Spiel, im gleichen Wiener Verlag C. W. Stern erschienen wie vordem die Farce *Goethe* von Polgar und Friedell. Ein Raubritterdrama in einem Akt, welches allerdings nicht von heroischen Recken bevölkert wird, sondern von jüdisch-wienerischen Spießern aus der Konfektionsbranche! Schon die Einleitung des Büchleins ist ihren – heute unerschwinglichen – Preis wert. Da wird in steilen gotischen Lettern, als wäre es die Gutenbergbibel, über den Verfasser Rudolf Pick berichtet, der kein anderer sei als der Sohn des unsterblichen Fiakerlied-Autors Gustav Pick. Zwar Jude, aber ein Mann, den man in der Saison jeden Abend im Frack antreffen könne, der mit Aristokraten auf Großwildjagd gehe und als schneidiger Reserveleutnant eines Dragonerregiments jederzeit in der Lage sei, seinen Standpunkt mit der Waffe in der Hand zu vertreten, jawohl!

In der Exposition des Stückes erfährt man dann, daß »Burgprokurist« Kafka in das Haustöchterchen Rosalie, eine mindere Schönheit, verliebt ist. Wenn auch ihr Vater, Ritter von Nelkenburg, hochfliegendere Pläne für sie hat. Gleich darauf wird sein Stammsitz von einem Konkurrenten, Herrn von Löwenstamm jr., gestürmt, den Nelkenburg bei einer geschäftlichen Transaktion beschummelt hat.

NELKENBURG: *Er* berennt uns? Wie ä so? Ohne Fehdehandschuh?
KAFKA: Was wollen Sie mit Ihnere Handschuh? Er zieht sich heran mit reisig Volk: Zwa Fähnlach, zwölf Reiter und a Masse Bogenschützen.
NELKENBURG: Oiweh! Was tu mer da! Gehn Se erunter un sagen Se, die Woll war ja nix prima, aber wenn er ä Abschlagszahlung – (Kanonenschuß; beide fallen auf einen Sessel): Da gibts ka Handeln. (Stolz): M boh – wir wern sterben wie de Ritter!
KAFKA: Ich bin ka Ritter – ich bin ä Burgprokurist.
NELKENBURG: Kafka – Sie ham ka Reiterblut!

Löwenstamm erobert tatsächlich die Nelkenburg, noch dazu während deren Schloßherr gerade in ein wichtiges Gespräch mit dem fahrenden Ritter Nuss, einem Schadchen (Heiratsvermittler) begriffen ist. Über den er hofft, sein mieses Töchterchen standesgemäß an den Mann zu bringen. Nelkenburg wird gefesselt.

Löwenstamm: Werfts'n in Turm!

Nelkenburg: Was? In Turm? Löwenstammleben! Sie sind noch ä junger Mensch – Ihna Vater hab ich noch gekannt, wie er is mit'n Binkel von Burg zu Burg gezogen.

Löwenstamm: Ich bin der Herr von der Burg!

Nuss: Sie, Herr von Löwenstamm! Ich muß Ihren Siegesjubel a bissel dämpfen! Ma kommt flau aus Berlin.

Löwenstamm: Ma kommt flau?

Nuss: Sogar sehr flau! Wolln Se gitigst da ä Einblick tun? (Gibt ihm einen Kurszettel)

Löwenstamm: Nuss! Ich bin ruiniert!

Nuss: Das kommt davon, wenn die jungen Herren hinter'm Rücken vom Papa erumspekulieren! Übrigens – *an* Ausweg wüßt ich Ihnen. (Auf Rosalie zeigend): Was halten Sie von der?

Löwenstamm: Nuss, das *kann* ich nicht.

Nuss: Sind Sie ka Narr, Löwenstamm, beißen Sie de Zähn aufenand und springen Se erein!

Löwenstamm: Wenn sie aber nein sagt?

Nuss: Mit äso ä Ponem (Gesicht) hat noch kane »nein« gesagt.

Und so endet alles mit Hochzeit und Aussöhnung der Konkurrenten, während Kafka, als fahrender Gesell, sein Abschiedscouplet singt: »Frau Minne, du hast mir das Leben vermiest, Frau Minne, du sollst zerspringen!«

Meines Wissens ist das Stück weder damals noch seitdem je aufgeführt worden, weil es nie ein Publikum fand, das sich nicht, aus diesem oder jenem Grund, in seinem tiefsten religiösen Empfinden verletzt gefühlt hätte!

18

In den Wiener Lichtspieltheatern Fritz Langs zweiteiliger Nibelungenfilm – wir selbst sehen ihn erst später, aber jedenfalls noch zur Stummfilmzeit, im Kulturkino der »Urania«. Nichts kann damals die Zuschauer stärker zur Vergötzung des aufkeimenden Nazismus hingeführt haben als dieser nordländische Walhalla-Brocken mit tiefem Griff ins gemeinsame deutsche Unbewußte ... dem man ja auch selber angehörte! Noch im März 1945, als unsere amerikanische Division nachts den Rhein bei Worms überquerte, wonach suchte ich da als nach jenem urweltlich-zerklüfteten Steilufer, wo Hagen im Film den Nibelungenschatz versenkt hatte? Es war aber alles flach wie ein Pancake! (So flach, daß ich dem deutschen Scharfschützen deutlich sichtbar gewesen sein muß, der jetzt von drüben auf mich herüberfunkte, aber knapp daneben. Ich sah sogar den Einschlag ins Ufer klatschen.)

Dabei kommt ja nicht nur der Regisseur dieses germanischen Schicksalsdramas aus Wien, sondern auch der Hauptdarsteller, die blonde Lichtgestalt des Siegfried (Paul Richter). Auch die alles ins Mystische hochsteigernden Bauten im runenhaft-zackigen Art Déco-Stil, überhaupt das Steife und Hieratische der Figuren stammen letztlich aus einem typischen Wiener Bilderbuch: den von Carl Otto Czeschka 1908 mit viel Goldauflage illustrierten *Nibelungen*, dem gesuchtesten Band aus Gerlachs Jugendbücherei (heutiger Preis: rund 1000 Euro). Bezeichnend übrigens für die Haßbereitschaft der Zeit, daß man diesem deutschtümelndsten aller Zeichner (neben dem unsäglichen »Fidus«) hier eine spezifisch tschechische, gar »orientalische« Färbung nachsagt.

Was wird in diesem Film nicht alles vorausgeahnt bzw. herbeigewunschen! Wo ohnehin, trotz Friedrich Heers Untersuchungen, noch immer nicht geklärt ist, wer eigentlich (außer Mussolini) für das Design des Dritten Reiches verantwortlich war! So entspricht die Szene von Siegfrieds rauschhaftem Einritt in Günthers Burg doch gewiß Hitlers späterem – von Leni Riefenstahl gedrehten – Einflug durch symbolträchtige Wolken zum Nürnberger Parteitag. Brünhilds, der »hohen Frau«, statuarisches Schreiten vom Schiff an Land, über die Schilde, die geometrisch genau von ihren tief im Wasser stehenden Mannen gehalten werden, findet sich in dem Anmarsch des »Führers« durch die symmetrischen Formationen seiner Hörigen auf dem Bückeberg wieder. Und das Gewurle der verkommenen hunnischen Untermenschen gegenüber den edlen schwertbehängten burgundischen Recken – welch ein KZ-Bild mit Himmler im Vordergrund, die Hand am Ehrendolch! Bezeichnend auch, wie hoch der schurkische Hagen in seinem gewaltigen Flügelhelm – immerhin der heimtückische Mörder Siegfrieds – schließlich mit seinem finsteren Treuebegriff den beiseitegeschafften Leichtfuß an Sympathie überragt. Und wie innig ihm der etwas weibische Spielmann Volker bis zuletzt anhängt … entsprechend der Hingabebereitschaft fast der gesamten deutschen Dichter- und Musikerschar.

Zuletzt der bildhafte Untergangsmythos der *Götterdämmerung* – Hitlers Lieblingsoper. (Es war auch die letzte Wagner-Aufführung, die er besuchte, am 23. Juli 1940.) Wobei im Film die todgeweihten Burgunden sich hinter vorgehaltenen mannshohen Schilden schrittweise in ihren Wehrtum einigeln, aus dem es kein Entrinnen mehr gibt … analog zu Stalingrad. Bis dann die ganze Festung, von hinterhältigen Feuerpfeilen (Stalinorgeln) angezündet, in Flammen aufgeht (Deutschland 1945).

Dazu Drehbuchautorin Thea von Harbou, damals mit Lang verheiratet, in Nazidiktion über ihr »Hohelied von bedingungsloser Treue«: »Es hieß von Grund auf, bis hin zum Menschenmaterial, die Welt eines Jahrhunderts zu schaffen.« Am Premierentag, dem 12. Februar 1924, legt dann das Ehepaar Lang einen Kranz am Grab Friedrichs des Großen nieder. Knappe zwei Jahrzehnte später verkündet Literaturklitterer Göring zu Stalingrad: »Wir kennen ein gewaltiges, heroisches Lied, das hieß ›Der Kampf der Nibelungen‹. Auch sie … kämpften bis zum letzten. Jeder Deutsche noch in tausend Jahren … muß sich erinnern, daß dort Deutschland letzten Endes doch den Stempel zum Endsieg gesetzt hat!« Daß Halbjude Lang im März 1933 ein Angebot des von seinen Nibelungen begeisterten Goebbels ablehnte, deutscher Filmintendant zu werden, und den nächsten Zug nach Paris genommen haben will, ändert nichts an der Tatsache, daß er hier mit tiefer Einfühlung in deutsche Seelenlandschaften dem Dritten Reich den Rosenpfad geebnet hat.

19

Im Februar 1924 feiert dann Hugo von Hofmannsthal seinen fünfzigsten Geburtstag. Der einst angesehenste Dichter Österreichs, immerhin als Verfasser des *Schwierigen* für Reinhardt und des *Jedermann* für die Salzburger Festspiele noch durchaus aktuell, hatte geplant, dem erwarteten Riesenrummel samt Orden und Ehrendoktorwürde ins Ausland zu entfliehen. Blieb jedoch, vielleicht aus finanziellen Rücksichten, daheim. In letzter Minute erfährt dann sein leidenschaftlicher Verkünder und Freund Rudolf Borchardt – nach wie vor der unbekannteste Dichter der Deutschen –, daß überhaupt keine Feierlichkeiten vorgesehen sind, daß man das Jubiläum einfach zu übergehen gedenkt.

Mit der ihm eigenen Vehemenz wirft sich Borchardt sofort in

die Planung einer Festschrift, vornehm auf griechisch *Eranos* geheißen, was »Gastfreunde« oder ähnliches bedeutet. Und welche in der feinen Bremer Presse erscheinen soll. Aber wo bleiben die von ihm angeschriebenen Autoren? Schnitzler, Hauptmann, Graf Kessler winken ab. Einzig Thomas Mann schickt einen Auszug aus seinem gerade im Entstehen begriffenen *Zauberberg*. Und dann ist da noch dieser Unglücksrabe, Jugendfreund Leopold Andrian, ehemaliger Avantgardist und inzwischen ins vorsintflutlichste Lager übergewechselt. Von ihm kommt ein Sonett: »Besinnst du dich, wie einst im Abendwind / Schwarzgelb die Fahnen uns entgegenwehten …«. Also eine Aufforderung, sich wieder auf die verflossene Habsburger-Monarchie einzulassen. Ungefähr das letzte, was der ohnehin als passé verschriene Jubilar jetzt nötig hat. Und der von Hofmannsthal allzu hoch geschätzte (und später ins Nazilager abgedriftete) Literarhistoriker Josef Nadler übersendet gar einen Aufsatz, »Juden in der deutschen Literatur«, worin er den frommen Erzkatholiken Hofmannsthal taktlos mit dem Erfolgsromancier Jakob Wassermann in einen Topf wirft. Nur mit Mühe kann Borchardt diesen Text durch einen anderen ersetzen lassen. Der längste Beitrag aber stammt von Borchardt selbst, worin er, nicht zum ersten Mal, auf seine Begeisterung für die Jugendlyrik des Freundes zu sprechen kommt, ohne seine späteren Werke auch nur zu erwähnen. Hofmannsthals Antwort ist ein schrankenloser Wutanfall! »Es hat so wenig Haltung, das Ganze! Im einzelnen ist Deine sonst so sichere Feder ein paarmal so ausgeglitten – – – ist so miserabel ausgedrückt – – – ist distanzlos und überflüssig – –« Darauf reagiert Borchardt mit einem langen Erwiderungsbrief … oder eigentlich mit zweien. In dem einen (er kommt erst Jahre später ans Licht) versichert er voll fingierter Nonchalance, daß dergleichen Ausrutscher seiner Zuneigung nimmermehr Abbruch tun könnten. In dem andern nimmt er im arrogantesten Ton »einen allgemeinen und ganzen Urlaub« von seinem Freund und dessen »kahler und fratzenhafter« Produktion – und leider ist es diese Fassung, die er tatsächlich abschickt. Glücklicherweise wird der Brief von Frau Gerty von Hofmannsthal zurückgehalten. Und so kann sich ihr Gatte bald darauf in lahmen Entschuldigungen ergehen: »Mein Lieber, ich habe Dir Anfang Februar einen vollkommen absurden Brief geschrieben …« Aber der Schaden ist nicht wiedergutzumachen, und die warme Freundschaft, die beide vernachlässigten Autoren so bitter nötig hatten, endgültig dahin.

20

Tod von Franz Kafka in der Heilanstalt Kierling bei Wien. Der die Hiesigen ziemlich unberührt läßt, wahrscheinlich weil Kafka für die Medien, also damals Zeitung und Radio, praktisch nicht existierte. Und vielleicht ist hier der Moment, um zu gestehen, daß wir auch von Broch oder Canetti so gut wie nichts erfuhren, während uns zu Musil kaum mehr eingefallen wäre als solche Schlagworte wie »Kakanien« oder »Parallelaktion«. Warum sie nicht eigentlich wahrgenommen wurden, hat wohl damit zu tun, daß für sie kein Bedarf vorhanden war. Gefragt war Verdrängen, Vergessen, Illusion, und zeitbeherrschend die Angst, tieferen Erschütterungen nicht gewachsen zu sein.

Da in diesem Bericht nur von solchen Erscheinungen die Rede sein soll, die wir tatsächlich wahrnahmen und die unter der Jugend und in den Familien kursierten, wird man hier weniger von Kafka hören als von Kraus, weniger von Wittgenstein als von Werfel. (Dessen Opernroman *Verdi* übrigens das letzte Buch gewesen sein soll, das Kafka las.) Dazu der Autor Hans Weigel:

»Man hat Freud in Wien nie zum Ordentlichen Professor ernannt, man hat Musil und Broch und Kafka nicht beachtet, man hat Schönberg und Kokoschka ziehen lassen, Alban Berg und Egon Schiele ignoriert…«

Noch im Jahr 1949 mußte ich mich durch die gesamte Wiener Berggasse durchfragen, um Sigmund Freuds Wohnhaus zu eruieren – erst Jahre später hat man eine Tafel dort angebracht, und die war von Amerikanern gestiftet. Sprach damals zu mir der Hausbesorger eines Nebengebäudes: »Also wenn Sie einen Nervenarzt suchen, da haben wir bessere…« So kann es nicht verwundern, daß ich erst nach Jahren den Nachruf auf Kafka las, den seine Freundin Milena Jesenska (sie endete im KZ Ravensbrück) ihm damals widmete: »Kafka hat sterben müssen, weil er nicht nachgegeben hat und sich nicht retten wollte in die Sicherheit edler intellektueller Irrtümer…« Sein *Brief an den Vater* und *Die Verwandlung* waren dann für uns genaue Schilderungen jüdisch-bourgeoiser Familienzwänge. Die großen Romane burleske Verzerrungen unserer eigenen verzwickten Situation gegenüber Gott und der Umwelt. Er selbst nannte sich ja einen »religiösen Humoristen«.

21

Ende der deutschen Inflation: Eine Billion Inflationsmark werden zu einer neuen Reichsmark. »Nichts hat das deutsche Volk so erbittert, so haßwütig, so hitlerreif gemacht wie die Inflation« (Stefan Zweig). Eine Lawine, die – wie man heute mutmaßt – absichtlich von der deutschen Industrie losgetreten wurde, um die aufgezwungenen Reparationszahlungen zu entwerten. Und dann außer Kontrolle geriet. In Österreich steigt der Kostenindex allein zwischen Mai und September 1922 auf das Vierzehntausendfache der Vorkriegszeit! Da laut Verordnung Mieten nicht gekündigt oder aufgestockt werden dürfen, kostet eine Wohnung in Wien bald weniger Zins als ein einziges Mittagessen. Zweig berichtet, daß britische Arbeitslose, da mit Valuta versehen, sich in einem der feinsten Ringstraßenhotels einquartieren konnten. Jetzt, zu Ende 1924, gelingt auch die österreichische Währungsreform: Für zehntausend Kronen gibt es einen Schilling der neuen Währung. Im gleichen Jahr erscheint ein Aufruf im *Künstlerhilfe-Almanach* unter dem Titel: Wie hilft man Dichtern.

»Ich habe in der letzten Zeit mit vielen der besten Schriftsteller persönlich über ihre Verhältnisse gesprochen und kenne sie aus eigener Anschauung. Keiner der bekannten und gefeierten deutschen Dichter lebt von seinen regulären Einnahmen. Ich weiß, daß ein in ganz Europa bekannter Mann Bittbriefe schrieb, um bei einer Zeitung unterzukommen. Einer der Besten und Bekanntesten verliert seine Zeit mit ärztlicher Praxis, ein anderer mußte sich von seinen Kindern trennen, weil er sie nicht mehr erhalten konnte, ein dritter und vierter leben von Zuwendungen ihrer Gönner, die jeden Augenblick ausbleiben können.« Was zumindest auf den Autor dieses Aufrufs zutraf, der von einer Gruppe (hauptsächlich jüdischer) Förderer finanziell unterstützt wurde: Robert Musil.

Die im folgenden Jahr einsetzende Konjunktur überschreitet dann fünf Jahre später sogar das Vorkriegsniveau. Ein Stand, der erst 1954 wieder erreicht wird! Es sind die goldenen Zwanziger, die gerade – mit Unterbrechungen – fünf Jahre dauern dürfen.

ZWEITER AKT • DIE GOLDENEN JAHRE
1925–1929

1

Eine Wiener Einrichtung, die den Weltkrieg überdauert hat: der sonntägliche Mittagskorso. Einmal werde ich von unserem Onkel Robert Pick, dem Schriftsteller – der mich als eine Art mangelhaften Wurmfortsatz seiner selbst betrachtet –, dazu mitgeführt. Man schreitet demnach zwischen zwölf und zwei Uhr mittags gemessenen Schritts über den Graben in die Kärntnerstraße, wobei diese ausschließlich auf der rechten Seite zu begehen ist! Gelangt man dann zur Oper, so hat man wiederum linkerhand längs dem Ring bis zum Schwarzenbergplatz zu lustwandeln, aber keinen Schritt weiter. Und das natürlich auf der Stadtseite, was offenbar gesetzlich vorgeschrieben ist, Dawiderhandelnde werden guillotiniert.

Onkel Robert durfte allerdings nur nebenberuflich Autor und Bohemien sein. In der Hauptsache verwaltete er zähneknirschend das Konfektionsgeschäft der Familie am Salzgries, dem »Fetzenviertel«. Immerhin genoß er auch einen Ruf als Feschak und Roué (also Stutzer und Frauenkenner). In Wien wie in Paris ein anerkanntes Berufsbild. Es bestand im wesentlichen darin, den Frauen auf den Kopf zuzusagen, daß sie von den gleichen Lüsten und Begierden heimgesucht waren wie die Männer. Darauf fühlten sie sich im Innersten durchschaut, und es war naturgemäß um sie geschehen. »Mein lieber Neffe, was meinst du, worauf die Weiber letzten Endes aus sind?« »Auf die ewige Liebe!« rief ich flammend, denn das war ich mir als poetisch Fühlendem schuldig. Er nickte mit einem gespielten Seufzer: »Genau, und das von vorn und von hinten und jeder andern Richtung. Und zwar dauernd.«

Seine Romane verfaßte Onkel Robert in winziger Handschrift: »Je minutiöser die Buchstaben, desto pointierter die Gedanken.« Jedes Kapitel mußte ein Dutzend Mal umgeschrieben werden, bevor es zum Abtippen kam, »wie bei Thomas Mann«. Dabei verflüchtigten sich leider die Judaismen und Viennensia und auch sonst alles Frivole, Pikante und Anrüchige, wie man das gleichfalls in vielen Schriften von Schnitzler, Wassermann oder Stefan Zweig besichtigen kann. Gepflegte Sprache, zu Tode gepflegt. Als ich Robert Jahre später mein erstes Buch schickte, fand er, ich hätte »Brio«. Das war aber nicht als Eloge gedacht, sondern bedeutete bloß, daß ich mich schamlos der spontanen Eingebung überließ, anstatt sie mit herkulischer Anspannung zu Prosa zu destillieren: »Du kelterst Heurigen statt Champagner.« In Wien erschienen Onkel Roberts Bücher nicht unter seinem richtigen Namen (die mütterliche Familie hieß Pick), sondern unter einem »bodenständigen« Pseudonym, Valentin Richter. Das galt damals für selbstverständlich. Felix Salzmann nannte sich Salten, Otto Abraham Brahm, aus Gundelfinger wurde Gundolf, aus Goldmann Reinhardt, aus Rosenfeld Roda Roda, aus Südfeld – was sonst – Nordau, aus Richard Engländer Peter Altenberg, aus Bermann Höllriegel, aus Friedländer Mynona. Warum Franz Kafka sich auf seinen ordinären Geburtsnamen versteifte, einen der häufigsten im Prager Adreßbuch – er bedeutet Krähe –, blieb jedem ein Rätsel: »Ein Dichter kann doch nicht Kafka heißen!« Aber wozu änderten die Juden eigentlich ihre Namen? Zwischen Wien, Prag, Budapest und Berlin wußten doch alle Bescheid, ob »einer einer war«. Andere Sorgen hatten sie nicht. Noch bei Täuflingen x-ter Generation, wie dem Dichter Hofmannsthal oder dem Philosophen Wittgenstein, wisperte man hinter vorgehaltener Hand: »Pst, pst, eigentlich hat sich erst der Großvater ...«

Aber zurück zum sonntäglichen Korso. Sein Hauptzweck ist offenbar das Grüßen bzw. Gegrüßtwerden. Der Onkel, der als Freidenker keinen Hut trägt, hat eigens für den Korso einen solchen aufgesetzt. Die Wichtigkeit der begrüßten Person bemißt sich an der Distanz vom Scheitel zum gezogenen Hut. Burgschauspieler wie Raoul Aslan oder Otto Tressler werden bis zur Schulter begrüßt, Opernsänger wie Slezak oder Jerger bis zum Gürtel. Träfe man die Diva Maria Jeritza – aber man trifft sie nie –, müßte der Hut bis zum Knie gehen. Nach dem Korso wird man dann zum Gerstner ausgeführt, einer mondänen »Mittagskonditorei«. Während andererseits der teure Demel für den Nachmittagstratsch bestimmt ist. Jedoch um Gottes willen, selbst wenn man dabei erstickt, nur hinten im Rauchsalon, das sind eiserne Regeln.

Aber auch das größte Geheimnis der Erwachsenen wird mir jetzt (oder war es bei einem späteren Spaziergang?) offenbart: Es ist das Telefonieren von einer Fernsprechkabine aus. Grundregel Nummer eins: Nie sich mit Namen melden, sondern sofort scharf nachfragen: »Wer ist da?« Grundregel zwei: Hört der Gesprächspartner kein Wort, so ist er nicht plötzlich ertaubt, sondern du hast vergessen, den Knopf zu drücken. Grundregel drei: Man kann mehrere Gespräche hintereinander zum gleichen Preis führen, wenn man nur schnell genug parliert. Die Kabinen sind nämlich auf »Zeitzählung« eingestellt, diese beträgt sechs

Minuten, und es ist anscheinend der gefederte wacklige Holzfußboden, der die Zeit mitzählt. Hüpft man etwa beim Sprechen aufgeregt von einem Bein aufs andere, so schaltet sich die Chose automatisch ab und das Gespräch ist futsch.

2

Soll man sonntags in der Familie bleiben, so ist der »Nobelprater« angesagt. Zu dieser Zeit, wo kaum noch geritten wird und kein Blumenkorso mehr steigt, ein eher eintöniges Vergnügen. War es je viel anders? Daß seinerzeit der junge Arthur Schnitzler – man las es später in seinen Tagebüchern – die zu erobernden Damen (»kostete ihren süßen Leib«) regelmäßig in den Prater führte, nimmt einen doch Wunder. Nun ja, vielleicht meinte er, wiewohl schamhaft verschwiegen, bloß den »Volksprater«, mit seinem romantischen Etablissement »Venedig in Wien«. Aber trotzdem: Wieso reichte das, um unzählige süße Mädel, die doch keine heurigen Backhendeln waren, zur Hingabe zu verleiten?

Derzeit besteht die Ausführung darin, daß sich die komplette Familie in einen »Gummiradler« zusammendrängt, den die abgehärmten Gäule nur mit Mühe voranbringen. Vom Stephansplatz aus geht es über Donaukanal und Praterstern weiter zu Hauptallee und Lusthaus. Welches dann dreimal umkreist werden muß, weiß der Himmel warum. Hierauf wird man beim »Eisvogel« abgesetzt (mit Damenkapelle!), wo wir Fratzen ein zuckriges »Soda mit Himbeer« spendiert bekommen. Natürlich drängt es die Kinder zum Wurstelprater. Dort aus Ersparnisgründen vor allem »Gratishetz«: Das heißt Besichtigung der Buden von außen samt ihren Ausrufern. Betreten dürfen wir die wenigsten: Einmal die Hochschaubahn genannte Achterbahn bzw. die unheimliche Grottenbahn, einmal die Komiker der

»Weltschau«, vielleicht noch das viel zu langsame Riesenrad, was aber aus Traditionsgründen sein muß. Schließlich Ringelspielfahrt rund um den zehn Meter hohen hölzernen »Chineser« Calafati, mit seinem ebenso langen Zopf.

Aber wird man es je wagen, auf die zudringliche Frage der Erwachsenen »Was willst du eigentlich werden?« zu antworten: »Budenausrufer«? Einige der beliebteren Ausrufe: »Hier weilt die Muse, was Bewunderung dir entringt!« »Flöh, Flöh, hupfen in die Höh!« »Meine Hearrschaften, Kassa, Kassa, soeben ist Anfang und Beginn!« »Vatta Zwerg, Mutta Zwerg, lautta klaane Zwergerl und so liab!« Das echteste Volksleben beim Watschenmann, wo ein Zeiger die Schlagkraft der von uns gefürchteten »Pülcher«, »Surme« und »Strizzis« mißt, die ihm »eine reißen«: »Ane Maschin, pei der jeda Hearr saane Kerper- und Muschkelkraft bemessa konn!« Das ganze Terrain wegen der gewaltigen Arbeitslosigkeit immer vollgesteckt. Einmal eilen wir nur hin, weil Opernstar Richard Tauber gratis von einer Tribüne aus singen soll. Man schafft es nicht einmal in Hörweite, da, laut Zeitungsbericht, an die hunderttausend Menschen zusammengeströmt sind!

3

»Von irgendwo in der Kulisse wurden ihm farbige Bälle zugeworfen. Die ersten fing er mit den Händen auf, ließ sie dann bis zum Ellbogen hinaufgleiten und bekam neue zugeworfen. Bepackt mit Bällen, fing er weitere mit einer Vorrichtung zwischen den Zähnen, dann auf dem Kopf, bis er endlich, bespickt mit Bällen jeglichen Formats, in leuchtenden Farben dastand.« Beschreibung des berühmten Jongleurs Rastelli durch Helga Malmberg, die ihn zusammen mit Peter Altenberg im Varieté

Ronacher gesehen hat. Jetzt, eine Generation später, tänzelt in die Arena des Zirkus Busch ein ebenso jugendlicher Rastelli … aber ist er es noch selber, oder schon ein Sohn oder Enkel? Da ja Artisten, Zirkusbesitzer (und amerikanische Präsidenten) in Dynastien aufzutreten pflegen. Noch weniger kennt man den eigentlichen Namen Rastellis, der irgendwo aus der Geniemühle des jüdischen Gettos der Leopoldstadt herstammen soll.

Zu Ende jedes Auftritts schießt Rastelli dann sechs nagelneue gelbe Fußbälle ins Publikum, und das ist letztlich der Grund, warum es die Wiener Jugend magnetisch herbeizieht. Ein Fußball ist unter Brüdern zehn Schilling wert, also unerschwinglich. Daß ein Jugendlicher alles, vom väterlichen Taschengeld bis zum Staatshaushalt, in Fußbällen ausrechnet (also jede Summe durch zehn dividiert), erscheint uns zu dieser Zeit selbstverständlich.

Danach im Varieté Ronacher den Komiker gesehen, der »das Jüdische auf christlich ausdrückt« (Friedell), was wohl heißen will, physisch anstatt verbal: Hans Moser in *Der grantelnde Dienstmann*. Das Granteln hat er von den jüdischen »Budapestern«, bei denen er sein Handwerk erlernte. Und fast möchte man ihnen auch die Hängenase und den stetig raunzenden Pessimismus zuschreiben. Wüßte man nicht, daß dieser Urwiener bereits »liegend getauft ist«, wie der neckische Ausdruck der Zeit lautet. Außerdem gehen die Wiener Dienstmänner mit ihren roten Mützen auf eine Zeit zurück, als Wiener Juden bestenfalls »Hoffaktoren« waren (und schlimmstenfalls auf Scheiterhaufen verbrannt wurden).

Moser als Dienstmann – den er nachher in zahlreichen und leider oft seiner unwürdigen Filmen verkörpert – jetzt zehn Minuten lang auf der Bühne zu sehen: unvergeßlich! Und von Anton Kuh in seinem *Ewigen Österreicher* so verewigt (hier nur in Stichworten): »Auf der Varieté-Bühne ein Theater-Papierkoffer, im Gewicht von fünfzig Dekagramm. Moser betritt, berufsverhatscht, latschig die Szene. Sogleich steigt das Gewicht des Koffers auf 300 Kilogramm. ›Wie nemma m'r 'n denn?‹ Der Dienstmann kommandiert seine zwei bürgerlichen Auftraggeber: ›Anpacken! Nachgeben! Laß aus!‹ Die Fracht steigt und sinkt. Er mault: ›Sie haben ihn zu stark angepampft! An Koffer so anpampfen!‹ Folgt ein längerer Traktat über ›Anpampfen‹. Er versucht's wieder – ›Auslassen! Abikanteln! San m'rs?‹ – und mir san's noch immer nicht. Schließlich noch ein letzter Versuch. ›Höö – Ruck – nachgeben! – auslassen!‹ – Und der Atlas, mit den Knien einknickend, rasendes Geschrei von sich gebend, die Last am Rücken, stolpert nach rückwärts, taumelt nach vorn, wankt nach rechts ab.« Anschließend in die Garderobe um ein Autogramm. Danach Onkel Robert, der mich eingeladen und die ganze Zeit furchtbar gelacht hatte, bissig: »Unsereins muß stundenlang über dem Papier schwitzen, um eine Figur hinzukriegen. Und so einer, der braucht's bloß zu sein!« Oder so ähnlich.

4

Wien ist nunmehr »rot«, die Provinz »schwarz«! Das heißt, Wien wird von Sozialdemokraten regiert, das Hinterland von Klerus, Monarchisten, Reaktionären … und Antisemiten, davon sind wir überzeugt. Die Roten marschieren in die Zukunft, schaffen an der Erlösung der Menschheit, zerbrechen Sklavenketten. (Und tatsächlich hält ja auch der neue österreichische Wappenadler eine zerbrochene Kette in den Krallen, überdies rechts einen Hammer, links eine Sichel. Na also.) Allerdings müssen wir feststellen, daß viele unserer Lehrer, und sogar manche Eltern und Verwandten, den Schwarzen zuneigen, und nichts als Verachtung für den »Wiener Filz« und sogar die ganze neue Republik übrig haben. Was ist da los? Krieg, Zusammenbruch, Nachkriegselend haben zu maßloser Zuspitzung der Meinungen geführt, zu einem quasi-religiösen schematischen Fanatismus. In dieser unerfahrenen und bald aus dem Ruder laufenden Demokratie sieht man in jedem politischen Gegner seinen Erbfeind, in jeder neuen Verordnung eine teuflische Verschwörung, in aller Religion nur den Fundamentalismus. Jedermann des anderen Krampus! Und die Presse aller Richtungen verschärft die Lage noch durch Maulheldentum und eifrigen Gebrauch von Reizwörtern.

Tatsächlich beruht das als »bolschewistische Zwingburg« geschmähte Wien im großen und ganzen auf einer vorbildlichen, so noch nirgendwo ausprobierten Kommunalpolitik. Vor allem gerecht verteilten Sozial- und Wohlfahrtseinrichtungen, besonders den Gemeindebauten mit über 60.000 Neuwohnungen. Auch wenn sie anfangs nur aus Zimmer und Wohnküche – oder dem berühmten »Zimmer, Kuchl, Kabinett« – bestehen. Wobei im Kabinett häufig noch Untermieter oder »Bettgeher« untergebracht sind, manchmal sogar zwei pro Bett, einer für die Nacht-, einer für die Tagschicht! Alles natürlich ohne Bad, aber doch mit Wasseranschluß und, man staune, Innenklosett. Für damalige Zeiten eine Sensation, da nur sieben Prozent aller Wiener Wohnungen überhaupt »Wasser innen« haben – bei den übrigen muß man zur »Bassena« ins Treppenhaus oder gar in den Hof wandern. (Noch 1961 waren drei Viertel aller Wiener Wohnungen ohne Badezimmer, fast die Hälfte ohne Innenabort!) Allerdings gibt es kaum Fahrstühle, aber daran ist man hier gewöhnt. Da diese ja, meiner Erinnerung nach, erst ab dem sechsten Stockwerk vorgeschrieben waren. Worauf man dann einfach über das Erdgeschoß ein Mezzanin oder Hochparterre setzte und auf dieses einen Halbstock, bevor mit der dritten Etage endlich der »erste Stock« begann. Ohnehin werden die Gemeindebauten grundsätzlich nicht in die Höhe, sondern in die Länge gebaut. Es ist weltanschauliches Bauen, Verkündigungsarchitektur. Anderthalbtausend Wohnungen bietet allein der bandwurmförmige »Karl-Marx-Hof« in Heiligendstadt. Und enthält, neben bepflanzten Innenhöfen samt allzu heroischen Denkmälern, auch Planschbecken und Kindergärten. Sowie gemeinsame Waschküchen, die den Dorfbrunnen ersetzen. Dazu vor Ort oder nahebei Bibliotheken, Milchtrinkhallen, Zahnkliniken, sogar Eheberatungsstellen! Ein repräsentativer »Boulevard des Proletariats« mit ragenden Flaggenmasten und gewaltigen runden Toreinfahrten ... wie sie zwar keine vernünftige Festung aufweist, wohl aber die stilisierten Burgbauten in Fritz Langs Nibelungenfilm! Solche vagen Reminiszenzen konnten dann vielleicht später zu der Sage beitragen, man habe es hier mit »Wehrhöfen« oder »Trutzburgen« der Roten zu tun. (Dazu der scharfe Realitätsbeobachter Anton Kuh: »Film und Radio – zwei Errungenschaften und die gleiche Bestimmung: Daß sie, entgegen ihrem Sinn, die Wirklichkeit zu verbreiten, die Unwirklichkeit vermehrt haben.«)

Allerdings beruhen diese ganzen Fortschritte auf der irrigen Vorstellung, daß man den Kuchen bloß gerechter verteilen kann, dieser aber zu keinem Wachstum fähig ist. Demnach wird von dem allmächtigen Finanzreferenten der Stadt, Hugo Breitner, eine Luxussteuer eingeführt, die eben alles, was über den minimalsten Lebensstandard hinausreicht, schwer bis existenzvernichtend besteuert. Wer etwa ein Auto besitzt, ein Eigenheim, gar ein eigenes Geschäft – von Dienstpersonal oder Haustieren nicht zu reden – gilt als »Schieber, Prasser und Schlemmer«. Dazu Breitner: »Die Steuern der Nachtlokale und Bars sind so groß, daß wir damit die Kosten der Schülerausspeisung decken können. Die Betriebskosten der Schulzahnkliniken liefern die vier Wiener Konditoreien Demel, Gerstner, Sluka und Lehmann. Das städtische Entbindungsheim wurde aus Steuern der Stundenhotels erbaut, und seine Betriebskosten deckt der Jockeyklub…« Was sehr überzeugend klang, aber praktisch bedeutete, daß kein Mensch mehr wagte, eine eigene Firma zu gründen oder ein Haus zu bauen. Und zahlreiche Unternehmen dicht machen mußten und ihr Personal auf die Straße setzten, das dann zum wachsenden Heer der Arbeitslosen beitrug. Breitner selber, »der gehaßteste Mann von Wien« und natürlich »Asiat«, dem nie jemand eine Unkorrektheit nachweisen konnte, mußte 1938 in die USA emigrieren, wo er sich vergeblich um eine nützliche Sozialaufgabe bemühte. Nach dem Krieg wurde er meines Wissens, trotz inständiger Bitten, nie nach Österreich zurückberufen (was auf so gut wie alle vertriebenen sozialdemokratischen Funktionäre zutraf) und starb in Bitterkeit.

5

Finanzskandal im verarmten Österreich. Zwei Spekulanten, Camillo Castiglioni und Siegmund Bosel, haben in der Inflationszeit riesige Reichtümer angehäuft, die sie jetzt in Medien und Künste investieren. Bosel, erst 24 Jahre alt, besitzt bereits die Zeitungen *Der Tag* und *Der Morgen*. Jetzt importieren die beiden Bankiers den gerissenen ungarischen Blattmacher Imre Bekessy. Der einen für Wien ganz neuen Zeitungstyp entwickelt, in Form von drei kleinformatigen Blättern, die es dank moderner Aufmachung und Schreibe schnell zu Massenwirkung bringen: *Die Stunde*, *Die Bühne* und *Die Börse*. Eine bisher unübliche Art von Journalismus: Sensationen auf dem Titelblatt. Tratsch, Pikantes und Nackedeis im Innern. Sowie Erpressung im Wirtschaftsteil.

Bekessy hat nämlich herausgefunden, daß sich mehr Geld verdienen läßt, wenn man Finanznachrichten unterdrückt, als wenn man sie bringt. Man braucht nur dem Betroffenen unter der Hand mitzuteilen, daß eine Enthüllung über ihn bereits ausgedruckt ist, und schon fließen die Schweigegelder. Im übrigen preist Bekessy nicht bloß die wackligen Aktien seiner Sponsoren an, sondern auch ihre kulturellen Großtaten. Und tatsächlich hat Castiglioni ja einiges Geld in den Umbau des Theaters in der Josefstadt gesteckt. Wo Max Reinhardt jetzt Regieleistungen vollbringt, die das gesamte Burgtheater vor Neid erblassen lassen. Daß Castiglioni auch die Salzburger Festspiele mitfinanziert und daß für Bekessy auch ein paar bessere Autoren arbeiten, etwa Egon Friedell und Anton Kuh, bringt unvermeidlich den Rächer auf den Plan. Nämlich Karl Kraus, der mit wehendem Federbusch auszieht, um den Zeitungszaren zu erlegen. Und damit die lebenslange Feindschaft von dessen Sohn Janos auf sein Haupt zieht. (Der sich später als Journalist Hans Habe einen Namen machen wird.)

Kuh, begabt mit »sehr sehr seltener Mischung von Witz und Humor« (Tucholsky), revanchiert sich für die Angriffe gegen seinen einzigen regelmäßigen Brötchengeber auf seine Weise. Der »Hirnzigeuner«, »Sprechsteller« (er war zu faul zum Bücherschreiben) und brillanteste Causeur Wiens hält eine mehrere Stunden dauernde Stegreifrede gegen Kraus im Wiener Konzerthaussaal: »Der Affe Zarathustras«. Auf- und abgehend, und unter Zuhilfenahme einer kompletten Flasche Kognak. Der Ort ist mit Bedacht gewählt: An derselben Stelle inszeniert Kraus ja regelmäßig seine polemischen Lesungen aus eigenen Werken oder denen seiner bevorzugten Bühnenzauberer wie Nestroy und Offenbach. Wozu eben neuerdings seine Kampagne gegen Bekessy hinzukommt, unter dem Schlagwort »Hinaus aus Wien mit dem Schuft!«. Und tatsächlich wird Bekessy zuletzt nach Paris ausweichen müssen, Castiglioni verliert schließlich sein Vermögen.

Kuh sieht sich einem Publikum von Krausianern gegenüber, das in seiner Mehrzahl gekommen ist, um ihn mit Genuß niederzubrüllen. Ihre höhnischen Zwischenrufe und Protestkundgebungen sind ausführlich in das Stenogramm seiner improvisierten Rede aufgenommen, welche uns nur in dieser Form überliefert ist. Am Ende immerhin minutenlanger Beifall. Mit seinen messerscharfen Bonmots und dem Nietzsche-Zitat »Warum wohntest du so lange am Sumpfe, daß du selber zur Kröte werden mußtest?« hat Kuh die eifervolle krausische Hörergemeinde – fast – überzeugt. Was ihm letztlich bei dem großen Rivalen mißfiel, war, daß Kraus nie eine feste politische Meinung – insbesondere zum Sozialismus – vertrat, sondern im Grund »immer nur sich selber meinte (minnte): »Wenn der Mond durch Gewölk bricht, wendet er seine Augen indigniert nach oben: Meint er mich?« Darauf antwortet Kraus im billigsten Werfel-Stil: »Herr Kuh kommt von hinten. Dort kennt er sich aus.« Immerhin wird Kuh danach wegen Ehrenbeleidigung zu einer Geldbuße von 40 Schilling oder andernfalls 48 Stunden Arrest verurteilt. Und muß schließlich nach Berlin abwandern. Vergessene Kämpfe …

6

Nicht weniger vergessen als Ludwig Wittgensteins *Wörterbuch für Volksschulen*, das eben jetzt erscheint. Neben seinem *Tractatus* das einzige gedruckte Buch des Philosophen, der 30.000 unveröffentlichte Manuskriptseiten hinterließ. Komischerweise eines der rarsten Werke der Weltliteratur, möglicherweise nur mehr in einem halben Dutzend Exemplaren vorhanden, enthält es eine Art »basic German«. Nämlich – ausgerechnet – die am häufigsten gebrauchten Vokabeln in den Aufsätzen seiner Schüler! »Mein Name ist Wittgenstein, ich bin Ihnen zum Schuldienst zugeteilt, aber ich sage Ihnen gleich, hier bleibe ich nicht. Hier gibt es einen Park und einen Springbrunnen, ich wünsche aber gänzlich ländliche Verhältnisse.« Mit dieser erstaunlich romantischen Vorstellung ließ sich der Nervöse von dem Wallfahrtsort Maria Schutz nach dem winzigen niederösterreichischen Dorf Trattenbach versetzen. Muß aber bald wegen einer unglücklichen Ohrfeigenaffäre seinen Abschied nehmen.

Der *Tractatus* – er selbst spricht meist nur von seiner »Abhandlung« – ist beeinflußt von einer typisch österreichischen Sprachskepsis, die sich von Nestroy über Kraus bis zu Hofmannsthal hinzieht. Und die vielleicht auch den Versuch darstellt, der Leichtigkeit und Geschmeidigkeit des Wiener Schmähs, in dem selbst das Schlimmste noch sagbar ist, solang man es nur charmant genug bringt, Zügel anzulegen. Dagegen der junge Wittgenstein 1916 in seinem Tagebuch: »Was sich nicht sagen läßt, *läßt* sich nicht sagen.« Ein antiwienerischeres Wort hat es nie gegeben. Folgerichtig die ablehnende Haltung der Verlage, denen er das Manuskript anbietet. Weder Kraus-Drucker Jahoda und Siegel noch der Innsbrucker Brenner (dem er immerhin einst 100.000 Kronen für unbemittelte Künstler gespendet hat) wollen es annehmen, auch Rilke versagt als Vermittler zum Insel-Verlag. Schließlich erscheint es erst 1921 in dem obskuren Wissenschaftsblatt *Ostwalds Annalen der Naturphilosophie*. Anfang des dritten Jahrtausends wird dann ein bloßes Typoskript des Originals plus drei kleineren handschriftlichen Manuskripten von einem Wiener Antiquariat für 750.000 Euro angeboten!

7

In persifliertem, schwarzgelbem Umschlag – den Farben der verflossenen Habsburger – die *Abenteuer des braven Soldaten Schwejk während des Weltkrieges* in Prag auf deutsch erschienen. Eine Figur, die der Autor, Jaroslav Hašek, schon in früheren Büchern ausprobiert hatte. Die aber vor Ort nur Mißfallen erregte, weil sie »den tschechischen Nationalcharakter herabsetzte«. Nur Kafka, mit Hašek befreundet, soll sich darüber vor Lachen ausgeschüttet haben. (Er fand ja auch seine eigenen Schriften amüsant!) Der Autor, ehemaliger k.u.k. Soldat, Kriegsgefangener, später Anarchist, Bohemien und Trinker in solchen (inzwischen zu Touristenfallen verkommenen) Prager Kneipen wie »Zum Kelch«, war auch der Gründer einer persiflierten »Partei des Fortschritts im Rahmen der Gesetze«. Wurde danach von Max Brod gefördert, dem Jugendfreund Kafkas und Bewahrer seiner Romane. Dazu Hašek: »Bisher war nix mit mir. Nur jetzt, wo das ein Jud in die Hand nimmt, jetzt werdet ihr's sehen.« Aber letztlich überzeugte erst die wienerisch-böhmakelnde »dajtsche« Übertragung von Grete Reiner, die schon im ersten Erscheinungsjahr ins vierzigste Tausend ging – plus den mokanten Vignetten von Josef Lada –, die Tschechen, daß sie es, wo nicht mit ihrem Don Quixote, so doch mit ihrem Sancho Pansa zu tun hatten. Hier der Anfang:

»›Also sie ham uns den Ferdinand erschlagen‹, sagte die Bedienerin zu Herrn Schwejk, der vor Jahren den Militärdienst verlassen hatte, nachdem er von der militärärztlichen Kommission endgültig für blöd erklärt worden war, und der sich nun durch den Verkauf von Hunden, häßlichen, schlechtrassigen Scheusälern ernährte, deren Stammbäume er fälschte. ›Was für ein Ferdinand, Frau Müller?‹ fragte Schwejk. ›Ich kenn zwei Ferdinande.

Einen, der is Diener beim Drogisten Pruscha, und hat dort mal aus Versehn eine Flasche mit irgendeiner Haartinktur ausgetrunken, und dann kenn ich noch den Ferdinand Kokoschka, der was den Hundedreck sammelt. Um beide is kein schad.‹ ›Aber gnä Herr, den Herrn Erzherzog Ferdinand, den dicken, frommen.‹ ›Jesus Maria‹, schrie Schwejk auf. ›Das is aber gelungen.‹«

Hašek selbst hat den Triumph seines Schwejk nicht mehr erlebt, sondern starb, ein Jahr vor Kafka, im nämlichen Sanatorium Kierling bei Wien. Dank seines weltweiten Erfolgs, zu dem auch Brecht mit seinem späteren Stück beitrug, hat man leider – jedenfalls bis zu Václav Havel – die Tschechen nicht mehr ganz ernst genommen, mit fatalen Folgen für ihren Nationalstolz. Ohnehin mußte es den Österreichern so vorkommen, als ob das Schrifttum ihres einstigen Kronlandes – jetzt als »Sukzessionsstaat« Tschechoslowakei geheißen – sich hauptsächlich auf deutsch abspiele. Dazu die berühmte Parodie von Schillers »Taucher«, betitelt »Tschechische Literatur« die (laut Torberg zu Unrecht, was ich nicht glaube) Karl Kraus zugeschrieben wird: »Und es werfelt und rilket und brodelt und kischt …«

8

In ein angebliches »Café Gluck in der Oberen Alserstraße«, das vielleicht am ehesten mit dem Eiles identisch ist, verlegt Stefan Zweig die Heimstatt seines »Buchmendel«. Dieses allwissenden jüdischen Bücherwurms, dem jeder Titel, jede Materie, jede Auflage eines jeden Buches gegenwärtig ist, das er je in Händen hielt. Nur hat er nie ein einziges davon gelesen.

»Ich erklärte rasch meine Wünsche. Sobald ich fertig war, kniff Mendel eine Sekunde das linke Auge zusammen, genau wie ein Schütze vor dem Schuß. Dann zählte er sofort, wie aus einem

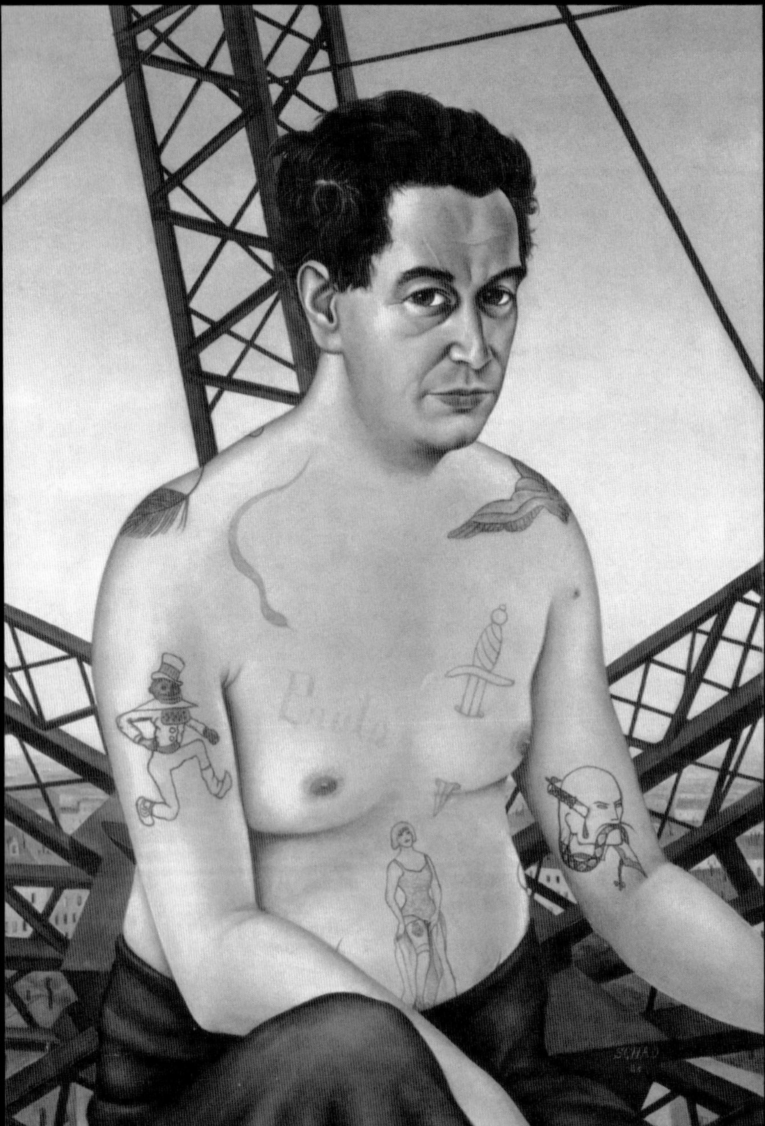

OK

Seicherl will eine Hakenkreuz-Hahnen
Wos les i do? Der Starhemberg is ganz hab auf die Hak'n-Kreuzler? Struppi, soll i jetzt zu den Hahnenschwänzlern oder zu den Hak'nkreuzlern halt'n?
Wos waß denn i, welche die Blederen san
Struppi, i hab a Ide
I gründ' a neuche Pa
für alle zwa mitanan
An g'schickt'n Namen brauchat ma halt. Wa
laß mi nachstudier'n

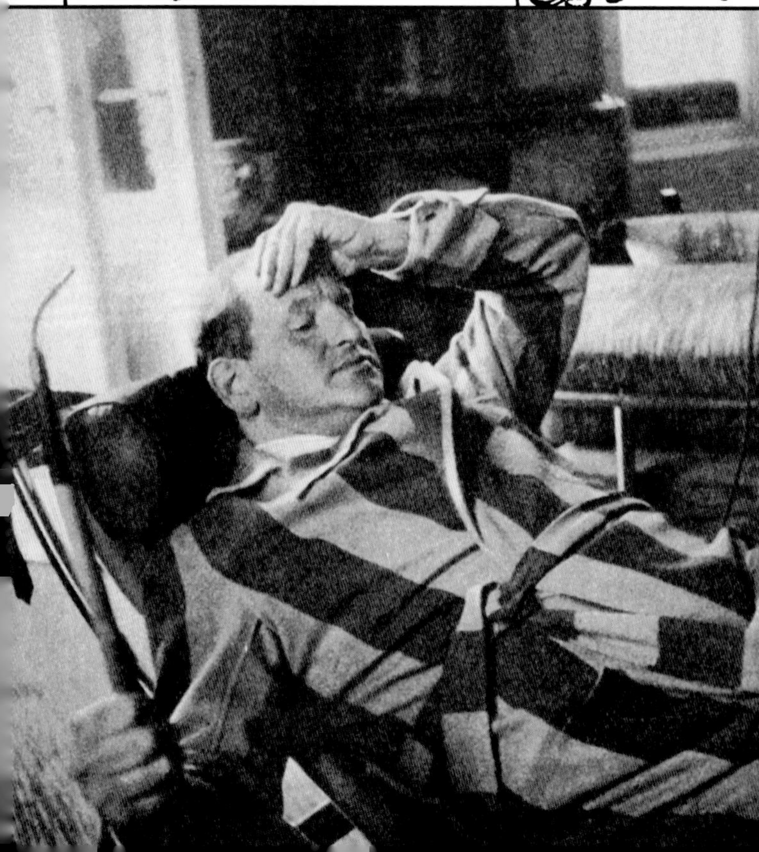

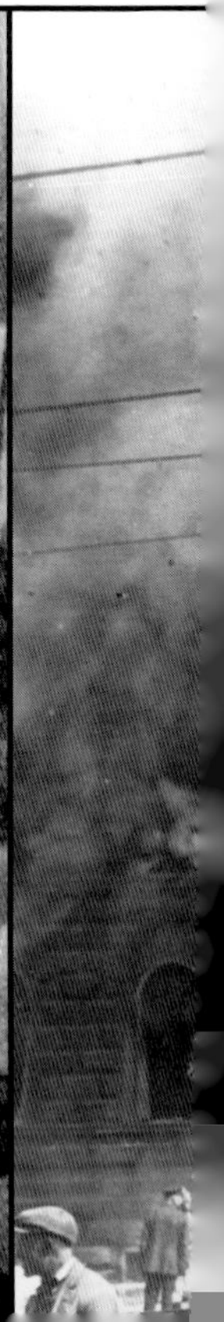

anz-Partei gründen.

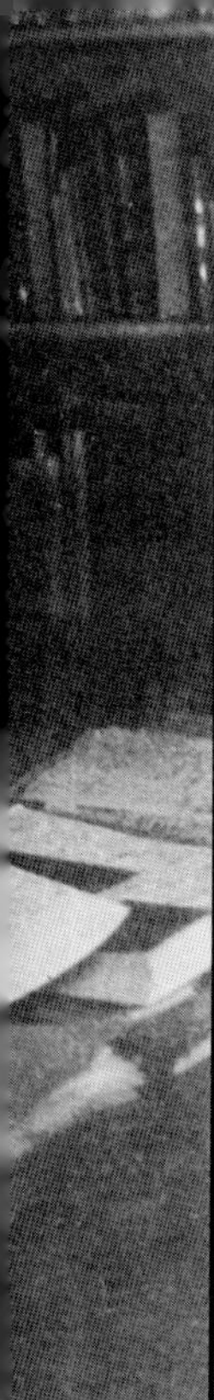

Bildteil I

1. Stefan Zweig im Ersten Weltkrieg
2. Szenenbild aus »Der Dybbuk«
3. Peter Altenberg und Lina Loos
4. Helga Malmberg besucht Peter Altenberg im Irrenhaus Steinhof, mit Pfleger (Mitte)
5. Karl Kraus
6. Alfred Polgar
7. Anton Kuh
8. Egon Erwin Kisch, Gemälde von Christian Schad
9. Oskar Kokoschka: »Maler mit Puppe«
10. Hagen versenkt den Nibelungenschatz. Szenenbild aus Fritz Langs »Die Nibelungen«
11. Comic Strip Seicherl
12. Egon Friedell, arbeitend
13. Brand des Justizpalastes, 1927
14. Egon Friedell und Adolf Loos
15. Schloß Janowitz
16. Sidonie Nádherný
17. Sängerbundfest mit Schubert
18. Robert Musil
19. Hedy Kiesler, Szenenbild aus »Ekstase«
20. Josephine Baker
21. Hugo Sonnenschein (Bruder Sonka)
22. Leo Perutz
23. Karl Farkas
24. Fritz Grünbaum
25. Max Reinhardt (links) und Hugo von Hofmannsthal auf Schloß Leopoldskron
26. Josef von Sternberg
27. Hans Moser
28. Erich von Stroheim

unsichtbaren Katalog lesend, zwei oder drei Dutzend Bücher fließend auf, jedes mit Verlagsort, Jahreszahl und ungefährem Preis. Ich dankte höflich und stolperte vor lauter Höflichkeit sofort in eine dicke Dummheit hinein, indem ich vorschlug, ihm meine gewünschten Buchtitel auf einen Zettel zu notieren. Zu spät. Schon hatte mir Mendel einen Blick zugeworfen – welch einen Blick! – den shakespearischen Blick Macbeths, wenn Macduff dem unbesiegbaren Helden zumutet, sich kampflos zu ergeben. Nein, Jakob Mendel vergaß nie einen Titel ...«

Buchmendel ist eine der wenigen Geschichten Zweigs, in denen er sein Judentum kenntlich macht. Ja, er flicht sogar, oh Wunder, in seinen kostbaren Stil ein paar jiddische Schmähworte ein wie »Parch« oder »Amhorez«, die eigentlich mehr der verleugneten Leopoldstadt zugehörig waren. Sonst erinnere ich nur die biblische Tragödie *Jeremias* sowie die Novelle *Der begrabene Leuchter*. Auch einen Salomonsohn in *Untergang eines Herzens* und Kekesfalva in *Ungeduld des Herzens* (ich hoffe, ich habe die zwei nicht durcheinander gebracht). Am überzeugendsten wirkt Zweig jedoch, seine jüdische Umgebung betreffend, wenn er sie präzise in der *Welt von Gestern* abschildert. Aber noch in der *Schachnovelle* seiner Endzeit muß der offenbar jüdische Gestapohäftling zu einem Klosterverwalter aufgenordet werden ... Der wienerische Drang, alles zu ästhetisieren, so augenfällig in Zweigs lyrischem Erstling *Silberne Saiten*, führt diesen verspäteten deutschen Romantiker unvermeidlich zu Selbstverleugnung und Selbstentfremdung, wie auch bei sonstigen Assimilanten auszumachen. Er will immer Höheres, als er kann. Siehe sein Geständnis an Hermann Hesse: »Ich bleibe immer diesseits der Trunkenheit.« Seine klassische, schon damals leicht veraltete Diktion beschreibt große Begehrlichkeiten, die er vielleicht nur selten gekannt hat, beschreibt sie als bloße Verlängerung der emotionalen Anfechtungen, die er tatsächlich kennt und derer er sich wohl als unzureichend schämt. (Hans Mayer: »Zweig plustert sich auf. Er plustert die Einfälle auf, die er nicht hat.«) Im Kontrast dazu gehören gerade die jüdischen Figuren, bei denen er nicht überhöhen und dick auftragen muß, zu seinen ehrlichsten.

Auch Schnitzler verleugnet seine Juden lieber, als daß er sie offen herausstellt. Außer dem Kampfstück *Professor Bernhardi* mit einem idealisierten Porträt seines Vaters gibt es da nicht viel mehr als den halbautobiographischen Roman *Der Weg ins Freie*. In dem er bezeichnenderweise seinen Heinrich Bermann verkünden läßt, die Idee einer Errichtung des Judenstaates auf nationaler Grundlage erscheine ihm wie eine unsinnige Auflehnung gegen den Geist aller geschichtlichen Entwicklung. Über Herzls Tagebücher urteilt Schnitzler: »Manische Ausbrüche eines größenwahnsinnigen Feuilletonisten. Auf dieses Maß von Pose und Eitelkeit war ich nicht gefaßt.« Und dann finden wir da noch den zweifelhaften Barpianisten Nachtigall, der aber im musikalischen Fluß der *Traumnovelle* geradezu als Fremdkörper wirkt. Verblüfft erfährt man später aus Schnitzlers Tagebüchern, daß er, wenn man die zahlreichen Geliebten ausläßt, fast nur jüdischen Umgang hatte. Aus dem er dann seine Figuren, inklusive Freiherren und Barone, herausdestillierte. Schnitzler ist auch einer der wenigen, denen man keinerlei jüdische Komplexe gegenüber seiner christlichen Umwelt nachsagen kann. Als er einmal dem erfolgreichen bodenständigen Tiroler Melodramatiker Karl Schönherr auf der Straße begegnet, der ihm stets als »gesund« und »volksnah« entgegengestellt wird, verwickelt er boshaft den Rivalen in ein »typisches Dichtergespräch über Theaterdirektoren und Tantiemen«.

Auch Hermann Broch ist auf solche urdeutschen Typen wie den preußischen Junker Pasenow eingeschworen. Und übergeht skrupulös das unpoetische jüdische Textilmilieu, aus dem er stammt. Sein weit vorausblickendes Thema ist »die völlige Wertzersplitterung, die Entfesselung der Vernunft, mit dem gleichzeitigen Durchbruch der Irrationalität« (*Die Schlafwandler*). Besser konnte man das 20. Jahrhundert gar nicht definieren! Was Franz Werfel betrifft, überzeugter Christ, aber trotz gewichtigem Druck seiner Gattin Alma nie getauft, so schreibt er seine großen Romane in Einfühlung zu Italienern, Armeniern, Franzosen. Und kommt erst im Spätwerk zu vollwertigen jüdischen Figuren, so Vera Wormser in der *Blaßblauen Frauenschrift* (wir lasen sie zum erstenmal im New Yorker *Aufbau* unterm Strich). Oder dem findigen Flüchtling Jacobowsky, in dem er der jüdischen Überlebenskraft ein komisches Denkmal setzt.

Eigentümliches sogar bei Joseph Roth. Der zwar mit viel Liebe über das galizische Ostjudentum berichtet, dem er selber entstammt, sich dabei aber, zumindest anfangs, mit gestochener deutscher Prosa (von der sogar Zweig anerkannte, sie sei besser als die seine) den Anschein des Danebenstehenden verleiht. Welcher wohl erst im Krieg als k.u.k. Offizier oder bei Reportagereisen diese exotische Fauna kennengelernt habe ... Wenig überzeugend die innere Einstellung solcher Kaffeehausschreiber wie Polgar, Kuh, Kisch, Friedell und anderer. Erwähnen sie jüdische Figuren, so in einem spöttischen, häufig herablassenden Ton. Wie um zu unterstreichen, daß sie zwar unleugbar dazugehören, jedoch über enges Wir-Gefühl erhaben sind. Eine Ausnahme: die *Judas-Tragödie* des zum Christentum bekehrten Friedell. Worin die eschatologische Frage aufgeworfen wird, inwieweit Judas des Verrates schuldig sein konnte, wenn doch dieser schon heilsgeschichtlich von Anfang an vorgesehen war. Schließlich der hoffentlich unvergessene Gustav Meyrink, tief in mystischer Prager Gettostimmung wurzelnd. Sein *Golem*, einer der wenigen unverhüllt jüdischen Romane der Zeit, wird zum Welterfolg, auch dank kongenialer Lithografien von Hugo Steiner-Prag. Bei Meyrink – der selbst gar kein Jude war – findet sich dann das tiefsinnige Wort: »Die Welt ist dazu da, um von uns kaputtgedacht zu werden.« Ja, das war's, wofür man uns sowohl bewunderte wie haßte! Dieses verfluchte Die-Dinge-zu-Ende-Denken. Die letzten Konsequenzen ziehen. Sich nicht ins Gefühlige abdriften lassen, wo angeblich die »Tiefe« zu finden sei. Die doch meistens nichts anderes war als die Selbstbefriedigung eitler Sentimentalität. Von Gustav Meyrink stammte schließlich auch die Lieblingslektüre unserer späteren Jugendbund-Lager: *Des Deutschen Spießers Wunderhorn*. Wobei er seinen Kabbalismus und Spiritismus gleich selbst in parodistische Tunke taucht.

Dann gab es da noch solche bewußt jüdischen Autoren wie Manès Sperber und Elias Canetti, die aber erst später zum Tragen kamen. So daß man fast meint, eine der wenigen voll ausgeführten modernen jüdischen Figuren der Zeit stamme von einem Nichtjuden: Nämlich der Dr. Arnheim in Musils *Mann ohne Eigenschaften*: »Er war ein Mann großen Formats. Seine Tätigkeit breitete sich über Kontinente der Erde wie des Wissens aus. Er kannte alles: die Philosophen, die Wirtschaft, die Musik, die Welt …«

9

Kein Arnheim ist bestimmt Franz Werfel. Der gewiß nicht alles kennt (vor allem in der Politik), hingegen das Essentielle für einen Dichter: die Beziehung zwischen Mensch und Mensch und die zwischen Mensch und Gott. Nun erscheinen seine Gedichte in eigener Auswahl. Und werden, da er aus dem Böhmischen stammt, sogleich der väterlichen Bibliothek einverleibt. Der Band trägt scharlachrotes Ganzleinenkleid, vergüldet mit edlen römischen Mäandern. Nur vergleichbar – aber solche Angebereien erkennen wir erst später – den klassischen Flammenbechern auf Dehmels *Gesammelten Werken* bei S. Fischer (die er selbst als »brennende Papierkörbe« einstufte). Folgt geschöntes unscharfes Autorenfoto, Titelblatt in Rot und Schwarz, die Verse in übergroßer Typografie, so daß schon jetzt der Eindruck eines Unsterblichen entsteht. Gewiß den Anregungen seiner neuen Geliebten Alma Mahler-Gropius entsprechend, deren Hausfreund ja der Verleger Zsolnay ist. Kollege Franz Blei hat den Dichter in ihren Kreis eingeführt, darob vom Gatten Gropius »Bleivergiftung« genannt. Obwohl doch einstweilen Almas Verhältnis zu Werfel nicht so exklusiv gestaltet ist, daß sie nicht Gropius ihre eventuelle Bereitschaft erklärt hätte, sich in beide Männer zu teilen! Der zum Katholizismus hinneigende Werfel jedoch ist für solche Immoralitäten nicht zu haben. Offenbar besitzt Alma, mit ihren zusätzlichen elf Jahren und ihrem Riesenbusen, für ihn etwas Mütterliches. So wie sie ja auch Werfel lebenslang als ihr »Mannkind« bezeichnen wird.

Aber da sind diese Gedichte, von denen ich noch jetzt einige auswendig weiß! Man versteht Kafkas Begeisterung und die vieler Zeitgenossen (mit Ausnahme von Kraus natürlich), auch die zahllosen Auflagen – sogar noch eine letzte aus der Emigration in Los Angeles! Werfel war eh und je ein Publikumsrenner. Aber doch wohl mit Recht?

Ich habe dir den Abschiedskuß gegeben
Und klammre mich nervös an deine Hand.
Schon mahn ich dich, auf dies und jenes achtzugeben.
Der Mensch ist stumm.

Will denn der Zug, der Zug nicht endlich pfeifen?
Mir ist, als dürfte ich dich nie mehr wiedersehn.
Ich rede runde Sätze, ohne zu begreifen …
Der Mensch ist stumm.

Ich weiß, wenn ich dich nicht mehr hätte,
Das wär der Tod, der Tod, der Tod!
Und dennoch möcht ich fliehn. Gott, eine Zigarette!
Der Mensch ist stumm.

Dahin! Jetzt auf der Straße würgt mich Weinen.
Verwundert blicke ich mich um.
Denn auch das Weinen sagt nicht, was wir meinen.
Der Mensch ist stumm.

Eine gute, ehrliche Selbstdarstellung des nervösen Kettenrauchers Werfel, samt seinem stets aufreibenden Verhältnis zu Frauen.

10

Zwischen 1926 und 1929 ist wieder einmal der katholische Prälat Ignaz Seipel Bundeskanzler. »Ein Mann von fast unheimlicher Intelligenz« (Stefan Zweig), dem es spielend gelang, die Sozialdemokraten – deren Phrasen von je schärfer waren als ihre Taten – mit dem »jüdischen Weltbolschewismus« gleichzusetzen: »Wir müssen ein für alle Mal die Feinde von Jesus Christus schlagen, den Revolutionsmüll beiseitebringen!« Ach ja, wenn man nur immer rechtzeitig wüßte, wer »die Feinde von Jesus Christus« eigentlich sind. Dazu der schöne Satz von Kafka: »Das gute Gewissen ist das Böse, das so siegreich ist.«

Jetzt 1927 hat die regierungsfromme »Frontkämpfervereinigung« in dem burgenländischen Ort Schattendorf eine Wirtshausversammlung einberufen. Worauf natürlich die Sozis mit ihrem Kampfverband, dem »Republikanischen Schutzbund«, in einem benachbarten Lokal sogleich Kontra geben müssen. Die heranmarschierenden Schutzbündler fordern lauthals ihre Gegner auf, »herauszukommen und ihre Kräfte im Raufhandel zu messen«, wie es später in Amtsdeutsch heißen wird. Darauf feuern mehrere Frontkämpfer vom Dachboden blindlings auf die Straße. Fünf Menschen werden getötet, darunter ein achtjähriger Junge. Im Juli kommt es zum Schwurgerichtsprozeß, man spricht die Mörder wegen »Notwehr« frei. Darauf beginnen in Wien Arbeiter und Angestellte spontan auf der Ringstraße zu demonstrieren. Sie stürmen den Justizpalast, Aktenbündel fliegen durch die Fenster auf die Straße, zuletzt wird das Haus, trotz Intervention der herbeigeeilten Sozialistenführer, mit Baumaterial in Brand gesteckt. (Dieses Feuer ist das erste Weltereignis, an das ich mich erinnern kann.) Die Polizei ist auf Straßenkämpfe nicht eingerichtet und nur mit Schußwaffen versehen. Polizeipräsident Schober gibt, gegen den Willen von Bürgermeister Seitz, aber mit Zustimmung von Kanzler Seipel, den Schießbefehl. Das Ergebnis: 89 Tote, an die dreihundert Verletzte!

Während Seipel sich wahnhaft zum Weltenretter hochstilisiert (»Der marxistische Spuk war verflogen. Europa atmete auf. Ignaz Seipel erwies sich als Herr über den Vulkan …«), war in Wirklichkeit nur ein Massaker angerichtet worden, das die Arbeiterschaft den Bürgerlichen auf entscheidende Jahre entfremdete. Ein unerwartetes Resultat des Brandes: Zahlreiche Scheidungsprozesse stocken, weil die Indizien, zumeist abgefangene Liebesbriefe, verschwunden sind! In Elias Canettis Roman *Die Blendung* von 1935 wird dann die Verbrennung der Bibliothek des

Romanhelden Kien gleichgesetzt mit dem Brand des Justizpalastes. Der auch in seinem großen Essay *Masse und Macht* eine wichtige Rolle spielt.

Aber schon viel früher hat das Ereignis den »Unangreifbarkeitspanzer« von Karl Kraus zum Glühen gebracht. Auf allen Wiener Litfaßsäulen kleben jetzt Plakate: »An den Polizeipräsidenten von Wien, JOHANN SCHOBER. Ich fordere Sie auf, abzutreten. KARL KRAUS, Herausgeber der Fackel.« Da aber in Wien jeder überzeugte Willensakt sofort zur Persiflage herausfordert, sieht man wenige Tage später überall einen gleichformatigen Anschlag: »Ich fordere Sie auf, NICHT abzutreten. Goldfüllfederkönig E.W.« Dieser stadtbekannte Witzbold, er hieß Ernst Winkler, Besitzer eines beliebten Schreibwarenladens, war auch ein Werbegenie. Manchmal inszenierte er angebliche Selbstmorde nicht existierender Personen, dann wieder schmuggelte er Bombenattrappen in den Eingang öffentlicher Bauten. Und kandidierte einmal sogar als Bundespräsident, auf seinem Programm die Hinrichtung von Bürgermeister Seitz und dem »verhaßtesten Mann von Wien, dem Erfinder des Steuerterrors« Finanzstadtrat Breitner. Natürlich bezogen auch wir, dank angeschnorrter Eltern, unsere ersten Füllfedern von ihm (es waren die modischen »Versenkbaren«, die leider leckten). Dieser Hallodri also hat mit seiner Wiener Spottlust spielend die erste Runde gegen Kraus gewonnen.

Kraus läßt sich nicht lumpen und montiert in seiner nächsten *Fackel* eine neunzigseitige Dokumentation, worin er – wiewohl kein Sozialist – mit vehementer Polemik gegen Schober und Seipel Stellung bezieht. Seipel seinerseits findet die unglückliche Formulierung: »Verlangen Sie … nicht, was Milde scheint an den Schuldigen« und wird, trotz vieler Verdienste, fortan als »Prälat ohne Milde« in die Geschichte der Ersten Republik eingehen.

Ein Jahr später erscheint ein neues Tendenz-Stück von Kraus, *Die Unüberwindlichen*. In dem Schober als gewissenloser »Wacker«, Spekulant Castiglioni als »Camillioni«, Zeitungsmann Bekessy als »Barkassy« und noch andere, jedem Wiener vertraute Typen auftreten … nur an den Füllfederkönig hatte Kraus sich nicht herangewagt!

Jahre danach – das Nazireich war eben zusammengebrochen – diente ich dann als amerikanischer Besatzer bei der *Neuen Zeitung* unter Captain Hans Habe. Von dem jeder wußte, daß sein Name von seinen Initialen H. B., also Hans Bekessy, herrührte. Dieser »Sohn des alten Bekessy« war als Blattmacher noch viel großartiger als sein Vater und regierte um 1945 vorübergehend das ausgedehnteste Zeitungsimperium Europas. Nämlich alle von den Amerikanern in den befreiten und eroberten Gebieten begründeten Blätter. Einmal schlug ich ihm boshaft vor, zum zehnten Todestag von Karl Kraus einen Gedenkartikel zu verfassen. Es war aber anscheinend nicht der richtige Vorschlag …

Die Wiener Erstaufführung der *Unüberwindlichen* – sie fand erst 1980 unter der Regie von Helmut Qualtinger statt – wirkte dann auf mich reichlich blutleer. Nicht nur waren die Anlässe verschwunden. Auch das eigentliche Genie des »Tierstimmenimitators« Kraus, nämlich daß jeder sich durch seinen bloßen Jargon moralisch bloßstellt (in diesem Fall eine Mischung von Wienerisch-Jiddisch-Ungarisch und dem »ärarischen« Beamtendeutsch), war von modernen Schauspielern gar nicht mehr nachzuvollziehen, vom Publikum nicht zu begreifen.

11

Egon Friedell, dieser »genialische Dilettant« (Reinhardt) mit »onkelhaftem Wohlgefallen an Gott und den Menschen« (Polgar), von allen Wiener Käuzen der am wenigsten meuchlerische und wegen seines gewaltigen Leibesumfangs »Mastodon« genannt, kommt überraschend mit einer *Kulturgeschichte der Neuzeit* heraus. Eine sorgenvolle Biographie der europäischen Seele (deren Verschlingungen auch Thomas Mann faszinieren), beruhend auf enzyklopädischem Wissen sowie der Liebe des Schauspielers und Kabarettisten zu guten Pointen. Aber wann hat Friedell diese »profunde Scharteke« eigentlich geschrieben, fragt sich jeder, der dem genußfreudigen Schlemmer tagtäglich auf den Brettern, im Kaffeehaus oder auf das Kanapee hingefläzt und seine ellenlange Studentenpfeife rauchend begegnet. Erst nach seinem tragischen Selbstmord wird man die umfangreiche Bibliothek kennenlernen, voller sarkastischer Randbemerkungen, aus denen er seine witzigen Aperçus destillierte. Daß er 1938 lieber in den Tod ging als zu emigrieren, ist bezeichnend für Friedells persönlichen Lebensplan der »Eigenbestimmung«, »Eigenethik«. Seine Überzeugung, daß die sich selbst ungeniert ausprägende Persönlichkeit wertvoller sei als das von ihr geschaffene Produkt. Daher auch sein Respekt vor dem Originalgenie Peter Altenberg.

Was die *Kulturgeschichte* betrifft – es erscheinen später noch weitere Bände, heutige Verkaufsziffer über 200.000! – so bleiben die Kollegen reserviert. Anton Kuh nennt Friedell einen »Großgymnasiasten« und urteilt: »Nichts ist dem Bürger lieber, als wenn er sein Schülertum als Freigeisterei empfinden darf, seine Gesetztheit als heroischen Nihilismus. Die verneinte Welt sichert ihm seine Güter am besten. Darum ließ er sich seinen Kalbsbraten früher bei Schopenhauer munden wie jetzt bei Friedell und Spengler.«

Friedell rächt sich, als in der Berliner Zeitschrift *Querschnitt* eine seiner Geschichten unter fremdem Namen erscheint, und schreibt dem vorgeblichen Autor: »Sehr geschätzter Herr Anton

Kuh, mit Vergnügen sehe ich, daß Sie meine Plauderei ›Kaiser Joseph und die Prostituierte‹ in unveränderter Wiedergabe, nur mit den drei kleinen Worten ›von Anton Kuh‹ publiziert haben. Es ehrt mich, daß Ihre Wahl gerade auf mein bescheidenes, anspruchsloses Histörchen gefallen ist, da Ihnen doch die gesamte Weltliteratur seit Homer zur Verfügung stand. Ich hätte mich auch gerne revanchiert, doch nach Durchsicht Ihres gesamten Oeuvres fand ich nichts, worunter ich meinen Namen setzen möchte.«

Andererseits weigert sich auch Friedells Lebensfreundin Lina Loos, sein Buch zu lesen. »Ja, was stellst du dir eigentlich unter einer Kulturgeschichte vor?« fragt sie der Autor gereizt. »Ein sehr dickes Buch, in dem lauter Sachen stehen, die mich nicht interessieren.« Darauf Friedell: »Du irrst. *So* umfassend ist das Werk wieder nicht.« Vergnügt wird der heutige Leser einige der unhaltbaren Geschichtsklitterungen, die Friedell von sich gibt, als absichtliche Mystifikationen einstufen. Denen ja der Autor auch sonst zugetan ist. So, als in einer seiner Besprechungen der Norweger Hamsun von einer Zeitung als »Haresu« wiedergegeben wird. Worauf Friedell, aufgefordert, sich nicht mit völlig unbekannten Neuentdeckungen patzig zu machen, eine ganze fingierte Lebensbeschreibung des »großen japanischen Dramatikers Yenosuke Haresu« nachliefert!

Und als ein literarischer Kollege – vergessen sei sein Name – einen Essay veröffentlicht, der nur einen klassischen Text von Jean Paul ins »Moderne« umsetzt, rezensiert ihn Friedell mittels einer Goethe-Paraphrase: »Ich habe nicht nur Philosophie, sondern auch ein wenig Medizin und – hier kann ich ein ›leider‹ allerdings nicht unterdrücken – auch theologische Wissenschaften studiert, muß aber gestehen, daß ich dadurch nicht klüger geworden bin als vorher. Ich heiße zwar Doktor, tue aber seit zehn Jahren nichts anderes, als daß ich die Welt nach allen Windrichtungen an der Nase herumziehe«, usw. Leider hinterlassen solche Fehden bei den Zeitgenossen eher den Eindruck, daß hier alles im luftleeren Raum stattfindet. Ohne Bezug auf das »richtige Leben«, also Geld, Sex und den »hellen deutschen Gedanken«, den doch Friedell einmal gepredigt hatte.

12

Inzwischen hat man in Wien die Werbung entdeckt. »Reklamekönig« zu werden – was immer das sein mag – gehört zu den neuen Traumzielen der Jugend. Und wird auch 1927 in dem beliebten Jungenbuch *Kai aus der Kiste* (Auflage 100.000) von Wolf Durian thematisiert. Ein Buch, das übrigens aus einem Wettbewerb des Ullstein-Verlages hervorging. Und eine Art Gegenentwurf zu Erich Kästners *Emil und die Detektive* darstellt, wobei eben kein muttifrommer Musterknabe (wie Kästner zeitlebens blieb) zuletzt triumphiert. Sondern ein verlotterter elternloser Straßenjunge, der es mit seiner großstädtischen Pfiffigkeit und Abgebrühtheit zum erfolgreichen Werbefritzen bringt.

Jetzt erschließt sich die Gemeinde Wien, immer in Geldnöten, seit ihr der Staat die Zuschüsse abwürgt, eine neue Einnahmequelle. Unbenutzte Bauzäune, Stadtbahnviadukte und Hausfassaden werden zu offiziellen Plakatflächen aufgewertet. Wo dann alles schön ordentlich in genormten Formaten hingeklebt werden darf, anstatt der bisherigen pittoresken Anarchie. Auch die Parteipropaganda schießt ins Kraut, entsprechend der wachsenden Aggressivität der Wahlkämpfe. Auf der Rechten Lautsprecherwagen, Flugblätter, Banner. Und drohende Sprechchöre (»Haut's es raus, die Judenbande«) und Lieder (»Wenn's Judenblut vom Messer spritzt«), in denen sich die überkochende

Mordlust austobt. Andererseits haben die Linken ihren »Speer des Sozialismus«, Viktor Slama. Der ein totales Werbekonzept mit Anschlägen, Aufmärschen und Massenfestspielen durchzieht, das bis in die fünfziger Jahre gültig bleibt.

Auch die Privatwirtschaft wendet sich gern an dieses fanatisch politisierte Publikum. Heißt es zur Linken: »Arbeitersportler essen nur Fyffes-Bananen«, so wird zur Rechten aus der sanften Empfehlung »Österreicher, trinkt österreichische Weine« allzu schnell ein »Deutsche Arier, kauft nur bei Ariern«. Gern lassen sich Berühmtheiten einspannen: Filmstars natürlich, aber auch – bezeichnend für Wien – seine musikalischen Lieblinge: Lehár empfiehlt Rasierklingen, Tenor Piccaver Füllfedern, Richard Tauber bestätigt handschriftlich, daß nur Mundwasser Odol ihm die Stimme reinigt. Und der Erfolgsautor Mirko Jelusich verfaßt gar ein ganzes Büchlein, eine Liebesgeschichte, wohlgedruckt und farbig illustriert: *Der Zauber von Wien*. Bis sich am Ende herausstellt, daß dieser Zauber auf nichts weiter gegründet ist als eine Ottakringer Biermarke!

Berühmt die Wiener Plakatkunst, die, entgegen dem sentimentalen Volksgeschmack und Jugendstil-Überschwang, jetzt oft ganz nüchterne, unaffektierte Wege beschreitet. Der Designer Josef Binder, von dem u. a. das Semperit-Reifen-Signet und der nach wie vor aktive kaffeekostende Meinl-Mohr stammen, wird schließlich von amerikanischen Agenturen angeheuert. Theo Matejko beginnt nach dem Weltkrieg mit einem lustigen sozialdemokratischen Plakat, auf dem ein leichtgeschürztes Wienermadel die abgeschaffte Kaiserkrone am großen Zeh balanciert. Geht über zu hochdramatischen Sport- und Fliegerillustrationen. Und endet als engagierter Nazipropagandist mit strammen Kampfpiloten und U-Boot-Kommandanten, denen das Ritterkreuz vom Halse baumelt. Eine Sonderstellung nimmt die

Wäschefirma Palmers ein. Deren Schaufensterpuppen und Plakate bis heute in der Darstellung von Frauen als lockendem Lustobjekt immer hart, aber geschmackssicher bis an die Grenze des Unanständigen gehen. Zumindest in Wien, denn nach Deutschland gelangen diese Schaustellungen selten.

Star der Reklameszene: Der Zeichner Julius Klinger. Einst herausragender Illustrator des *Lieben Augustin*, in der Sezessionszeit das einzige Wiener Gegenstück zur Münchner *Jugend.* Erschienen 1904 unter der fabelhaften Chefredaktion von Gustav Meyrink in leider nur 24 Nummern. Mitarbeiter u. a. Peter Altenberg, Stefan (damals noch Stephan) Zweig, der Humorist Roda Roda. Auch die besten Zeichner der Zeit wie Alfred Kubin, Emil Orlik, Lyonel Feininger, Zille, Vrieslander, Pascin u.v.a. (Derzeitiger Preis des Jahrgangs: an die 3000 Euro.) Klinger, gesegnet mit Drastik, Humor und besonders der Kunst des Weglassens, gelingt es dann, aus seiner schwungvollen Linie auszubrechen. Hin zu einem plakativen, sachlich-kühlen, aber spannenden Funktionalismus. Sein englischsprachiges Illustrationswerk, *Poster Art in Vienna* (angeblich in Chicago, in Wirklichkeit natürlich in Wien verlegt), gilt als Rarissimum moderner internationaler Plakatkunst. Allerdings empfinden wir es heute schon fast wieder als komisch, wenn Klinger einen kahlen, flugzeugumdröhnten Wolkenkratzer als positives Image anbietet, während das gemütliche Dörfchen zu seinen Füßen, mitsamt Vögeln, Bäumen und Nachtwächter, die glücklich überwundene Vorzeit symbolisiert. Naiver Zukunftsglaube … 1942 wird dann der schon 66jährige, von dem man nicht eine einzige politische Zeichnung kennt, unter völliger Gleichgültigkeit seiner zahlreichen Auftraggeber verhaftet und »nach Minsk abgemeldet«.

13

Erster Kinobesuch meines Lebens, natürlich mit Bruder und »Fräulein«. Der amerikanische Klamaukfilm trägt den unausdeutbaren Titel *Wasser hat Balken.* Aber deutsche Verleihertitel werde ich in alle Zukunft unausdeutbar finden. (Was bitte schön hat *Sie küßten und sie schlugen ihn* mit Truffauts *Les 400 coups* – die 400 Streiche – zu tun? Außer es hat irgendein Titelerfinder das für vierhundert Prügel genommen?) Tatsächlich handelt es sich bei unserem Film um den klassischen *Steamboat Bill jr.* von Buster Keaton. Man lacht Tränen und weint glucksend. Tragikomödie als die Essenz der Dinge. Eine Sinnesart, die einen dann lebenslang begleiten sollte.

Kurz darauf: Fritz Langs *Metropolis.* Gilt in Wien als typischer »Berliner Film«, obwohl ja nach Eindrücken entstanden, die Lang in Manhattan gesammelt hatte. Aber so stellte man sich eben das ferne Berlin vor, eine Mischung aus Futurismus und »Affenstadt«, nach dem Ausdruck von Hofmannsthal. Mit 7 Millionen Mark wahrscheinlich der teuerste deutsche Film bis dahin. Dank Dreharbeiten, die sechzehn Monate dauern, und 34.000 Komparsen. Trotz konfuser Handlung ein Welterfolg, auch in Amerika. (Allein das Poster der deutschen Erstaufführung wurde kürzlich dort für 350.000 Dollar versteigert!) Wieder folgt Lang dem, laut Horst Krüger, typischen Wiener Rezept: »Die Probleme werden nicht angenommen und durchgestanden. Sie werden ästhetisiert.« Und wieder wird sich vieles in das gemeinsame Unbewußte der Zuschauer tief eingraben für später: Die Großstadt zum Fürchten. Der »entartete« Intellektuelle. Die unorganisierten aber erlösungswilligen Arbeitermassen. Die knienden Negersklaven der Unterrasse. Und natürlich die gepanzerte Frau mit Eisenbrüsten und Stahlhelm, also ein unschlagbares Amalgam von Waffe und Sex. Die verschlüsselte Botschaft des Films: Nur die wahrhaft gläubige »echte Maria« kann mit ihrem Fanatismus das willenlose Volk erretten! Der »Führer« als Frau – interessant!

Welch ein Gegensatz zu dem gleichzeitig in der Wachau gedrehten allzu preziösen Rosenkavalierfilm, mit Drehbuch von einem ewig geldbedürftigen Hofmannsthal. Der sogar Richard Strauss überreden konnte, sich eine halbwegs neue Partitur für den Film einfallen zu lassen. Und leider bleibt bis tief in die fünfziger Jahre hinein die Wiener Filmproduktion dem prüden und spießigen Musikfilm treu. Sowie einem Zuckerbäckerwien, das auch die Nazis goutierten. Ob es nun um einen wienerischen Beethoven geht, um Mozart Wolferl oder um Schubert Franzl, angeblich auch »Schwammerl« geheißen. Der sich im »Dreimäderlhaus« ans Klavier setzt und die Brille abnimmt, weil er jetzt spornstreichs die Unvollendete zu komponieren gedenkt! Oder um andere süßliche Maskeraden, Episoden, den *Lieben Augustin*, *Wiener Blut*, *Zwei Herzen im Dreivierteltakt*, und, schon damals, *Sissi*. »Taufrisch, heiter, musikumrauscht« stand, wie als Warnung, auf den kitschigen Kinoplakaten. Und regelmäßig auch das Wort »sentimental«. Daß Sentimentalität und Sadismus ein vertrautes Paar sind, erfuhren wir allerdings erst später.

14

Wiener Schlager auf allen Kanälen: Aus dem Grammophon, auf der Bühne, im Radio, im Film. Und sogar auf dem Papier, denn noch kann der Wiener in dieser Vorkriegszeit Noten lesen und in Hauskonzerten vom Blatt spielen. Das Wienerlied dringt, wenn nicht in die Welt, so tief ins deutsche Gemüt. Und bringt den – außer Franz Lehár und Robert Stolz – häufig jüdischen

Komponisten bisher ungeahnte Tantiemen: Leo Fall, Oscar Straus, Paul Abraham, Ralph Benatzky, Edmund Eysler, Emmerich Kálmán, Fritz Löhner-Beda, Hermann Leopoldi und zahlreichen anderen. Auch Operntenöre singen es mit Schmelz, Schmalz und Sfumato, wie etwa Richard Tauber, Alfred Piccaver und der etwas zu klein geratene Joseph Schmidt. Aber letztlich ist in diesem »silbernen Zeitalter« der U-Musik jeder für alles zu haben, wenn auch oft nur aus Geldnot. Komponieren, Texten, Singen, Spielen, Tanzen, Operette und Kabarett, Christliches und Jüdisches, Naives und Ausgepichtes. Ein einziger typischer Alleskönner, Robert Gilbert, schreibt und/oder komponiert am »Weißen Rößl«, »Ich bin ja heut so glücklich«, »Liebling, mein Herz läßt dich grüßen«, »Es muß was Wunderbares sein«, »Das ist die Liebe der Matrosen«, »Was kann der Sigismund dafür, daß er so schön ist«, »Das gibt's nur einmal, das kommt nicht wieder«. Und unzählige andere Ohrwürmer, die ich zu meinem Erstaunen noch alle vor mich hinträllern kann.

Wien bleibt das Hauptthema, zumeist ein erträumtes, illusorisches Wien, das nur wenig mit seiner wahren Gemütslage zu tun hat: »Wien, Wien, nur du allein«, »I bin halt a Weaner, i kann nix dafür«, »Liebes Wien, du Stadt der Lieder«, »Das muß ein Stück vom Himmel sein, Wien und der Wein«, »Was braucht denn der Wiener, um glücklich zu sein«, »Mei Muatterl war a Weanerin.« Und hier sind wir bereits bei den so beliebten Diminutiva wie »Kommt ein Vogerl geflogen« oder »Wenn i nur mei Weinderl hab«. Von nun an muß alles klein geraten sein, um zum »kleinen Mann«, also dem Minderverdiener zu passen: »Schön ist so ein Ringelspiel, des is a Hetz und kost net viel, daß sich auch der kleinste Mann solch ein Vergnügen leisten kann.« »In einer kleinen Konditorei«, »Ich kenn auf der Wieden ein kleines Hotel«, »In Weidling fließt ein kleiner Bach«, »Ich hab ein kleines Kabinett«, »Kleine entzückende Frau«, »Kleine Möwe, flieg nach Helgoland«, »Wie wär's mit einer kleinen, schönen Überlandpartie« und sogar »Ade, mein kleiner (!) Gardeoffizier«. Na, und natürlich »In einem kleinen Café in Hernals, spielt's Grammophon mit leisem Ton an English Waltz«. Das 1927 bei einem Wettbewerb um das beste neue Wienerlied den ersten Preis gewinnt, mit Text von Peter Herz und Musik von Hermann Leopoldi. Und später als »A little café down the street« um die Welt geht. Es ist einer der wenigen Hits, bei denen ein Stückchen Realität durchscheinen darf, wie sonst nur in »Verschaffen Sie mir eine Wohnung«, »Jede Gnädige, jede Ledige trägt den Bubikopf« oder »Armer Gigolo, man zahlt und du mußt tanzen«.

Noch gibt es aber – der Stolz aller Wiener, ob sie nun hingehn oder nicht – die schwer subventionierte Staatsoper. Die sogar mit Sängerinnen wie Maria Jeritza, Jarmila Novotna, Lotte Lehmann, Selma Kurz, mit Piccaver, Tauber und dem Polen Jan Kiepura eine Blüte erlebt, die ihr vielleicht nur die New Yorker Met streitig macht. Und noch warten am »Bühnentürl« die Hochschreier bzw. Autogrammjäger auf ihre Lieblinge. Wobei meiner Erinnerung nach erst die Herren, dann die Damen herauszukommen pflegten. Nur das Pferdeausspannen war nicht mehr gefragt, da die Sänger ja jetzt per Taxi wegfuhren. Oder, in den minderen Einkommensstufen, per Straßenbahn.

Andererseits ist es die letzte große Zeit der Operette, bevor sie von der Revue, später vom Musical, abgelöst wird. Hochburg der Gattung: das Theater an der Wien. Wo einst die *Zauberflöte* kreiert wurde (und Kleists *Prinz von Homburg*, natürlich unter Streichung des Schlußsatzes »In Staub mit allen Feinden Brandenburgs«). Auftakt des modernen Operettenzeitalters war wohl Lehárs *Land des Lächelns*. Seine *Giuditta* ging dann schon an die Staatsoper, mit dem Mozarttenor und Publikumsliebling samt

Monokel Richard Tauber. Nicht weniger populär der *Walzertaum* von Oscar Straus, Emmerich Kálmáns *Zirkusprinzessin* oder seine *Gräfin Maritza* mit solchen ungarischen Spezialitäten wie »Komm mit nach Varasdin« oder »Komm, Tszigan, spiel mir eins auf«. Am *Weißen Rößl* haben unzählige Komponisten und Librettisten mitgewerkelt, so Gilbert, Benatzky, Stolz, Eric Charell und der – in den *Letzten Tagen* unsterblich persiflierte – Autor Hans Müller. *Sissy* von Fritz Kreisler machte dann ein blutjunges Paar berühmt: Paula Wessely (die sich später, obwohl keine Hitlerverehrerin, durch den Nazischmarrn *Heimkehr* schluchzte) und Hans Jaray (dessen Talent in der Emigration verkam).

Die Königin der musikalischen Szene aber ist Fritzi Massary, gepriesen als »musikalisches Ausdrucksgenie mit unerreichtem Nuancenreichtum«. Auch die minderen Rollen werden von ihr überhöht und ins Allgemeinmenschliche gesteigert. Ihr »Josef, ach Josef, was bist du so keusch« hat mit seiner unfehlbaren Phrasierung (und trotz stumpfsinnigem Text) schon den jungen Karl Kraus begeistert. Und kein geringerer als Dirigent Bruno Walter will sie als Carmen aus der Unterhaltung in höhere Sphären herüberziehen. Sie ist mit dem beliebten Komödianten Max Pallenberg verheiratet, Piscators »Schwejk« und ein »strahlender Spaß- und Ernstmacher« (Polgar). Welcher gerne die Geschichte erzählte, wie er einst seine Frau im Taxi zum Theater gebracht habe, die schon im Bühneneingang verschwand, während er noch am Zahlen war. Darauf der Taxichauffeur: »Sie, wissen Sie, wer das ist? Das ist doch die Massary! Die wird Sie eine Stange Geld kosten!« Unverifizierbar auch eine andere Anekdote. Da sei er, Pallenberg, einst zusammen mit Friedell Gast auf Max Reinhardts luxuriösem Schloß Leopoldskron bei Salzburg gewesen. Und hätte, am Parkteich mit seinen fünfzig Schwänen verharrend, sich mißgünstig über den Lebensstil des Schloßherrn ausgelassen. Friedell stimmt ihm zu: »Und dabei habe ich ihn noch gekannt, als er ein schäbiges möbliertes Zimmer bewohnte, einen einzigen Anzug hatte, ein Paar Halbschuhe und höchstens zwei bis drei Schwäne.«

Dies bringt uns zu einer anderen berühmten Schwanengeschichte über den einstmals hochdotierten Wagnersänger Leo Slezak. Ein Koloß von einem Mann, der irgendwie seine mächtige Stimme eingebüßt hatte, und jetzt auf Unterhaltungssendungen im Radio angewiesen war. Dabei erzählte er gern Erlebnisse aus seiner bunten Karriere, die er schließlich in dem Buch *Meine gesammelten Werke* zusammenfaßte. Als das Publikum nach mehr verlangt, läßt er den Band *Der Wortbruch* folgen und zuletzt noch *Der Rückfall.* Seinen Ruhm als Humorist verdankte Slezak einer seitdem häufig kolportierten Bühnenpanne im *Lohengrin.* Als nämlich irrtümlicherweise der Schwan davongezogen sei, ohne ihn mitzunehmen. Worauf der Sänger laut und vernehmlich gefragt habe: »Bitte, wann geht der nächste Schwan?« Eine weitere Slezak-Story: Da wäre einmal nach der Vorstellung eine Bewunderin in seine Loge gestürzt mit dem atemlosen Ausruf: »Sie haben minutenlang nur mich angeschaut!« Worauf Slezak kleinlaut zugeben muß, es wäre – da ja die Tantiemen davon abhingen – seine Gewohnheit, das Publikum im Saal zu zählen. Na, und bei einer besonders schwierigen musikalischen Passage sei er halt bei ihrem Gesicht hängengeblieben, um nachher an derselben Stelle mit dem Zählen fortzufahren …

Mein erstes musikalisches Bühnenerlebnis war dann *Axel an der Himmeltür* von Ralph Benatzky. Mit Zarah Leander, die hier ihren Ruhm begründete. Ihre Partner: Max Hansen und der Komiker und Conférencier Paul Morgan (1938 in Buchenwald umgekommen). Mit Liedertexten von Hans Weigel, darunter unvergeßlich: »Gebundene Hände, das ist das Ende, jeder verliebten Passion«. Es wird auch getanzt auf der Bühne, was inzwischen zum Höhepunkt jeder Vorstellung geworden ist. Die Tillergirls und ähnliche erstaunlich stämmige Revuetruppen strampeln im Takt zu Wiener Schlagern wie der »Klingelfee« (der modische Ausdruck für eine Telefonistin) von Robert Stolz oder »O Donna Clara, ich hab dich tanzen gesehn«. Noch zeitgemäßer: »Die schöne Adrienne mit ihrer Hochantenne«. Auch amerikanische Tänze kommen in Mode, wie Shimmy, Charleston oder Black Bottom. Die in nachmittäglichen Tanzlokalen absolviert werden, etwa dem Kursalon im Stadtpark oder Hopfner in Grinzing. Unabdingbar dabei der Eintänzer, meist Johnny oder Freddy geheißen, da ja der Gatte ans Geschäft gefesselt ist. Der Eintänzer bestimmt, in welchem Lokal man sich, und wie intensiv, zu verausgaben hat, und wird dafür reichlich entlohnt. Zuweilen auch, laut Chronist Hirschfeld, mit der Gunst der Dame. Ohnehin: »Die Herren sprechen vom Verdienen, die Damen vom Ausgeben.«

Abends geht das Ehepaar dann hoffentlich wieder gemeinsam aus. Vielleicht in eine dieser neuen Ausstattungsrevuen (»je ärmer das Theater, desto mehr muß es sich die Ausstattung kosten lassen« – Felix Salten) mit ihrem weltläufigen Fluidum und erotischer Entzündbarkeit. »Ein sinnliches Reizspiel«, klagt unvermeidlich die konservative *Reichspost*, den Christlichsozialen des Zentrums zugehörig. Daß dieses Spiel auf die männlichen Besucher anders wirkt als auf deren Begleiterinnen, notiert Conférencier Armin Berg: »Was macht der Mann? Er schaut. Was macht die Frau? Sie zerspringt. Er seufzt: Wenn man so etwas sieht, da muß man Appetit bekommen. Drauf sagt die Frau: Appetit darfst du bekommen, aber gegessen wird zu Haus!«

Oder man besucht die Varietés Apollo oder Ronacher, um den

Klaviervirtuosen und Liedersänger Hermann Leopoldi mit seiner Partnerin Betja Milskaja ihr Duett »Frauen sind zum Küssen da« singen zu hören. Oder das Kino, wo – ich greife hier vor – zwei Ungarinnen den neuen musikalischen Tonfilm beherrschen: Die naive, verrucht-kindliche Franziska Gaal (irgendwann einmal wird sie ja Silbermann geheißen haben) mit ihren Schlagern »Paprika« oder »Gruß und Kuß, Veronika«. Und, etwa mit »La bella Tangolita«, die mondäne superoxydblonde Gitta Alpar, verheiratet mit dem knackigen Filmstar Gustav Fröhlich, dem männlichen Hauptdarsteller von *Metropolis*. Der später behaupten wird, er hätte ihretwegen Goebbels geohrfeigt, was man bezweifeln muß. Wie es sich wirklich abspielte, erzählte mir Gitta viele Jahre später in New York. »Da waren wir zu einem Empfang eingeladen, zusammen mit Willy Fritsch, Willi Forst, Hans Albers. Ein Offizier kommt auf uns zu: Der Herr Minister möchte Sie gerne kennenlernen. Wir gehen zu seinem Tisch. Darauf erhebt sich der Adjutant vom Goebbels und zischt mich an: Sie nicht! Forst und Fritsch fassen mich unauffällig unter den Arm und bringen mich nach Hause. Der Fröhlich aber blieb dort! Und das war das Ende unserer Ehe.«

Ebenfalls in New York kennengelernt: die süße Filmsoubrette Dolly Haas (*So ein Mädel vergißt man nicht*), die danach den genialen amerikanischen Karikaturisten Al Hirschfeld heiratete. Den Namen der Tochter Nina brachte Al, über Jahrzehnte hinweg, versteckt in jeder seiner Zeichnungen unter wie ein Vexierspiel. Die richtige Stelle zu entdecken war eine der seltenen Erheiterungen bei der nie ganz zu schaffenden Pflichtlektüre der kiloschweren *Sunday Times* mit ihren unzähligen Beilagen.

15

Dann kommt Josephine Baker zum ersten Mal auf Gastspiel nach Wien. Sie, die in Paris längst eine Institution ist, versetzt hier mit ihrer ungenierten Nacktheit, vom Bananengürtel aufwärts, die Gemüter in Wallung. Erst viel später werde ich sie in der Pariser Olympia Music Hall kennenlernen. Eine gesetzte Matrone, die aber noch immer durch die Lande tingelt, um ihre »rainbow tribe« von einem Dutzend Adoptivkindern aller Farben und Rassen zu ernähren. Jetzt in Wien ist sie noch ein frisches, quirliges Ding mit Kulleraugen und blitzenden Zähnen, was ihren Tänzen jeden Beigeschmack von Laszivität nimmt. Sicherheitshalber hat aber die Theaterdirektion, um die angedrohten Demonstrationen der »Völkischen« zu entschärfen, in der Presse allerhand getürkte Interviews mit der Künstlerin lanciert: »Die arme lustige Josephine soll eine Kulturschande sein? Gott behüte. Sie will nichts als lachen und lachen machen.« Dabei sind natürlich alle gekommen – nur wir Minderjährige durften nicht mit –, um ihre sphäroiden Brüste zu bewundern. Darob sie in der reaktionären *Reichspost* (wo die nur die Ausdrücke herhaben?) als »Halbäffin« apostrophiert wird.

Immerhin ist dieses reizende Geschöpf gebildet genug, um sich mit allen möglichen Künstlern zu treffen. Darunter der Architekt Adolf Loos, der eine Pariser Villa für sie entwirft, ebenso wie für den rumänisch-französischen Surrealisten Tristan Tzara. Am Ende kann nur diese gebaut werden und steht bis heute am Montmartre. Während Josephines zebragestreiftes Hausmodell (schwarz und weiß, Sie verstehen?) immerhin den Umschlag der ersten Monografie über Loos ziert, für deren Druckkosten sein Freund Oskar Kokoschka aufkommt.

Wird die »ewige Vorsehung« – Hitlers Privatgottheit – sich an den Wienern rächen, wenn sie Josephine beglucksen kommen? Da sei Gott vor. Sühnegottesdienste werden – wo sonst – im Stephansdom angesetzt, wo die Revuebesucher ihr Seelenheil gleich wiederherstellen können. Dazu aus dem offenherzigeren Berlin der kaustische Kurt Tucholsky:

In Wien zuckte neulich die Baker mit ihrem Popo,
denn es zieren die Kugeln ihrer Brüste manch schönes
Revue-Tableau (...)

Dies haben die Zentrums-Schwarzen, die jungen und die alten,
leider für eine Anspielung auf ihre Kirche gehalten (...)
Drei Sühnegottesdienste stiegen auf zum österreichischen
Himmel,
und die Bußglocke gefiel sich in einem moralischen Gebimmel.

Denn:
Wenn eine Tänzerin gut gewachsen ist
und einen Venus-Körper hat, der nicht aus Sachsen ist;
und wenn sie tanzt, daß nur der Rhythmus so knackt;
und wenn sie ein ganzes Theater bei allen Sinnen packt;
und wenn das Leben bunt ist hierzulande –:
das ist eine Schande.

Wenn aber Christus, der gesagt hat: »Du sollst nicht töten!« (...)

welches vor ihm zwar schon Jehovah gesagt hatte, aber Christus machte sich eben schicker am Kurfürstendamm. Was den Rest des Gedichtes betrifft, so kann es sich jeder Tucholsky-Fan leicht zusammenreimen aus: Blutig röten – – – Flugzeuge segnen – – –

Blut möge regnen – – – Gottes auf Erden – – – geschlachtet werden – – – Choräle hallen – – – niederknallen – – – verrät den Gottessohn – – – ist keine Schande, ist Religion!

16

»**Wienerinnen und Wiener!** Unsere Staatsoper ist einer frechen jüdisch-negerischen Besudelung zu Opfer gefallen. Der Kunst-Bolschewismus erhebt frech sein Haupt. Da die Regierung diesem schamlosen Treiben untätig zusieht, so rufen wir zu einer Riesen-Protestkundgebung…« Um Gottes willen, worum geht es?

Wieder einmal die »Bordellkunst« Josephine Bakers? Noch viel schlimmer, denn hier ist ein Wiener im Spiel. Wenn auch sein Stück als »Schandwerk eines tschechischen Halbjuden« verunglimpft wird. Es ist die Oper *Jonny spielt auf* des musikalischen Provokateurs Ernst Krenek. Zeitweilig Schwiegersohn der Alma Mahler und von ihr »eine meiner sieben Plagen« geheißen. Das blutrote Plakat, 1928 in ganz Wien von der »NSDAP Großdeutschlands« angeschlagen, führt tatsächlich zu Demonstrationen mit Stinkbomben und Niespulver. Später wird ein weiterer Text dazukommen: »Jazz ist Trumpf, die Kunst versinkt im Judensumpf!« Und nicht lange, da sieht man ein Plakat, darauf ein saxophonspielender Neger mit Zylinder und inkongruentem dicken Judenstern am Revers! Also alles, was der Kleinbürger verabscheut, auf einen Sitz vereint. Dazu das zukunftsträchtige Schlagwort: »Entartete Musik«.

Dabei ist dieser Haß auf die »afrikanische Trommelei« nicht neu, sondern hat eine lange Vorgeschichte. Sogar Alban-Berg-Schüler Theodor Adorno nennt den Jazz einen modernen Archaismus, spricht von einem unreinen Produkt der Kulturindustrie und, man denke, Regression zum Sadomasochismus! Alles vergeblich, denn die Jazzbands sind längst, über Tanzlokale und Revuen, populär geworden. Und auch den *Jonny* läßt sich das konservative aber sachverständige Wiener Publikum nicht versauern. Das dem hypochondrischen Grundgedanken – hier traditionsbeladene europäische Kultur, da die unverbrauchte Kraft der schwarzen Rasse – durchaus aufgeschlossen gegenübersteht. Es gibt sogar eine neue Zigarettenmarke namens »Jonny«, die bald zur beliebtesten neben der »Sport« aufsteigt. Und das Stück gedeiht zum Welterfolg ... Nicht anders als um die gleiche Zeit Alban Bergs tragische Oper *Wozzek*. Deren (von Büchner genial vorausgeahnten) Doktor, der an seinem wehrlosen Opfer »wissenschaftliche« Experimente vornimmt, man ein Dutzend Jährchen später, unter dem Namen Dr. Mengele, in Auschwitz wiederfindet.

17

Aber noch blüht das »rote Wien« mit seiner Arbeiterkultur! Da gibt es Schulreformen, etwa zur Koedukation hin. Oder neue Leihbibliotheken. Organisierte Kinderfreunde und Naturfreunde. Sogar Arbeiter-Sinfoniekonzerte, wo unter der Leitung von Webern ein Gustav Mahler vorbildlich gespielt wird. Jugendaustausch kommt in Fahrt (der Sekretär der Sozialistischen Jugend-Internationale heißt Erich Ollenhauer). Revolutionsfeiern finden statt zum zehnten Jahrestag der Republik, Antikriegsfeiern am Heldenplatz. Im Raimundtheater, sonst für billige Operetten reserviert, gibt man ein Weihespiel, *Frühlingsmysterium*. Und sogar ein offizielles Kabarett entsteht, für das der begabte, aus Rußland stammende Schuljunge Jura Soyfer seine ersten Texte verfaßt: Da wird auf der Bühne ein Generaldirektor vorgestellt, der natürlich Goldschieber heißt. Und sich mühelos als Proletarier verkleidet, um die Lehre vom Klassenkampf zu widerlegen. Da geht es gegen Mussolini, gegen überlebte Monarchisten, Spießer und Preß-Strolche, gegen die »Hahnenschwanzler« der rapide ins Kraut schießenden reaktionären Heimwehrtruppe. Nur Hitler fehlt im Tableau, wahrscheinlich weil als chancenloser Wirrkopf eingestuft.

Aber vor allem steigen, im Fußballstadion der Hohen Warte, gigantische Arbeitersportfeste. Bei denen, nach russischem Vorbild, Tausende Turner und Turnerinnen, in Diagonalen aufgereiht, mit schwingenden Gliedmaßen das ganze Terrain bestücken. Abends dann Festspiele für die Jugend und zwei Fackelzüge quer durch die Stadt, zu ergreifenden Rufen von »Freundschaft! Freundschaft!«. Dazu gehört eine Propagandasprache, die ihre billigen Effekte aus dem verflossenen Expressionismus holt. Aber leider auch schon, mit ihrem Anspruch auf weltgeschichtliche Wahrheit, die kommende Nazi- und DDR-Diktion vorwegnimmt. (Siehe dazu Freud in einem Brief an Stefan Zweig: »Es gibt sowenig eine hundertprozentige Wahrheit wie einen hundertprozentigen Alkohol!«) Da weist ein solches Festspiel, *Die Welt übersonnt*, etwa einen Tanzchor auf, der alles nächtlich-verruchte Kino- und Jazzleben verpönt: »Nein, nein, nein! Wir wollen nicht die finstere Schwüle, wir wollen die klare, luftige Kühle!« Diese Perle der Festspieldichtung endet dann mit dem furiosen Finale: »Chorballung in aufgesteilter Gipfelung! Zuletzt wird eine Gruppe leuchtender Leiber aus der Mitte des Chores heraus emporgeschleudert!«

Auch der Fackelzug gibt Anlaß zu bombastischer Poeterei: »Die beiden Ströme vereinigen sich zur roten Sturmflut. Es jubeln die Massen, die das Spalier bilden. Die ganze Stadt erklingt. Tränen seh ich in den Augen. Auch mir geht es heiß durch die Brust. Ein Ruf, ein Sang erhebt sich, pflanzt sich fort durch alle Gassen. So marschieren wir, bis sich der Fackelglanz mit dem Licht vermählt, das uns entgegenflutet. Was ist das? Ein Feenschloß? Nein! Es ist das rote Rathaus von Wien, das stolze Bollwerk des Sozialismus in Europa!« Und das alles fast zeitgleich mit einem darauffolgenden altväterlichen Sängerfest – noch hält das Land solche Spannungen aus, die sich aber bald zu einem explosiven Gemisch verdichten werden.

18

Auch von uns Jugendlichen genossen: Das »Zehnte deutsche Sängerbundfest«, dem hundertsten Todestag von Franz Schubert geweiht. Eine Herzensweide des deutschen Pfahlbürgers (der Schubert durchaus zuwider war). Ein gigantischer, sich über die ganze Stadt erstreckender Stammtisch. Laut Chronist Franz Endler nehmen nicht weniger als 150.000 Sänger aktiv teil. Im Prater wird für drei Massenkonzerte eine eigene Sängerhalle errichtet, die nicht nur 60.000 Zuschauern Platz bietet, sondern auf 32 Treppenstufen 45.000 Sängern! Die »unter dem Zeichen Schuberts sehr deutlich dem Verlangen nach Wiedervereinigung Ausdruck geben«. In den meisten Chören steht das Wort »deutsch« im Vordergrund, unvermeidlich gefolgt von »treu«. Zum Abschluß ein stundenlanger Festzug über die Ringstraße, dem wir gerührt applaudieren. Nicht nur wird ein von Biedermeiermädchen umtanzter haushoher Gips-Schubert von Bierrössern vorbeigezogen. Sondern ganze Bataillone fahnenschwingender Korporationsstudenten samt Säbeln und Stulpenstiefeln marschieren im Takt auf und erwecken in mir die Begierde nach solch rituellem Schlägertum.

Anschließend Festreden. Der »schwarze« Bundeskanzler Seipel: »Selbstverständlich spricht Schuberts Kunst besonders zu jenen, die seine Lieder ganz unmittelbar verstehen, weil eine verwandte deutsche Seele in ihnen lebt.« Danach läßt auch der »rote« Wiener Bürgermeister Seitz sich nicht lumpen: »Weit hinaus über die Gegensätze im Volk gilt doch die Einheit, und in diesem Sinne lautet der Gruß der Stadt Wien: Deutsche, seid stark im Wollen zur Einheit, und die Einheit wird Eure Tat sein.« Schwer, noch deutlicher den Anschluß an Deutschland herbeizureden.

19

Immerhin: Daß es die Wiener Autoren, Dramatiker, Schauspieler und Kabarettisten aus dieser aufgeladenen, aber wenig einkommensträchtigen Atmosphäre nach Berlin zieht, gilt zu dieser Zeit als selbstverständlich. Einer von ihnen ist der pseudonyme Ferdinand Bruckner, Verfasser des schlüpfrigen Sensationsstükkes *Die Verbrecher*. Vorausgegangen war ein Studentendrama in knappen einzeiligen Dialogen wie geboxte Schlagabtausche, *Krankheit der Jugend*. Darin drei Studentenpaare einander zu Tode martern. (Der Schlußsatz: »Ermorde mich! Ermorde mich!«) Hätte man nicht nach einigem Rätselraten erfahren, daß dieser animalische Bruckner identisch sei mit dem feinsinnigen Lyriker Theodor Tagger – auch Herausgeber der exklusiven Zeitschrift *Marsyas* sowie Gründer und Leiter des Berliner Renaissance-Theaters –, so könnte man ihn glatt verwechseln mit dem Wiener Dekadenten Arnolt Bronnen. Einem kurzfristigen Mitarbeiter von Bertolt Brecht – das harte »t« im Vornamen hat er offensichtlich von ihm abgeschaut – und Autor des fiebrigen Hecheldramas *Geburt der Jugend*. Worin der den ganzen Expressionismus durchziehende Riß zwischen dumpfer Sinnlichkeit und höchster geistiger Ekstase auf Pennälerniveau absackt. Ersteres ausgedrückt in den sprachohnmächtigen obszönen »Versen«: »Ich krieche in ein großes Loch / Der Wollust Loch / In unberührte / Aufschwellende Lippen / Klatscht mein roter Leib hinein …« Die Ekstatik andererseits vertreten durch den angeberischen Schluß: »Nun seh ich Gott / Nun sind wir Gott / Gieriger wachsender herrschender Gott / All Gott / W-i-i-r Gott / W-i-i-r Gott!« Dazu Alfred Döblin: »Herausfordernder Instinkt für den Dreck.«

Was Bruckners *Verbrecher* betraf, so schockierten sie vor allem durch ihre neue Moral: Wir sind alle jedes Verbrechens fähig, hängt bloß vom Milieu und den Umständen ab. (Was ja zweifellos seitdem von den Medien, vorab dem Dokumentarfilm des deutschen Fernsehens, verinnerlicht wurde.) Als revolutionär galt, obwohl schon beim mittelalterlichen Mysterienspiel und im russischen Konstruktivismus angewendet – auch Nestroy hat den Trick in *Zu ebener Erde und erster Stock* benutzt –, die systematisch eingesetzte Simultanbühne. Wobei durcheinandergelagerte Bühnensegmente fallweise aufleuchten und bespielt werden:

SZENE 7: Hinterraum der Schankwirtschaft wird erhellt.
Der Kellner Tunichtgut – die Wirtin Kudelka.

TUNICHTGUT (zieht den Rock an): Ich steige lieber aus dem Fenster raus.
KUDELKA (lacht): Wenn *sie* dich rausgehen sieht, wirst du erschlagen?
TUNICHTGUT: Ich liebe keine Differenzen, Madame ist leicht eifersüchtig.
KUDELKA: Das kann ich verstehn.

TUNICHTGUT (schick): Soll das ein Anerkennungsschreiben sein?
KUDELKA (lacht): In jeder Beziehung. Gib mir noch einen Kuß. Du Sensation.
TUNICHTGUT: Man hat seine Erfahrungen.
KUDELKA: Wann kriegst du denn wieder eine Stellung?
TUNICHTGUT: Für mich sorgt der liebe Gott.
KUDELKA: Für dich sorgen die Frauen.
TUNICHTGUT: Ich bin nicht spröde.

Über dieses Erfolgsdrama, in dem ja vor allem multisexuell gesündigt wird, in einer Kritik Egon Friedell: »Das Stück ist zweifellos lebenswahr und lebensecht. Alles kommt in ihm vor: Lustmord, Inzest, Ödipuskomplex, bisexuelle Liebe, Notzucht, Erpressung, Schändung Minderjähriger und so weiter – nur ein Alzerl Sodomie hat mir gefehlt.« Etwa um die gleiche Zeit versucht Autor Bronnen vergeblich, sich in Paris durchzusetzen. Über einen dortigen Empfang der Tagebuchschreiber Harry Graf Kessler: »Bronnen unsicher, süffisant, übel aus dem Munde riechend, aber mit eingeklemmtem Monokel. Eine subalterne, schwache, nervöse Natur, ein pervertierter Spießer. So sagte er zu dem Schauspieler Wegener: Wissen Sie, Herr Wegener, ich mag Sie nicht, und Sie mögen mich nicht.« Dazu paßt, daß der ehemalige Linke sich jetzt den Nazis andient. Er wird zum Leiter der Literarischen Funk-Stunde in Berlin, aber schon 1937 aus der Reichsschrifttumskammer wieder ausgeschlossen. Stößt dann zum österreichischen Widerstand, wendet sich nach dem Krieg dem Kommunismus zu und endet in Ostberlin.

Der Weltmeister im Halswenden jedoch – zumindest bis zum Mauerfall – stammt gar nicht aus Österreich, sondern aus Sachsen und hat nur zeitweilig in Wien gelebt. Es ist der Humorist und Mitglied von Kurt Robitscheks berühmtem »Kabarett der Komiker«, Hans Reimann. 1920 schreibt er in *Die Kloake*: »Vor dem Kriege hatte ich üble Erfahrungen mit etlichen jüdischen Bekannten gemacht und galt als Antisemit. Während des Krieges revidierte ich meine Meinung (nichts ist schöner als Meinungen zu revidieren) und legte auf Lebenszeit den Unfug des Antisemitismus ab.« Na ja, nicht ganz auf Lebenszeit. Denn unter Adolf heißt es dann auf einmal bei ihm: »Die Neigung zum Übersteigern wuchert dermaßen im jüdischen Hirn, daß es oft schwerfällt, zwischen Ausgeburten morscher Intellektualität und plattfüßiger Blödelei zu unterscheiden.« Wobei dem früher doch recht originellen Witzbold – er ist der eigentliche Erfinder der literarischen Parodie nach Robert Neumann'schem Muster – gar nicht auffällt, daß er hier ausschließlich mit Versatzstücken aus der Goebbels-Küche jongliert. Als in der SS-Postille *Das schwarze Korps* ein Foto des Komikers Paul Morgan und einigen Leidensgefährten zwischen zwei KZ-Bewachern abgebildet wird, »geduckt, vor Angst und Schlägen halb verblödet« (Carl Zuckmayer), gelingt es Reimann, sich über diese Elendsgestalten auch noch lustig zu machen. Was ihn allerdings keineswegs daran hindert, sich in seiner 1959 erschienenen Autobiographie *Mein blaues Wunder* wieder in Lobsprüchen über die einstigen Wiener Kabarett-Kollegen zu ergehen, inzwischen alle längst emigriert oder ermordet.

20

Ein Indiz für kommendes Unheil ist die von den Christlichsozialen geforderte Wiedereinführung der Zensur. Wobei es nicht einmal so sehr um politische Äußerungen geht – die hemmungslosen Ausbrüche der radikalisierten Blätter heben einander irgendwie auf – als um die sexuelle Moral. Jetzt findet im Bundeskanzleramt ein diesbezügliches Künstlerkollegium statt. Dem autoritären, aber als willensstark geachteten Kanzler Prälat Seipel sitzen in einem zeitlosen Dialog die Spitzen der Wiener Literatur und Musik gegenüber. Darunter Joseph Roth, Arthur Schnitzler, Hermann Broch, Robert Musil, Alban Berg und der erfolgreiche Direktor des Theaters in der Josefstadt, Ernst Lothar, dem wir diese Aufzeichnung verdanken. (Vorgriff auf das befreite Salzburg von 1946. Wo Lothar, auf der Suche nach seinen »arisierten Möbeln«, vom Taxifahrer gefragt wird: »Leiden S' in Amerika auch so unter die Juden?«) Zurück zum Bundeskanzleramt von 1929, wo inzwischen auch unterstützende Telegramme eingelangt sind von Hofmannsthal, Zweig, Werfel, Arnold Schönberg und anderen. Arthur Schnitzler besteht scharf auf der Unzulässigkeit, künstlerischen Absichten einen Maulkorb anzulegen. Seipel: »Verzeihen Sie, Herr Doktor. Woraus geht diese Absicht hervor?« »Aus dem Kunstwert.« »Ist der absolut?« »Relativ wie alles, Herr Bundeskanzler.« »Dann gäbe es kein gültiges Kriterium dafür, was Sie Kunstwerk nennen? Denn der eine hielte für Kunst, was dem anderen als Frivolität oder Blasphemie erschiene?« »Das ist eine Frage der Urteilsfähigkeit.« »Wer besitzt die nach Ihrer Meinung?« »Der Künstler. Und die für die Kunst Empfänglichen. Wozu Politiker selten gehören.« »Gibt es Gegenstände, die sich nach Ihrer Meinung der künstlerischen Gestaltung entziehen? Sich sozusagen von selbst verbieten?« »Alles, was zum Leben und zum Tod gehört, ist Gegenstand der Kunst. Nicht der Gegenstand verbietet sich, sondern nur die unkünstlerische Art, ihn zu behandeln. Der Gegenstand ist frei.« »Herr Doktor Schnitzler, da trennen uns Welten.«

Die Zensur wurde dann aber erst von dem Minidiktator Dollfuß, einem Nachfolger Seipels, 1934 rigoros durchgesetzt.

Immerhin enthielt auch diese Rigorosität, da man sich ja in Wien befand, eine Anzahl Schlupflöcher.

Etwa um die gleiche Zeit muß man uns, im Geografie-Unterricht des Gymnasiums, die Anschaffung von *Professor Hickmanns Universal-Atlas* auferlegt haben. Neu erschienen in dem renommierten Wiener kartografischen Verlag Freytag & Berndt. Dort lesen wir: »Im Laufe der letzten drei Jahre hat sich ein starker Umschwung zugunsten der *neueren Rassenforschung* vollzogen. Dies machte auch hier im Atlas die *neue* Betrachtungsweise nötig. *Nordische Rasse*: Großzügigkeit. Zähigkeit. Gerechtigkeitsgefühl. Lebhafte Phantasie. Begabungen auf allen Gebieten der Wissenschaft und Kunst (vielleicht mit Ausnahme der Musik). Zur Führung bestgeeignetste Rasse der Welt. Neben der Nordrasse sind die Mittelmeerrasse und vielfach auch die dinarische Rasse Mitträger der abendländischen Kultur, doch bieten diese Rassen für den Fall, daß die Nordrasse ausstürbe, keine Gewähr für den Fortbestand des Abendlandes.«

Nanu, und was ist mit der Musik? muß man sich da fragen! Das Ganze verfaßt von einem Dr. Alois Fischer, der wahrscheinlich, wie die meisten Wiener, ein dinarisch-slawisch-magyarisches Mischprodukt darstellt. Und sich mit dieser Phantasterei die »arische« Abstammung auf den Leib stempeln will.

21

»Schwarzer Freitag« (eigentlich ein Donnerstag) an der Wall Street. In New York stürzen sich Spekulanten, die ihr gesamtes Vermögen eingebüßt haben, aus den Fenstern. Beginn der allgemeinen Wirtschaftskrise. In der Öffentlichkeit begreift man diesmal immerhin, daß es um ein weltweites Phänomen geht, anders als beim Wiener Krach von 1873. Als man sich einredete, jüdische Börsenjobber hätten den Zusammenbruch in irgendeiner teuflischen Absicht herbeigeführt – von diesem Jahr datierte ja dann der virulente österreichische Antisemitismus. Nun werden allein in New York 16 Millionen Aktien auf einmal abgestoßen und die Panikverkäufe nehmen kein Ende. Reisende, die ein Hotelzimmer mieten, fragt man vorsichtshalber, ob sie es zum Übernachten oder zum Herunterspringen benötigen!

Jetzt erst wird Österreich zum Armenhaus Europas degradiert, zum »Kranken Mann«. Und das erste, was wir bemerken, sind die sogenannten Bettelautomaten. An Hauswänden der Inneren Stadt angebracht, um die Passanten vor ständiger Belästigung und die Bettler vor dauernder Selbsterniedrigung zu bewahren. Der Automat spendet auf Knopfdruck einige Münzen, die von Betuchteren im Vorübergehen in den oben angebrachten Schlitz eingeworfen werden. Meines Wissens sonst nirgendwo auf der Welt zu finden. Rührend die Überzeugung, kein Bettler würde den ganzen Apparat auf einmal ausräubern. Noch glaubt man an »den Menschen«. Und daß er sich selbst auf anständige Weise aus dem Schlamassel ziehen kann. Wovon nach einigen Jahren Krise keine Rede mehr sein wird!

DRITTER AKT • DIE KRISE
1930–1932

1

Lange bevor ich seinen Sinn verstand, hatte ich das eine Wort aufgeschnappt: Wirtschaftskrise. Schon in der Volksschule gab es Milchausspeisung in Blechnäpfen. Und, viel aufregender, Buntstifte, die uns gratis von amerikanischen Kindern gespendet wurden. Bettler hockten an den belebten Ecken der Inneren Stadt, ihre umgedrehten Schirmmützen vor sich im Staub des Trottoirs. Anfangs stand manchmal noch eine handgekritzelte Papptafel daneben: »Übernehme jede Arbeit«. Später blieben die Tafeln weg, weil es ohnehin keine Arbeit mehr gab. Am verstörendsten die psychotischen »Schüttler« aus dem Weltkrieg, mit ihren unbremsbar wackelnden Köpfen. Jetzt steigt die Zahl der Arbeitslosen von 150.000 auf 300.000 – und wird sich später nochmals verdoppeln! Unter ihnen das wachsende Heer der Obdachlosen. Auf der Simmeringer Haide, die man geniert besucht wie einen Zoo, hausen sie in Erdlöchern. Oder bestenfalls selbstgezimmerten Baracken, aus denen ein Ofenrohr ragt. »I bin a armer Arbeitsloser. Spendieren S' mir an Schilling, Herr Schehf!« Unser Vater kann nicht aus dem Auto steigen, ohne daß jemand den Schlag aufreißt und seine Hand hinstreckt.

Auch zu Hause wird kräftig gespart. Hemden gehen hinaus

zum Wenden der Krägen und Manschetten, Schuhe zum Flicken über dem kleinen Zeh. Sogar Spielkarten müssen in die Reinigung, denn die sind schwer besteuert und dementsprechend kostbar. Auch Fahrräder müssen Nummern tragen und sind gebührenpflichtig. Zigaretten verkaufen sich stückweise in der Trafik. Beim Benzintanken sagt man »Geben S' mir fünf Liter«, die dann mit der Hand aus durchsichtigen Glaszylindern hineingepumpt werden. Unser Hausmeister schenkt seinem Jungen alle Weihnachten das nämliche Kegelspiel in Miniatur. Gegen Herbst wird es dann zurückgenommen und im Schrank versteckt bis zur nächsten Bescherung.

2

Jetzt greift die Politisierung aller gesellschaftlichen Erscheinungsformen radikal um sich. Und Politisierung heißt zu dieser Zeit: Polarisierung. Allein unter den Juden gibt es ein gutes Dutzend verfeindeter Richtungen, von den Assimilanten zu den Zionisten, von den Jiddischisten zu den Hebraisten, von den Bundisten zu den Revisionisten. Alles strebt seiner extremsten Ausdrucksform zu. Nicht nur, welches Abzeichen du im Knopfloch trägst, welcher Studentenverbindung oder Jugendorganisation du nahestehst, stempelt dich ein für allemal weltanschaulich ab, als Kumpel oder als auszurottender Todfeind! Sondern auch dein Hundezüchterverein, dein Philatelistenklub, ja dein habitueller Kaffeehaustisch! Und jeder liest ausschließlich das Journal, das ihm Messianisches für morgen, spätestens übermorgen verspricht: Liberale die *Neue Freie Presse*, Kirchentreue die *Reichspost*, Nazis die »Dötz« genannte *Deutsch-Österreichische Tageszeitung*, Arbeiter natürlich die *Arbeiterzeitung*.

Diese wird von Chefredakteur Austerlitz und anderen Partei-

Intellektuellen streng dogmatisch geleitet. Kann etwa Josephine Baker als akzeptabel gelten, da doch von den Bürgerlichen verunglimpft? Oder zählt sie eher zu den Spaßmachern der Bourgeoisie, die das moralische Gefüge der Arbeiterklasse aufweichen? Schwerwiegende Entscheidungen, unter vielen jüdischen Seufzern zu treffen. Ohnehin wächst das niveauvolle Blatt schließlich seinen Lesern über den Kopf. Die Partei beschließt, eine halbformatige Volkszeitung herauszubringen, das *Kleine Blatt*. Ein genialer Wurf, der bald seine 200.000 Leser erreicht. Kernstück des Blattes für uns Jugendliche: Einer der ersten politischen Comics Europas, der »Seicherl«. Gezeichnet von dem Urwiener – er stammt aus dem Arbeiterbezirk Ottakring – Ladislaus Kmoch.

Tobias Seicherl, was im Wienerischen kleines Sieb bedeutet (»er hat ein Hirn wie ein Sieb«), ist ein kurzbeiniger, schnauzbärtiger »Schropp« von einem Nichtstuer mit Gurkennase, einem lächerlichen Spitzhut samt aufgesteckter Blume und einer ganz inkongruenten Shagpfeife. Ein bornierter, beschränkter, ewig raunzender Spießer, ein Neidhammel und Stänkerer, zutiefst reaktionär, wenn auch im gemütlichsten Wienerisch, obendrein verfressen und versoffen. Kurz, die ideale Feindfigur des »klassenbewußten österreichischen Arbeiters« ... und natürlich auch sein Spiegelbild! Denn er stellt ja nicht minder (daher sein Massenappeal) den kleinen Mann dar, auf dem jeder herumhackt, dem alles danebengerät, den ewigen Pechvogel, Dick und Doof in einem. Seicherl, das sind letztlich wir selber in unseren blamabelsten Momenten. Diese Jammergestalt, die im Schlußbild jedes Strips in der Patsche steckt, verprügelt oder per Fußtritt hinausbefördert wird, ist der politische Feind in Form eines nur allzu menschlichen, absurden und höchst wienerischen Zwergerls. Was kann uns schon passieren, solang unsere Gegner so tolpatschig daherkommen, lautet seine – gefährliche – Message. Beigegeben ist dem Seicherl ein sprechender Hund unbestimmbarer Rasse, Struppi genannt. Der den gesunden Menschenverstand vertritt und demgemäß den Sozialismus. In welche Bredouille Seicherl immer hineingerät, Struppi hat es ihm vorausgesagt, Struppi triumphiert. Aber schon am nächsten Tag ist Seicherl wieder aktionsbereit, um von neuem alles besser zu wissen und alles auszuprobieren. Ob er sich nun Seipel als Minister anträgt, Hitler im Braunen Haus seine Ratschläge verzapft oder den Genfer Völkerbund in unverständlichem Hernalserisch um eine Anleihe für Österreich anschnorrt: »Schaun S', meine Herrn, mir brauchen dringend a ›Marie‹! Unsere Industrie is ›tschari‹, der Außenhandel is ›habidehre‹, die Bevölkerung is ›Neger‹.« Auch sein Vorbild Charlie Chaplin wird, in einem hintergründigen Strip, bei einem Wiener Aufenthalt im Hotel besucht. Und hält Seicherl für eine der gelungensten Masken, die ihm je unterkamen. Dazu Seicherl: »Wieso Maske? Des bin ja i!«

Bald ist Seicherl die beliebteste Figur Wiens. Ich selbst trage ein ganzes Bündel der Strips, ausgeschnitten und wie ein Heft zusammengenäht, zum Herzeigen in der Jackentasche. Seicherl, dieses miese Ekelpaket, das man eigentlich verabscheuen müßte, erscheint in Maskerade bei Arbeiterfesten und roten Kränzchen, gewinnt Wettbewerbe als Schneemann, sogar Streichhölzer werden nach ihm genannt. Gewiß ein Zeichen von überlegenem Humor: Man erkennt sich in seinem Gegner wieder, ja identifiziert sich mit ihm! Nur raubt ihm das auch jeden Effekt als Propagandawaffe.

3

Dreißig Groschen kostet die Straßenbahnkarte von Döbling hinein in die Innere Stadt. Um sie zu sparen wandere ich häufig zu Fuß. Etwa eine Stunde Wegs, versüßt durch die Auslagen zahlreicher Buchläden und Antiquariate. In einem entdecke ich Musils neuerschienenen *Mann ohne Eigenschaften*, bereits mehrmals von unserem Onkel Robert vor versammelter Familie herausgestrichen. Die aber andere Sorgen hat. Eintausend Seiten im Dünndruck, wie sich beim Durchblättern herausstellt. Erst später erfahren wir, daß dies erst der Anfang einer nicht enden wollenden Geschichte sein wird: Noch bei Abschluß des dritten Bandes ist wahrscheinlich erst die Hälfte der geplanten Story erreicht! Aber hat diese »Parallelaktion« tatsächlich stattgefunden, mit der kurz vor Kriegsausbruch die sich verselbständigende Bürokratie »Kakaniens« dem reichsdeutschen Kaiserjubiläum, mittels eines dito habsburgischen, den Rang ablaufen will? Und wenn schon – wen soll das jetzt noch interessieren? Der Roman, in bloß 5000 Exemplaren von Rowohlt herausgebracht, verkauft sich miserabel. Als man später zu einer zweiten Auflage schreitet, genügen mickrige 2000 Stück. Und das trotz Thomas Manns Empfehlung (aber wen empfiehlt er nicht?): »Dies Buch ist kein Roman mehr, weil, wie Goethe sagt, alles Vollkommene in seiner Art über seine Art hinausgehen und etwas anderes Unvergleichbares werden muß.«

Immerhin darf hier – nur zwölf Jahre nach der Abschaffung der Monarchie und zwei Jahre vor Joseph Roths *Radetzkymarsch* – ein Loblied auf die Menschlichkeit des verflossenen Staatsgebildes gesungen werden! Das trotz der, den ganzen Roman durchziehenden, Ironie (Ironie hieß, mit seinen eigenen Sentimentalitäten Fußball spielen) durchaus ernst gemeint ist. »Überhaupt, wie vieles Merkwürdige ließe sich über dieses versunkene Kakanien sagen. Es war nach seiner Verfassung liberal, aber es wurde klerikal regiert. Es wurde klerikal regiert, aber man lebte freisinnig. Vor dem Gesetz waren alle Bürger gleich, aber nicht alle waren eben Bürger. Nicht nur die Abneigung gegen den Mitbürger war dort bis zum Gemeinschaftsgefühl gesteigert, sondern es nahm auch das Mißtrauen gegen die eigene Person und deren Schicksal den Charakter tiefer Selbstgewißheit an. Man handelte in diesem Land immer anders, als man dachte, oder dachte anders, als man handelte …«

Bis dann, nur unbegreiflich wenige Jahre später, diese zutiefst menschlichen Widersprüche über Bord geworfen wurden – wofür? Vielleicht nur für den Rausch des Aus-einem-Stück-sein-Dürfens, den Hitler anbot. Was Joseph Roth betrifft – ich weiß nicht, ob die beiden sich je kennenlernten –, so schreibt er sechs Wochen nach Abschluß seines *Radetzkymarsch* an einen Freund: »Mein stärkstes Erlebnis war der Krieg und der Untergang meines Vaterlandes, *des einzigen* das ich je besessen: der österreich-ungarischen Monarchie.« Wie bezeichnend für ihn, daß sein großes Erlebnis nicht das Miterleben des Vaterlandes war, sondern dessen Untergang!

4

Erich von Stroheims *Hochzeitsmarsch* im Kino gesehen, obwohl nicht jugendfrei. Manchmal, wenn nicht genügend Publikum aufkreuzt, läßt einen die Kassiererin durchrutschen. Was sieht man da? Typisch altösterreichische Figuren, von Hollywoodschauspielern verblüffend ähnlich nachgestellt. Oder besser gesagt: karikiert. Man kennt sie wieder, wenn nicht nach der Natur so nach den Witzblättern. »Stroheim zog aus, um seiner Heimat ein Monument der Charakterhäßlichkeit zu setzen – und was blieb? Ein Monument seiner vergangenen Kulturschönheit.« (Anton Kuh) Erst später begriff ich, daß das, was wir damals für eine maßlose Verherrlichung des kaiserlichen Wien gehalten hatten, gleichzeitig eine Abrechnung war. Stroheims Lieblingsthema, der Vornehme und das süße Mädel, von Schnitzler abgeschaut und mit Freud versetzt, dient hier dazu, sich selbst in strahlend weißer Paradeuniform zu glorifizieren ... aber auch zu entlarven! Stroheims zweischneidigen Drang zur Angeberei und zur Selbstpersiflage hat dann Billy Wilder, mit der zweifelhaften Figur des Chauffeurs Von Mayerling, in seinem *Sunset Boulevard* tiefsinnig aufgearbeitet.

Drei Jahrzehnte später: Zusammentreffen mit Stroheim in seinem einfachen Landhaus bei Paris. Dieses hat er sich von seiner Gage als Festungskommandant Von Rauffenberg in dem Film *Die große Illusion* gekauft. Worin Regisseur Jean Renoir sehr schön seinem preußischen Junker, und auch dem feinsinnigen französischen Adeligen, den aus der Volkshefe stammenden Sergeanten Jean Gabin gleichwertig gegenüber stellt. Einer der »defätistischen« Filme, die (wie auch *Hafen im Nebel* mit Gabin als Deserteur) kurz darauf zum schmählichen Debakel der französischen Armee vor den Nazis beigetragen haben sollen. Jetzt also Stroheim, rittlings auf einem aufgebockten Sattel thronend, als wäre er tatsächlich geborener Kavallerist und nicht der ausreißerische jüdische Hutmachersohn. Ist beglückt, daß ich seine Regieleistungen kenne, da die meisten seiner Fans ihn ja nur noch als Schauspieler wahrnehmen. Unvermeidlich die Frage, warum er nie wieder nach Österreich zurückgegangen sei: »Erinnerungen sind schlafende Löwen – wozu sie aufwecken?« Auf die Erkundigung, wieso er seine glänzende Regielaufbahn so früh beendet habe, antwortet er mit einer bitteren Anekdote:

»Ich galt ja als Fanatiker authentischer Ausstattung. Alles mußte stimmen. Meine altösterreichischen Offiziere trugen Seidenunterhosen mit kaiserlichem Monogramm, auch wenn man nichts davon im Bild sah. Es war eben entscheidend für die Haltung! Damit *fühlten* sie sich als Offiziere! Einmal filme ich in langen Fahrten nur unzählige aufgereihte Schuhpaare: Lackschuhe, Stiefeletten, Reitstiefel, alle mit ihren hölzernen Leisten. Produzent Irving Thalberg kommt dazu: Was drehen Sie da? – Ich will zeigen, daß mein Held ein Fußfetischist ist. – Und Sie, sagt Thalberg nicht unwitzig, sind ein ›footage fetishist‹. Mit anderen Worten einer, der unnötig Filmmeter verschwendet. Kurz darauf wurde ich gefeuert. Thalberg war erst in seinen frühen Zwanzigern, er mußte seine Autorität beweisen. Und ich war das Beweisstück.«

Auch den zweiten der großen Wiener mythomanischen Filmemacher mit falschem Adelsprädikat habe ich in Paris kennengelernt, Josef von Sternberg. Der längst von Hollywood abgetane Regisseur war nach Europa gereist, um seine Autobiographie zu bewerben, die er kurioserweise *Fun in a Chinese Laundry* nannte. Womit er wieder einmal alle Leute vor den Kopf stieß. Und das schien auch seit langem sein Hauptanliegen zu sein, weil es ihm Gelegenheit bot, die Welt mit der ihr zustehenden Bitternis zu betrachten. Da sitzt nun der schmächtige, eine Spur zu kalifornisch geckenhaft gekleidete Mann bei einer minimal besuchten Pressekonferenz. Will kein Wort Deutsch mehr verstehen und weigert sich auch strikt, Marlene Dietrich zu erwähnen. Mit der er doch ein Halbdutzend Meisterwerke geschaffen hat – und die im Gegensatz zu ihm nie müde wird, ihren »Lehrmeister« zu preisen. Aber auch der *Blaue Engel* darf nicht genannt werden, da ein »Jugendwerk«. Ja, Sternberg läßt eigentlich nur seinen letzten Film gelten, der nun aber auch schon etliche Zeit zurückliegt:

Die Sage von Anatahan. Anscheinend die Geschichte einer einsamen Insel im Pazifik, auf der eine Gruppe versprengter japanischer Soldaten zurückbleibt, ohne je vom Kriegsende zu erfahren. Und dort ein kameradschaftliches Dasein führt ... bis es, wie könnte es anders sein, eine junge Frau in das Dschungelparadies verschlägt, und dann ist die Hölle los. Nicht gerade ein Thema für das heutige Amerika, um so weniger als er es offenbar aus Geldmangel in einem japanischen Palmenhaus drehen mußte! Welch ein Schicksal...

Schließlich, da – schlechtes Zeichen – niemandem mehr eine Frage einfällt, erzählt Sternberg selbst eine Anekdote: »Wenn mich jemand danach ausfragt, was denn ein Regisseur zum Erfolg braucht, dann erwähne ich ganz fürchterliche Dinge. Ich sage, er muß sämtliche Sprachen beherrschen, er muß die Geschichte des Theaters und des Films studiert haben, er muß Psychoanalytiker sein und jedes menschliche Gefühl begreifen usw. Will er dann herausfinden, ob ich wirklich selber alle diese Dinge gekannt habe, dann sage ich: Natürlich nicht. Aber ich habe auch keinen gefragt, wie man Regisseur wird!«

Abrupt bricht Sternberg die Vorstellung ab, weil er noch heute eine Fähre nach England erreichen muß. Erst viel später lese ich, bei dem britischen Filmhistoriker Kevin Brownlow, daß er sich dort in einem Studio der Londoner BBC vor laufender Kamera herbeiließ, etwas von seiner gerühmten Beleuchtungskunst vorzuführen. Da hätte er eine beliebige Sekretärin vor einer Wand aufgebaut und zahllose Scheinwerfer ausrichten lassen, um dann zuletzt ungeduldig einen »Cookalourus« zu verlangen. Wobei sich nach einigen Übersetzungsschwierigkeiten herausstellte, es handle sich hier um eine Tafel mit unregelmäßig hineingebohrten Löchern. Diese aufgefunden, habe er sie vor das Führungslicht gesetzt. Was dann dem Gesicht eine so eigentümlich fleckige Verschattung gab, daß am Ende einer der Techniker ausrief: »Aber das ist ja die Dietrich!«

Kokolores ist übrigens ein jiddisch-wienerischer Ausdruck für nichtssagende Kleinigkeiten. Und wurde einst von literarischen Neidern auf die Kurzprosa von Alfred Polgar angewendet: »Was schreiben Sie jetzt, Herr Polgar? Immer noch Kokolores?« Oder, nach anderen Ohrenzeugen: »Immer noch Lozelach?« – ein ähnlich herabwürdigender Ausdruck.

5

Tod von Arthur Schnitzler, der, nicht weit von unserer Döblinger Wohnung, in der Sternwartestraße eine herrschaftliche Villa besaß. »Er ist ein Frauenkenner«, hieß es bewundernd in den bürgerlichen Familien. Deren Oberhäupter geschäftlich viel zu ausgelastet waren, um auf Frauenwünsche ansprechbar zu sein (die sich dann in Freuds Kabinett zu äußern pflegten). Ansonsten gilt Schnitzler als »überholt«, da ja man heute offensichtlich andere Sorgen hat als Liebe und Untreue, verfehltes Leben und schlechten Tod ...

Daß der Autor über Jahre hinweg an einem Stück über einen anderen Frauenkenner laborierte, nämlich Peter Altenberg, ohne es je befriedigend zum Abschluß zu bringen, erfuhr man erst später. Es hieß »Das Wort« und beruhte auf einer wahren Begebenheit: Da hatte P. A. einem jungen Mann, der in unerwiderter Liebe zu Lina Loos entbrannt war, angeraten, seinem Leben freiwillig ein Ende zu setzen: »Stirb, sie ist eine Göttin!« Was dieser, er hieß Hans Lang, umgehend tat. Darauf P. A., von Schnitzler zur Rede gestellt: »Aber es waren doch nur Worte.« »Dann können wir aber ebensogut bellen!« In dem Stück treten u. a. Lina Loos als Frau Lisa Zack, Polgar als Herr Gleissner,

Frieda Strindberg als Frau Flatterer und Altenberg als der Dichter Anastasius Treuenhof auf. Schon dieses allzu edle Pseudonym – Schnitzler liebte die latinisierten Namen – weist auf einen Grund hin, warum das Stück nicht klappen konnte: Der auch in Deutschland vielgespielte Autor hat, wie oft, sein Drama aus dem Lokalen ins Allzumenschliche gehoben. Also aus der typisch wienerisch-jüdischen Atmosphäre eine ortlose Boheme gemacht, die sich im gewähltesten Hochdeutsch ausdrückt. Und aus Altenberg eine klassische Komödiantenfigur ohne die spezifischen erotischen Macken, die ihm ja erst die Farbe gaben… Die Sache erinnert übrigens an eine Geschichte über den Beat-Poeten Allen Ginsberg, ein halbes Jahrhundert später. Dieser war einmal während eines Protestmarsches in den amerikanischen Senat eingedrungen und begann nun, die Senatoren wütend zu beschimpfen, worauf ihn einer von ihnen niederboxte. Darauf der am Boden hingestreckte Dichter verständnislos: »Aber es waren doch nur Worte!«

Auch Hofmannsthal hat sich mit der Figur P. A. befaßt, einem Autor, der »guten Gewissens über Nichtigkeiten schreibt«. In seinen Aufzeichnungen berichtet er von einer Beratung der Freunde Altenbergs, um ihm aus seiner Armut zu helfen – vielleicht in Nachahmung einer ähnlichen Pariser Aktion für Paul Verlaine, Jahre zuvor. Diesmal ist es Lina Loos, die ihrerseits dafür plädiert, P. A. »in Schönheit sterben« zu lassen. Da schnellt dieser wutentbrannt aus seinem Stuhl: »Dumme Gans! Ich will nicht sterben, ich will leben! Ich will ein warmes Zimmer und einen Gasofen, einen amerikanischen Schaukelstuhl, eine Rente, Orange Jam, Kraftsuppe, Filets mignon! Ich will leben!«

6

Eine Sonderstellung unter den Wiener Kaffeehäusern – sie sehen sich natürlich alle in Sonderstellung – nimmt bis heute das Landtmann neben dem Burgtheater ein. Was offenbar damit zu tun hat, daß die Burgtheatermimen (die lieber hier als in die Hauskantine einkehren) sich ja wie alle Schauspieler einerseits als Bohemiens betrachten, andererseits als Auserwählte, also ein Künstlerlokal mit bürgerlichem Zuschnitt brauchen. Wo auch der schwärmerische und vertrauliche Umgang hinpaßt, den die Wiener mit ihren Bühnenkünstlern pflegen, wenn auch leider nicht mit ihren Intellektuellen. Dazu Zweig: »Es war herrlich, in Wien ein Liebling zu sein, aber es war nicht leicht, Liebling zu bleiben; ein Nachlassen wurde nicht verziehen. Und dieses Wissen um das ständige und mitleidlose Überwachtsein zwang jedem Künstler sein Äußerstes ab und gab dem Ganzen das wunderbare Niveau.«

Hier im Landtmann verkehrten sie alle, »die« Bleibtreu (Hedwig), »die« Schneider (Magda), auch die Thimigs Vater und Sohn, Hans Moser, Max Reinhardt, Nora Gregor (die mit dem Heimwehrführer Starhemberg liiert war), Paula Wessely. Und Autoren wie Thomas Mann, Felix Salten, Franz Theodor Csokor, Ferdinand Bruckner, bis hin zu dem unseligen Bauerndichter Richard Billinger. Und nicht zuletzt die Theaterheroine Adele Sandrock. Wir selber kannten sie allerdings nur mehr als verschrumpelte komische Alte mit Kneifer und Spitzenhäubchen, in solchen filmischen Meisterwerken wie *Vielleicht bist du das große Glück* oder *Jonathans Glückszylinder*!

Da sitzt sie nun zeitunglesend auf der Terrasse, was ich mir als jugendlicher Autogrammjäger nicht entgehen lassen kann. Ich trete demnach zu ihr hinüber, erkläre mich als Verehrer und zücke den Block. Sie starrt mich mit vernichtendem Blick an. »Und um wieviel Geld tauschen Sie die Autogramme, bittschön?« »Um dreißig Groschen«, stottere ich verlegen. »Na ja, unser Herr Jesus Christus war auch nicht mehr als dreißig Silberlinge wert.« Sie kramt aus ihrer Handtasche einen Schilling. Und mit ihrer tiefsten Stimme: »Da – kaufen Sie sich einen Eislutscher! Und jetzt lassen Sie mich in Frieden!« Natürlich hatte ich, wie wir alle, keine blasse Ahnung, daß »Dilly« einst eine gefeierte Schönheit gewesen war. Die unter anderem Schnitzlers *Liebelei* zum Durchbruch verhalf. Obwohl sie eigentlich die Chancen des Dramas ziemlich skeptisch einschätzte: »Dein Stück wird mindestens einmal hintereinander laufen!« Und den jüngeren und damals noch etwas schüchternen Dichter – oder war es die begründete Angst, dieser fleischfressenden Pflanze nicht gewachsen zu sein? – mit dem Ruf: »So, und jetzt marsch ins Bett mit Ihnen« zu ihrem Schlafzimmer trieb. Auch das umwerfende Porträt der »Schauspielerin« im *Reigen* kann nur sie sein – unbegreiflich, daß man diese brillant persiflierten Dialoge einmal als Ferkeleien abtat:

SCHAUSPIELERIN (im Bett mit dem Dichter): Du möchtest wohl gerne ein Verhältnis mit mir haben? DICHTER: Das dürfte dir doch bereits klar sein. SCHAUSPIELERIN: Nun, das möchte wohl mancher… DICHTER: Es ist aber nicht zu bezweifeln, daß in diesem Moment ich die meisten Chancen habe. SCHAUSPIELERIN: Nun, wen betrüg ich gerade? DICHTER: Wen?… Vielleicht mich… SCHAUSPIELERIN: Mein Kind, du bist schwer gehirnleidend. DICHTER: Oder einen … den du selbst nie gesehen … einen, den du nicht kennst, einen – der für dich bestimmt ist und den du nie finden kannst… SCHAUSPIELERIN: Ich bitte dich, rede nicht so märchenhaft blöd. DICHTER: Ist es nicht sonderbar, … auch du – und man sollte doch glauben. – Aber nein, es hieße dir dein Bestes rauben, wollte man dir ... komm, komm – – komm –

Und danach die vielsagende Reihe von Gedankenstrichen, die damals, mehr als alle Dialogstellen, die öffentliche Moral zum Schäumen gebracht hat... In Schnitzlers lebenslangen Tagebüchern zu finden – unter 19.000 Eintragungen! – seine penibel vermerkten Bettrekorde mit Dilly (bis zu sechs). Sowie Notizen über seine Liebesbriefe, in denen die Adressatin als Dämon, Genie, Fratz oder Canaille angeredet wird, dazu ihre eigenen beleidigenden Koseworte: Mein einziger Zwerg, mein ideales G'scheiterl, du süßes Menschenfleisch, und einmal sogar: Ein Lustknabe bist du, kein Autor, laß dir das gesagt sein! – Schließlich die wachsende Entfremdung: »Ich will ein junges frisches Mädel!« »Brief und Blumen von Mz., Abds. bei Dilly, nachts bei Jenny.« (Wobei nicht klar wird, ob es sich um »Mizzi 1« oder »Mizzi 2« handelt.) Auch ihrerseits gibt es teils parallel laufende Affären mit Schnitzlers Kollegen Felix Salten, mit dem Burgtheaterdirektor Burckhard, dem Humoristen Roda Roda, mit dem sie sich sogar einmal verlobt, und wem nicht sonst alles. Am Ende dann ihr resigniertes: »Kind – Dich hab ich geliebt – na Schluß –«.

Nichts davon ist dem unbedarften Jugendlichen bewußt, der da auf der Caféterrasse sitzt und nach weiteren Prominenten Ausschau hält. Von den Kellnern wohlwollend in Ruhe gelassen, auch wenn schon längst auf dem Tisch nur mehr das obligate Blechtablett mit einem Glas Wasser steht.

7

»Bolschewismus oder Gesundung unseres Volkes, Barbarei oder Gottesglaube, Kommunismus oder Deutschtum...« Mit derlei zugespitzten Hetzparolen operiert die Heimwehr. Ein paramilitärischer Kampfverband der Rechten, der sich jetzt rapide zur staatsgefährdenden Rabaukenarmee ausweitet. Natürlich proklamieren dagegen die Sozis eifrig den bevorstehenden Untergang der Bourgeoisie und die Diktatur des Proletariats, was auch noch ihre letzten bürgerlichen Anhänger verschreckt. »Bundesführer« der Heimwehr ist ein Fürst Rüdiger von Starhemberg – sein Vorfahr war einst Befreier Wiens von den Türken, den Wienern ist's wie gestern! Ein fesches Mannsbild, ein Frauenheld und reicher Gutsbesitzer. Der seine Truppe sogar zum Teil aus eigener Tasche bezahlt (der andere Teil kommt von Mussolini). Er sieht sich nicht als Nazi, sondern als Faschist, zu dieser Zeit eine anerkannte Weltanschauung. Auch Schnitzlers Schwiegersohn, der Mann seiner Tochter Lilli, war ja Capitano bei den römischen Schwarzhemden, worüber der Dichter kein Wort verliert. Außer daß der Gute leider damit auf finanzielle Zuwendungen seines Schwiegervaters angewiesen ist.

Starhemberg beherrscht den freudigen antisemitischen Tonfall der Zeit. Über den Stadtrat Breitner, dem Wien immerhin sein Wohlfahrtsprogramm verdankt: »Bevor nicht der Kopf dieses Asiaten in den Sand rollt, wird der Sieg nicht unser sein.« Seine Heimwehr ist erdnah mit grünen Windjacken und grünem Jägerhut samt Hahnenschwanz ausgerüstet, am Gürtel ihre Lieblingswaffe im Straßenkampf: ein scharfgeschliffener Spaten. Dieser bedrohliche Fürst – Titel sind eigentlich verboten, aber hier macht man eine Ausnahme – wird nun, man hält 1930, zum Innenminister ernannt, also der Bock zum Gärtner! Und zwar von Bundeskanzler Schober, dem Schießbefehlgeber gegen die Demo am Justizpalast. Gleichzeitig ernennt man Görings Schwager Hueber zum Justizminister! Es folgen massive Putschdrohungen der Heimwehr, um die ganze Macht im Land an sich zu reißen. Im Gegenzug radikalisiert sich der Republikanische Schutzbund der Sozis, der jetzt sowjetähnliche Uniformen trägt. Diese beiden Verbände bei jeder sich bietenden Gelegenheit unter Sprechchören und Drohgebärden auf der Ringstraße aneinander vorbeimarschieren zu sehen, gehört zu den Spektakeln, die wir uns ungern entgehen lassen. Natürlich sind beide Seiten schwer bewaffnet. So findet man bei Durchsuchung eines Ottakringer Arbeiterheims nicht weniger als 732 Gewehre, sechs MGs und 1000 Handfeuerwaffen. Die umfangreichen Waffendepots der Heimwehr allerdings bleiben unangetastet. Im *Kleinen Blatt* heißt einer der ersten Comics über Seicherl, den Antihelden: »Seicherl sucht Waffen«.

Bild 1: Seicherl mit Struppi vor einem Kellerfenster. Seicherl: »Jessasmarandjosef, da san die Waffn von die Sozi, was die Polizei suacht!« Bild 2: Seicherl und Struppi laufen aufgeregt durch die Straße. Seicherl mit wild fuchtelnden Armen, Hut, Regenschirm und sogar Pfeife verlierend: »Polizei, Schutzbundwaffn!!« Bild 3: Polizisten tragen stolz Gewehre fort. Seicherl springt vor Freude: »Gott sei Dank, sie haben's scho!! Wird die Heimwehr a Freud habn!!« Bild 4: Seicherl bekommt seine übliche Abreibung von knüppelschwingenden Hahnenschwanzlern. Einer: »Trottel, Tepp, die Waffn ham der Heimwehr g'hört!!«

8

Im Mai dann »Großkundgebung« der Heimwehr in Korneuburg. Dort wird ein Manifest beschworen, in dem es marktschreierisch heißt: »Wir wollen nach der Macht im Staate greifen. Wir verwerfen allen westlichen demokratischen Parlamentarismus. Jeder Kamerad kenne nur drei Gewalten: den Gottesglauben, seinen eisenharten Willen, das Wort seiner Führer.«

Schon bald darauf kann die Heimwehr ihre Saalschlachtenbummler in Aktion vorführen, als der Film *Im Westen nichts Neues*, nach dem pazifistischen Erfolgsroman von Erich Maria Remarque, auch in Wien anläuft. Ein Hollywoodstreifen von Lewis Milestone, der, gerade ein Dutzend Jahre nach dem Weltkrieg, mit überraschender Sympathie den Kampf durch deutsche Augen zu sehen versucht. Ungeschönte Schlachtbilder, vor allem ein erstaunlicher Überflug der beiden gegnerischen Schützengräben während eines Sturmangriffs, die damit als zusammengehörig aufgezeigt werden. Wie man hört, hat sich die Produktionsfirma Universal den Film die zur Zeit ungeheure Summe von über einer Million Dollar kosten lassen. Und zwanzig Morgen kalifornisches Farmland sowie zahlreiche Komparserie zur Verfügung gestellt. Die Kriegsaufnahmen sind so realistisch, daß manche später als Dokumentarmaterial durchrutschen (wie ja auch schon der berühmte Sturm auf das Winterpalais von Eisenstein). Das Schlußbild, noch effektvoller als im Roman: Landser Paul, der frühere Schmetterlingssammler, greift durch die Verschanzung seines Schützengrabens nach einem vorbeiflatternden Falter und wird dabei von einer feindlichen Kugel getötet.

Doch das darf nicht sein. Deutsche Soldaten, von österreichischen nicht zu reden, fallen, wenn überhaupt, nur bei Sturmangriffen und unter Hurragebrüll. Dementsprechend demonstriert die Heimwehr, im Verein mit Nazis, täglich im »Schwedenkino«. Wie auch schon vorher in Berlin werden Stinkbomben geworfen, Mäuse im Saal ausgesetzt. Ein Plakat eifert gegen die »Beschimpfung der deutschen Nation durch fremdrassige Etappenschweine« – wobei jeder weiß, wer gemeint ist. Als man zuletzt noch das Kino in Brand setzt und sich ein »deutscher Turner« mit einem Knallfrosch selber in die Luft jagt, darf die Regierung den Film aus »Sicherheitsgründen« endgültig verbieten.

Dann im September 1931: Putsch der steirischen Heimwehr unter ihrem Kommandanten Walter Pfrimer. Sie droht, mit ihren 14.000 Mann zu einem »Marsch auf Wien« à la Mussolini anzusetzen und Pfrimer zum »Staatsführer« zu ernennen. Starhemberg ruft zu einer »Gesamtaufbietung« seiner Truppe auf, wobei keiner genau weiß, ob für oder gegen den Putsch. (Wahrscheinlich dagegen, denn wo bliebe am Ende er?!) Schließlich endet alles mit einem typisch österreichischen »Pallawatsch«. Pfrimer flieht nach Jugoslawien, kehrt später zurück und wird – was sonst – in Graz einstimmig freigesprochen. Später belohnt ihn Hitler mit einem Reichstagsmandat. Auch Starhemberg wird verhaftet, aber nach sechs Tagen wieder freigelassen, da er angeblich nur ein »Manöver« veranstaltet habe. Immerhin gibt es mehrere Tote und Verletzte. Ein paar Jahre darauf, beim Arbeiteraufstand vom Februar 1934, wird es weniger revuehaft zugehen.

Opportunist Starhemberg mit seinen Mannen, den »Hahnenschwanzlern«, stellt sich jetzt an die Seite der christlichsozialen Regierung. Und damit den österreichischen Nazis entgegen, den »Hakenkreuzlern«, auch »Hakinger« genannt. Comic-Held Seicherl, darob schwer enttäuscht, unternimmt die Gründung einer faschistischen Einheitspartei.

Bild 1: Seicherl und Struppi auf der Straße, im Hintergrund zwei lauschende Heimwehrler. Seicherl mit Zeitung: »Wos les i do? Der Starhemberg ist ganz harb (bös) auf die Hakenkreuzler? Struppi, soll i jetzt zu den Hahnenschwanzlern oder den Hakenkreuzlern halten?« Struppi: »Wos waß denn i, welche die Blederen san?« Bild 2: Seicherl: »Struppi, i hab a Idee! I gründ a neuche Partei für alle zwa miteinand. An g'schickten Namen brauchat ma halt.« Bild 3: Seicherl: »Hakenschwanzkreuzlhahner? Schwanzlkreuzlhahnenhakler? Kreuzlerschwanzlhakenhahnler?« Struppi (skeptisch): »Er wird scho drauf kumman.«

Die zwei Heimwehrler im Hintergrund machen sich aktionsbereit: »Woos sagt der? Er wüll uns pflanzen (aufziehen)!« Bild 4: Die beiden Heimwehrler stürzen sich mit geschwungenen Knüppeln auf Seicherl. Struppi: »Des is bitter, wenn ma von den eigenen Leut'n Treff kriagt (Schläge bekommt)!«

9

Aber noch empfinden wir die Bedrohung nicht als tödlich. Es ist wie später im Krieg: Solange gelacht und gegessen wird, kann die Gefahr nicht so akut sein, denkt man. Inzwischen haben sich die Jugendlichen, mit denen wir verkehren, und wiederum deren Freunde zu einem Jugendbund zusammengetan. Gehörte früher die Bildung der Söhne zu den sonntäglichen Obliegenheiten jüdischer Väter – die Töchter überließ man gern ihren Müttern und Haushaltschulen –, so ist es jetzt der »Bund«, der uns übernimmt. Besser gesagt, wir übernehmen uns selber. Sind für uns selbst verantwortlich. Da halten wir uns dauernd auf Trab, organisieren Osterlager und Pfingstlager in Zelten, Sommerlager in selbstgezimmerten Hütten an Kärntner Seen und Skilager bei Bergbauern, dazu jeden Sonntag bei gutem Wetter Ausflug, Mittwoch Heimabend im Lokal. Und überall wird viel rezitiert und vorgelesen. Alles pure Kameradschaftswonne, Jugendrausch, Hüttenzauber – gemäß unserem Leib- und Magenbuch, Wilhelm Speyers *Kampf der Tertia*. Der Bund, das waren nicht die offiziellen Pfadfinder – die hießen zwar nach Sankt Georg, meinem Namenspatron, aber auf unseresgleichen verzichteten sie dankend: Arier unter sich. Wir hingegen nennen uns »bündische Jugend«. Das hatte etwas mit dem symbolischen Bundschuh der Bauernkriege zu tun, dem Kampf gegen Herrschaftsdenken und auch religiöses Muckertum. (Nachher gelang es den Nazis, diesen versierten Wortgauklern, sich auch das einzuverleiben). Bündisch wider hündisch, hieß es damals bei uns – mir rann es die Kehle herunter wie der biblische Honigseim. Mit einem Schlag fühlte ich mich aufleben. Empfand mich als lebensberechtigt, vielleicht zum ersten Mal. Wir waren, inmitten von lauter fanatischen Mitläufern, sowas wie ein Stück Basisdemokratie: Frühhippies, Ökologen, Aussteiger, Widerständler, Selbstverwirklicher.

Natürlich lauern hier auch Gefahren. Wenn wir in unserer Tracht aus »grauer Städte Mauern« kameradschaftlich vereint in die mystisch verklärte Natur ziehen, so wird hier auch ein romantisches deutsches Seelenbedürfnis befriedigt, das aller Ideologie offen steht! Schon 1921 hat ja der von uns Jugendbündlern neuentdeckte Stefan George den ersehnten Führer heraufbeschworen:

... Er heftet
Das wahre sinnbild auf das völkische banner
Er führt durch sturm und grausige signale
Des frührots seiner treuen schar zum werk
Des wachen tags und pflanzt das Neue Reich.

Allerdings ließen wir von diesem »völkischen Banner« doch lieber die Finger. Zu eng war das Wort mit dem *Völkischen Beobachter* verknüpft, der uns nun einmal nicht riechen konnte. – Lasse ich mir heute, gern bei längeren Autofahrten, wo es mir reichlich jeden Kassettenspieler ersetzt, die Lieder einfallen, die wir damals sangen, so erstaune ich ebenso über ihre Anzahl – ich muß noch Hunderte kennen – wie ihre ideologische Vielfalt. Da sehen wir uns einmal als Landsknechte (»Wir sind des Geyers schwarze Haufen ...«), dann wieder als Proleten (»Wir sind die

Arbeiter von Wien ...«), als frischfröhliche Krieger (»Wenn wir marschieren, ziehn wir zum deutschen Tor hinaus ...«) oder auch als geschlagene Heimkehrer, mit einem Lied, das ich seitdem nirgendwo mehr gehört habe:

Wir sind die Krüppelgarde,
die zahlreichste Garde der Welt.
Wir zählen fast eine Milliarde
wenn man die Toten mitzählt.
Die Toten, die können nicht mitgehn,
die müssen im Grabe sein.
Auch wir können nicht im Schritt gehn,
die Mehrzahl von uns hat nur ein Bein ...

Wem waren wir also letzten Endes verpflichtet? Nun, ich denke, jenseits aller dogmatischen Ausrichtung: der Menschlichkeit, der Toleranz und der Hoffnung auf einen neuen Zukunftsmenschen: »'S war einer der nie / nach Völkerblut schrie / war ein Bürger kommender Zeiten ...«

Muß einmal wegen schlechtem Wetter – aber meistens waren wir wetterfest – ein sonntäglicher Ausflug abgesagt werden, so gehen wir »streunen«. Das heißt, daß man Expeditionen in die unbekannteren Zonen von Wien unternimmt, zum Beispiel zum Friedhof der Namenlosen beim Alberner Hafen an der Donau. Auch Selbstmörderfriedhof genannt, da aus irgendeinem Grund die armen geschwängerten Mädchen – meistens Hausangestellte –, die sich mit dem ortsüblichen Aufschrei »Ich geh in die Donau!« verzweifelt hineingestürzt hatten, hier an Land geschwemmt wurden. Oder wir gehen zu den nur notdürftig überdeckten Erdlöchern von Simmering, wo die Arbeitslosen hausen. Oder in kleine Cafés, Tschochs oder Tschocherln geheißen, in denen wir als Nichttrinker eigentlich wenig zu suchen haben. Die wir aber als »romantisch« empfinden. (Armut ist immer pittoresker als Reichtum.)

Oder es gibt das Café de l'Europe beim Stephansplatz mit seinen prosperierenden Zuhältern und »Menschern«. Aber auch einer »völkischen« Sängerin, die, glaube ich, Amalie hieß. Und natürlich das Ringstraßencafé, wo unsere bewunderten Fußballgrößen verkehren. Und die Terrasse des Sacher – wegen horrender Preise nur von außen zu betrachten – mit den Musikkönigen Kálmán, Eysler, Leopoldi samt ihren Interpreten und Komikern.

Was die klassischen Literatencafés betraf, so war das Herrenhof inzwischen mehr oder minder zu einem Tanzlokal verkommen, in dem man die von Josephine Baker importierten »Negertänze« wie Charleston oder Black Bottom zuckend absolvierte. Hinten am Dichtertisch – kein Kellner erlaubte uns, sie zu stören – saß jetzt höchstens noch Leo Perutz, der Unnahbare, zusammen mit Anton Kuh. Und auch sie gingen um acht Uhr nach Hause, zufrieden »daß sie wieder einen ganzen Nachmittag aufeinander achtgegeben hatten, damit es ja keiner zu weit bringt« (Ludwig Hirschfeld). Am schlimmsten hat die Zeit dem alten Central mitgespielt, wo sich – neben den ewigen Schachspielern – jetzt vorab die Nazis zu ihrem Stammtisch treffen.

10

Unsere geheimsten Streifzüge aber gelten der Leopoldstadt, dem jüdischen Getto. In dem man aus Galizien oder der Bukowina stammte oder ähnlichen russisch-polnischen Schtetlkulturen. Wo diese verpönten Regionen lagen, war aus irgendeinem Grund den arrivierten Juden der feineren Bezirke total entfallen. Mit diesen »Kaftanjuden« (die natürlich für den ganzen Antisemitismus verantwortlich sein mußten) hatten sie nichts zu schaffen. Um so intensiver unser verbotenes Vergnügen, uns durch diesen Kiez treiben zu lassen. Da gab es das Sportcafé Lido mit Aushilfsbethaus, das auch als Wahllokal geeignet war. Im Artistencafé in der Praterstraße sah man Leute von Varieté und Zirkus, manchmal sogar im Kostüm, wenn sie gerade wieder Arbeit suchten. Und das taten die meisten von ihnen, seit sogar der Zirkus Busch im Prater zu einem Kino verkommen war. Oder fallweise einer Theaterarena, in der Reinhardt seine Massenspektakel wie das *Mirakel* aufführte. In den Nebenstraßen Lokale für Ganoven: kleine Taschendiebe, Hochstapler, Zuhälter. Ein alter Zeitzeuge, Josef Toch, damals Kommunist, berichtet, wie ihm einst ein jüdischer Zuhälter, den er um Unterstützung für seine Partei anhaute, umgänglich geantwortet habe: »Braucht's a Geld? Laß ich halt noch a paar rennen!« Lauter Kleinverbrecher, auch wenn sie schon mal den »Zwitscherer«, also ihr Schnappmesser (das Wort kam vielleicht von den »switch blades« der amerikanischen Krimis) sprechen ließen … und dann durch die Nacht der Klageruf ertönte: »I bin gschdochn!« Jüdische Gewalttäter allerdings sind selten im Viertel, sie wird es erst in den USA geben, dann in Israel, laut dem Herzl zugeschriebenen Satz: »Wir werden kein normales Staatswesen sein, bevor wir nicht unsere eigenen Kriminellen besitzen.« Dann sind da noch die feineren Lokale beim Donaukanal, wie das Café Rembrandt, das Spitzer und vor allem der Feinschmeckertempel Tonello. Über den man die Geschichte erzählt, ein armer Schnorrer sei dort von Rothschild, der ihn eben beschenkt hatte, beim Gänsebraten überrascht und zur Rede gestellt worden. Drauf der Schnorrer: »Hab ich ka Geld, kann ich kan Gänsebraten essen. Hab ich a Geld, darf ich kan Gänsebraten essen. Also wann soll ich Gänsebraten essen?«

Die Leopoldstadt wird von ihren Bewohnern auch die Mazzesinsel genannt, nach den ungesäuerten Broten, die man beim Pessachfest verzehrt. Ebenso heißt auch ein Buch über sie von Ruth Beckermann, in dem ich ein paar wehmütige, und mir bisher unbekannte, Strophen von dem Uralt-Kabarettisten Hermann Hakel entdecke:

Die ständige Sängerin in unserem Hofe
Eine magere jüdische Praterhur war.
Mit »Maxl, spann den Schirm auf« begann ihre Strophe,
mit »Geh, sei gscheit« schloß ihr Repertoire.
Oft von Erinnerung durchschauert
Sing ich den Text, der in mir überdauert.

Vom vierten Stock der Schneider Stolacek
der ältre Sohn, bei der SA, hat überlebt.
Der jüngere, brave Franzl ist gefallen.
Zehn jüdische Familien sind weg.
Und wenn man einmal mich begräbt
Weiß niemand von uns allen.

Hakel ist dann selber gestorben, und von ihnen allen weiß heute niemand mehr.

Unvermeidlich wimmelt die Leopoldstadt von einer erklecklichen Anzahl jüdischer Parteien und Verbände. In allen Schattierungen, von jüdischen Kommunisten und Sozis über diverse zionistische Jugend- und Sportvereine (»Blau-weiß«, »Bar Kochba«, »Poale Zion«, »Betar«, »Makkabi«) bis hin zu den paramilitärischen Revisionisten eines Jabotinsky, die dann 1948 beim Freiheitskampf um Israel eine Rolle spielen sollten. Jeder selbstverständlich mit seinen eigenen Zeitungen, Aufrufen und Kaffeehäusern. Auch jüdische Dichterlesungen und jüdische Theater florieren. So Juschnys »Blauer Vogel«, die »Habimah«, die den *Golem* auf hebräisch spielt, und die »Wilnaer« mit dem unvergeßlichen *Dybbuk* auf jiddisch. Jene eigentümliche Legende, in der aus einem Menschen plötzlich eines ganz anderen Menschen Stimme ertönt … wie man das ja auch sonst erleben kann. Und auf einem klassischeren Niveau das »Moskauer jüdische akademische Theater«, das, da in der UdSSR gefördert, mehr marxistisch orientiert ist. Aber vor allem wird diskutiert und spekuliert in der Leopoldstadt und der benachbarten noch proletarischeren Brigittenau. Hier hat man nicht nur Freud gelesen, sondern auch Adler, Reich und den Sexualaufklärer Hodann. Der als erster bekanntgab, daß Onanie nicht notwendig zu Blindheit führt, und daher auf der Abschußliste der Nazis obenan steht. Hier hat man Herzl nicht nur verinnerlicht, sondern zum Teil auch schon wieder abgelehnt. Da er offenbar in seinem Zion deutsch gesprochen haben will und sich Jerusalem als eine Art verbessertes Wien vorstellt. Und sogar, anstelle des Heiligen Landes, sich zur Not mit Uganda zufrieden geben will. Ja, hier im Getto wird jeder Gedanke »kaputtgedacht«, wie es in Meyrinks *Golem* heißt. Und man erwartet von jedem Menschen, daß er eine genau definierte und möglichst von allen anderen abgegrenzte persönliche Weltanschauung mit sich herumführt. Sowie andererseits diese durch Beitritt in eine Partei, einen Verein oder zumindest in ein Kaffeehaus bekräftigt!

Natürlich werden auch wir, als deutliche Außenseiter, dauernd befragt, »wo wir angesiedelt sind«. Und natürlich ist es unmöglich, diesen scharfzüngigen Debattierern zu erklären, daß bei uns Juden und Christen gemischt sind und daß wir für Dinge stehen, die mehr mit geistiger Freiheit zu tun haben als mit alleinseligmachender Ideologie. Aber manchmal haben wir auch einen mit

Gitarre dabei, der »zupfen« kann, und dann singen wir ihnen eben solche Lieder vor, wie den »Nigger Jim« … bin ich der letzte, der sich noch daran erinnert?

Als Nigger Jim aus dem Urwald kam
und sich ein Trambahnticket nahm
zwischen Harlem und Manhattan –
da schrien sie, was will das Vieh,
was will der schmutzige Nigger hier
bei unsern weißen Manschetten?
Und sie nahmen ihn beim Kragen
und sie warfen ihn vom Wagen,
hinunter auf den Damm.
Denn die Herrn mit der weißeren Haut,
sie sagten, sie hätten die Stadt erbaut
und auch die schöne Tram …

Und es kam der Krieg und die Prohibition
und mancher kriegte den letzten Lohn
zwischen Harlem und Manhattan.
Jim zog nach Süden, da schrien sie,
eine Lady hat geküßt das Vieh
und legten ihn dreifach in Ketten.
Doch bevor sie ihn erhängen
unter biblischen Gesängen,
befragt den Pastor Jim:
Ob die Herrn mit der weißeren Haut
am Ende auch den Himmel erbaut,
denn das wär schlimm!

Seitdem gibt's eine Abteilung
für schwarze Gentlemen.
Und gibt's auch eine Abteilung
für weiße Gentlemen,
in der Trambahn, in der Trambahn,
mein Junge, merk es dir:
Seitdem gibt's eine Abteilung
in der Trambahn, die zum Paradiese führt!

11

Im Bund haben wir einen potthäßlichen und dickbebrillten Jungen namens Fritz Perutz. An den mich später immer der unmögliche Piggy in William Goldings *Herr der Fliegen* erinnern wird. Ein »G'füllter«, ein »Waserl«, ein »Nebochant«, also feist, tolpatschig und unbedarft, nach damaliger Ausdrucksweise. Daß bei uns jeder seinen besonderen Beinamen trug, war selbstverständlich. Wenn auch oft nur aus Vor- und Zunamen zusammengezogen, wie zu dieser Zeit üblich. So findet man etwa in Klaus Manns Korrespondenz einen gefährlichen »male lover« namens Frango, der wohl Franz Goldschmidt heißen mochte. Während es andererseits bei uns einen Kugo genannten Kurt Goldman gab. Dessen Familie ursprünglich die feine Schneiderei Goldman und Salatsch besaß, für die Loos sein »Haus ohne Augenbrauen« erstellt hatte. Für Fritz Perutz allerdings finden wir keinerlei Beinamen, denn der Arme hat nur einen einzigen Pluspunkt: Er kann die schauerlichsten Geschichten von seinem Onkel erzählen, angeblich ein Schriftsteller aus Prag und ein Himalaja der Arroganz. So soll er schon einmal eine Bewunderin, die nicht seinem Schönheitsideal entsprach, angefaucht haben: »Für so schieche (miese) Weiber wie Sie schreibe ich nicht!« Köstlich.

Erst später wird uns klar, daß es sich hier um den großen Leo Perutz handeln muß, selber auch nicht gerade ein Ausbund an Schönheit. Aber ein extravaganter Schreiber, dem immerhin der junge James-Bond-Autor, Ian Fleming, attestiert: »Ihr Buch ist einfach genial!« Um welches Buch ging es? 1928 war auf Berliner Litfaßsäulen ein Anschlag aufgetaucht mit der einen rätselvollen Frage: »Wohin …?« Danach kam ein zweiter: »Wohin rollst du, Äpfelchen?« Und erst zuletzt erfährt man, dies wäre der Titel eines Fortsetzungsromans, der demnächst in der *Berliner Illustrierten* erscheinen soll. Worauf die Auflage sprunghaft um 30.000 ansteigt. Und der Autor um bislang nie erhörte 18.000 Mark Honorar reicher ist.

Das Buch, das uns Fritz natürlich gratis verschaffen muß, ist ein Heimkehrerroman, aber auf Spannung angelegt: Der österreichische Offizier Vittorin, aus russischer Gefangenschaft zurückgekehrt, ist besessen von seinem Rachegelüst gegen den Stabskapitän Seljukow, der ihn im Lager gedemütigt hat. Nach zwei Jahren abenteuerlicher Jagd findet er den Feind in Wien wieder, als erbärmlichen Spielzeugkrämer … und verzichtet. Verzichtet nicht aus Großmut, sondern, so scheint uns, aus Weltekel. Aus Wurstigkeit. Es war ohnehin alles für die Katz. Nichts stand mehr dafür. Eine blasierte Attitüde, die wir nur zu gern für uns übernehmen. Wohin das Äpfelchen rollt, weiß ohnehin keiner. So wenig wie über die politische Zukunft, die uns ins Haus steht. Alles scheint zu dieser Zeit einer höheren Macht ausgeliefert, und diese Macht operiert mit schneidender Ironie, wenn nicht gar mit Sadismus. Es war Gespensterzeit, und Leo Perutz ihr Chronist. Dazu paßt auch, daß der Autor, dieser »Real-Träumer« (Polgar), dieser »Fehltritt von Agatha Christie mit Kafka« (Torberg), in dessen Kindheit noch das Prager jüdische Getto spukte, von Beruf Versicherungsmathematiker ist (Erfinder der Perutz'-

schen Ausgleichsformel!).Der also seine unheimlichen Szenenfolgen – *Äpfelchen* war ursprünglich als Filmskript geplant – ganz effektbewußt konstruiert. Dahinter aber steckt die pessimistische Weltsicht, der kommende Schrecken, der uns alle zu beherrschen beginnt. So wird im *Mangobaumwunder* die Natur zu rasantem Wachstum manipuliert und rächt sich dafür. Und in *Sankt Petri Schnee* taucht schon der moderne Massenwahn auf, wenn zutiefst Ungläubige zu glauben glauben!

Daß Perutz im literarischen Hinterzimmer des Herrenhof einem eigenen Stammtisch vorsteht, an den nur Personen seiner Wahl vorgelassen werden, erfahren wir ebenfalls von seinem Neffen. Haben aber nie die Unverfrorenheit, aus den vorderen Lesenischen in diesen heiligen Tempelbezirk einzudringen. Wo wir ihn nur schemenhaft ausmachen können, klein, stämmig und mit einer runden Hornbrille, die das ganze Gesicht aufzufressen scheint (wie später bei Brecht). Zur Abschreckung hat uns Fritz auch die Launen des Onkels eingehend geschildert. Als liebenswürdige Höflichkeit gilt bereits, wenn Perutz ein gegnerisches Argument mit den Worten anerkennt: »Sie haben ja Lücken in Ihrer Unbildung!« Versucht man, den Autor zu begütigen mit der Versicherung, welche Ehre es sei, ihm gegenüberzutreten, so kontert er wütend: »Oh bitte, die Ehre ist ganz auf Ihrer Seite!« Ein visionärer Schriftsteller, dessen Vision allerdings nicht ausreicht, um den Anschluß Österreichs rechtzeitig vorauszusehen. Bei dem er fast auf der Straße erschlagen wird.

12

Was wir aber an Lesestoff zu dieser Zeit am liebsten konsumieren – meist nachts unter der Bettdecke –, läßt sich in drei Serientiteln zusammenfassen: Rolf Torring, Pitt Strong und Tom

Shark, der König der Detektive. Trotz angelsächsischer Namen alles Ganovenjäger in einem mythischen Berlin, die wöchentlich in Groschenheften herauskamen: Da fuhr man Horch oder Maybach, da sagte man »Mensch, Meier« und »Halt die Schnauze« und »doof« und »au backe«, da war man große Klasse wie Hans Albers, Emil Jannings oder Harry Piel, der Sensationsdarsteller. Während es Wien bestenfalls zu süßlichen Wesselys und Hörbigers, Forsts und Fritschens brachte.

Und dann erscheint plötzlich der Roman eines Wiener Autors, der zum Faust unserer Gymnasiastenzeit wird: *Der Schüler Gerber hat absolviert.* Geschrieben von dem erst 23jährigen Friedrich Torberg. (Zu ihm Karl Kraus: »Wie alt sind Sie? 23? So jung war ich nicht einmal mit vierzehn!«) Der Buchtitel offenbar für ein reichsdeutsches Publikum bestimmt, denn bei uns sagt man ja »maturiert«. Überdies ist gerade der aufregendste Satz, »streift wie zufällig mit dem Ellbogen ihren Busen«, insoweit schon wieder hinfällig, als der reaktionäre Stadtschulrat die Koedukation gerade wieder abgeschafft hat. Bleibt immerhin die Szene aller Szenen:

Der sadistische Klassenlehrer Kupfer, genannt »Gott Kupfer«, nimmt die schriftliche Prüfung ab, indem er sich ostentativ eine Zeitung zur Lektüre vor die Augen hält. Nur daß er mit angefeuchtetem Zeigefinger ein Loch in das Blatt gebohrt hat, durch das er nun hundsgemein seine Examinanden belauert! Kein Wunder, daß sich gerade der intelligenteste Schüler der Klasse – – »Gerber!! Um Gottes willen!! Was machen Sie?!« – – vom Fenster auf die Straße stürzt. Schülerselbstmorde galten ja damals (ich glaube, die Ehre ist später auf Ungarn übergegangen) als Wiener Spezialität.

Inzwischen haut uns Torbergs neues Fußball- und Wasserballepos *Die Mannschaft* vollends in die Magengrube: »Lerchs

Zuspiel war in steilem Bogen auf seine Hand zugekommen, er hätte es volley aus der Luft übernehmen können und sofort schießen, im letzten Augenblick besann er sich, daß dieser Ablauf doch zu klar wäre, um vom Gegner nicht gehindert zu werden – und so groß das Risiko auch war: Er ließ den Ball hinter sich aufs Wasser fallen, dann, indes der Back tatsächlich in die falsche Schußrichtung sprang – drehte er den Ball vom Wasser aus scharf um die Ecke. Es war ein Goal, wie er es noch nie geschossen hat.«

Ja, das sind eben Sätze, mit denen man etwas anfangen kann! Schließlich besitzen wir alle, auch wenn wir keine großen Wasserballer sind, die engen Schwimmhauben in Vereinsfarben. Und die athletisch Gebauten unter uns auch die »Dreieckshose«, aus der das Schamhaar hervorprotzen darf, und die so gut wie nichts mehr verbirgt. Damit treibt man sich im Brünnlbad, im Amalienbad oder im Stadionbad herum. Und, wenn das Taschengeld reicht, auch im feineren Dianabad mit seinen künstlichen Wellen. An heißen Sonntagen wiederum zieht es uns hinaus zum Gänsehäufel. Einer Sandbank in der Alten Donau, die sich die ewig geldbedürftige Gemeinde Wien untern Nagel gerissen hat. Hier gibt es nicht bloß, wie überall, getrennte Frauen- und Männerbäder. Sondern auch ein sogenanntes Familienbad! In dem man ohne große Mühe weibliche Geheimnisse entdeckt, wie sonst nur in Muthers dreibändiger Geschichte der Malerei! Ursprünglich gab es eine Verordnung, daß Karten zum Familienbad nur an Paare ausgegeben werden durften. Was tun? Den Singles blieb nichts anderes übrig, als an der Kasse auf Begleitung zu warten. So wurde schließlich diese unsinnige Vorschrift aufgehoben. Es blieb, in Nachahmung der Deutschen, der »Zwickelerlaß«: »Frauen dürfen nur öffentlich baden, falls sie einen Badeanzug tragen, der Brust und Leib an der Vorderseite des Oberkörpers vollständig bedeckt, unter den Armen fest anliegt sowie mit angeschnittenen Beinen und einem Zwickel versehen ist. Der Rückenausschnitt des Badeanzuges darf nicht über das untere Ende der Schulterblätter hinausgehen.« Auch das wurde nachher abgeschafft, und nun ist sogar das Tanzen erlaubt, nach den Krächzlauten der neuen »Aufziehgrammophone«. Dabei steckt man eine Stahlnadel in den Tonarm fest, worauf dieser knackend auf die schwere schwarze Schellackplatte gesetzt wird. Das gibt etwa fünf Minuten Schlagermusik, nach denen man wieder endlos ankurbeln muß. Störend bloß die »Gölsen« genannten Stechmücken, gegen die nur Eingraben im Sand hilft, möglichst zu zweit.

Aber natürlich befaßt sich unser tagtägliches Denken vorab mit Fußball! Als Jude hat man sich zuerst für den jüdischen Sportverein Hakoah (Die Kraft) zu begeistern. Der einmal immerhin österreichischer Meister geworden war, sogar ohne eine Revolution zu verursachen! Das lag allerdings in der Zeit vor der Heimwehr! Wer aus Döbling stammt, hat überdies Anhänger der Mannschaft Vienna zu sein, die sich im Stadion der Hohen Warte in blaugelbem Dreß verausgabt. Noch heute kann ich die Aufstellung der Mannschaft auswendig – nur der linke »Flug« geht mir ab: Horeschowsky im Tor, dann Rainer und Blum, in der Verbindung Kaller, Hofmann, Machu und als Stürmer Gschweidl, Tögl, Erdl. Der Hauptspaß beim Match sind natürlich unsere lautstarken Zurufe an die Spieler. Der lautstärkste Rufer, neben den ich sogar einmal zu sitzen komme, ist Schönberg-Schüler Alban Berg, der sportlich gebaute Komponist von *Wozzek* und *Lulu*. Auch ich brülle »Heinz! Heinz!«, wenn das Leder mit den Händen berührt wird. Und lerne erst später, daß das eigentlich »hands« lauten sollte, also Englisch ist wie damals die gesamte Fußball-Terminologie (goalkeeper, corner, offside usw.) Dann »Hoppauf!« beim Angriff, »Jetzt Schuß!« vor dem Tor, »Gohl!« wenn es gelingt, »Haarfix!« wenn nicht. Und grundsätzlich alle fünf Minuten »Schiedsrichter zum Telefon!«. Auf den Tribünen wandern Verkäufer mit »Kracherln« herum, einem penetranten Aufstoß-Soda. Oder mit dem Ausruf: »Ein Admira-Abzeichen, welche Freude! Ein Rapid-Abzeichen, welcher Stolz!« Diese zwei stellen derzeit die besten Mannschaften, Rapid hat sogar den »Mitropa-Cup« (sprich Zupp) gewonnen. Aber unsere ganze Passion gilt ja dem »Wunderteam« (sprich Term), das unter seinem jüdischen Verbandskapitän Hugo Meisl eine Siegesserie sondergleichen einheimsen darf. Der Radioreporter, der darüber berichtet, heißt Schmieger. Und sein historischer Moment wird kommen, wie er einmal die aus Nazideutschland zurückgekehrte Mannschaft mit dem Ausruf begrüßen darf: »Ganz schön braun seid ihr geworden!«

Ein passionierter Fußballfan – und ehemaliger Spieler – ist auch der »rasende Reporter« Egon Erwin Kisch. Sein Buch über den Fall Redl ist eine der ersten Aufarbeitungen des sensationellsten Spionagefalles der Vorkriegszeit. Generalstabschef Oberst Redl war ein versteckter Homosexueller, der ein Vermögen für seine geliebten »Urninge« – wie man das damals nannte – ausgab. Berüchtigt wurde ein ganz in rote Seide ausgeschlagener Austro-Daimler für seinen Freund Stefan. Das Geld beschaffte er sich über den Verrat der österreichischen Aufmarschpläne an die Russen. Schließlich wird eine unvorsichtige Geldüberweisung entdeckt, Redl zur Selbstjustiz gezwungen. Gerade während dieser Zeit nimmt Kisch an einem Fußballspiel teil. Das Match muß abgebrochen werden, weil einer der Kicker, von Natur Schlossermeister, zu einer dringenden Arbeit weggerufen wird. Es ist nichts weniger als das Aufbrechen von Redls Archivschrank. Kisch geht der Sache nach, die man eigentlich zu vertuschen gehofft hatte und die überhaupt erst dadurch ans Licht der Öffentlichkeit gelangt. Dazu Kisch: »Die Wirklichkeit ist immer aufregender als jeder Roman.«

13

***Radetzkymarsch* von Joseph Roth** erschienen und sofort anerkannt. Sogar von den Austromarxisten, die ja auch ihre geheimen Sehnsüchte mit sich herumtragen. Aber war das wirklich nicht mehr als ein reichliches Dutzend Jährlein her, seit dem von allen aufgeklärten Köpfen begrüßten Ende der Monarchie? Und nun dieses Buch, ganz durchtränkt von wollüstiger Untergangsstimmung! Eine Wortverbindung, wie bezeichnend für Wien! Denn wer sonst verstünde besser als die Wiener, auch aus dem Bittersten die Süße herauszusaugen? Was zuletzt noch der österreichische Filmemacher Axel Corti so kongenial umzusetzen verstand, als hätte er selbst diese Zeit miterlebt. (Während doch kein Deutscher mehr das geringste Gespür dafür aufbringt, wie es sich unter Kaiser Willem anfühlte!) Mich selbst hat der Roman, als ich ihn zum ersten Mal in der Emigration las, fast wieder zum Monarchismus bekehrt, dem man einst in der Kindheit anhing. Dabei saß ich ja jetzt in einem Greyhound-Bus auf der Fahrt von Los Angeles nach San Francisco! Vierhundert Meilen und damals eine der schönsten Strecken Amerikas. Von der mir auch nicht ein einziges Bild mehr in Erinnerung ist, so selten muß ich von den Seiten hochgeblickt haben. Roth: »Ich habe die Tugenden und Vorzüge dieses Vaterlandes geliebt, und ich liebe heute, da es verstorben ist, seine Fehler und Schwächen. Es hat sie durch seinen Tod gebüßt.«

Wie man seitdem weiß, war diese Liebe, zu Lebzeiten der Monarchie selten genug ausgesprochen, eines von Roths vielen mythomanischen Rollenspielen, aus denen er sich dichterisch ernährte. Zu anderen Zeiten sah er sich als sachlicher Reporter und Dokumentarist … als gedankenvoller Verkünder der kleinen Dinge des Lebens … als fortschrittlicher Sozialist … als eingestandener Reaktionär … als gläubiger Jude … als bekehrter Christ … zuletzt wieder als Monarchist. Was dann bei seiner Grablegung auf dem Friedhof von Thiais bei Paris zu einigen scharfen Auseinandersetzungen seiner Anhänger führte. Roths finale Einschätzung seines Werkes ist so gut wie irgendeine: »Ich spiele Flöte, aber man trommelt jetzt, man hört mich nicht.«

14

Desto mehr hörte man auf die vielen nationalistischen Filme, die nunmehr in die Wiener Kinos kamen. Produziert zum Großteil von der Ufa, die ja auf eine Initiative von General Ludendorff im Ersten Weltkrieg zurückgeht, um den Abwehrwillen der Heimatfront zu stärken. Ohne daß wir es merken, träufelt jetzt eisenfresserische Ertüchtigung und martialischer Ingrimm in uns ein, während wir uns doch bloß moralisch erhoben meinen. Da gibt es die mehrteilige *Fridericus Rex*-Folge mit Otto Gebühr (die später im Dritten Reich nur fortgeführt zu werden braucht). *Flüchtlinge* mit Hans Albers, der, in pikfeiner weißer Phantasieuniform, irgendwo in Asien einen Haufen kopfloser Deutscher auf Vordermann bringt. *Die letzte Kompanie* (mit Conrad Veidt), die natürlich bis zum letzten Mann durchhält. *Berge in Flammen* von Luis Trenker, *Yorck*, *Scapa Flow*, *Tannenberg* und unzählige andere kriegsverherrlichende Streifen.

Und wer hält dagegen? G. W. Pabsts Bergarbeiterfilm *Kameradschaft* sieht man in einem Kleinkino, und solche realitätsnahen Arbeiterfilme wie *Mutter Krausens Fahrt ins Glück* oder

Kuhle Wampe (was bedeutete das?) werden erst gar nicht wahrgenommen. Nur der *Dreigroschenfilm*, auch wieder von Pabst, mit Lotte Lenya und dem eleganten Rudolf Forster als Räuber Mackie, schafft es in ein Premierenkino. Zutiefst mißbilligt von Bertolt Brecht, der den herrlich kulinarischen Streifen – ich glaube sogar vor Gericht – durch eine kritischere Fassung mit dem Titel *Die Beule* ersetzt haben will. Dann sind da noch Fritz Langs drei große »M«: *Metropolis*, *Mabuse* und *M – Eine Stadt sucht einen Mörder*. (Ursprünglich »Mörder unter uns« geheißen. Wogegen aber – wir halten gerade erst 1931 – die Nationalsozialisten erfolgreich protestieren, denn im Volk hätte man ja die Mörder mit ihnen selbst gleichsetzen können!) Drei Meisterwerke, laut Regisseur zur Warnung vor den Nazis gedreht, die aber, mit ihren panischen Angstpsychosen, die Stimmung der Machtübernahme vorbereiten helfen.

Für uns am aufregendsten: *Morgenrot*, einer der ersten U-Boot-Filme. In dem Rudolf Forster – wiewohl eigentlich aus der Steiermark gebürtig – den nordisch-wortkargen Kapitän verkörpert. Und dabei die markige Phrase von sich zu geben hat: »Wir Deutsche wissen vielleicht nicht, wie man richtig lebt. Aber richtig sterben, das verstehen wir!« (Hier aus dem Gedächtnis zitiert.) Welch eine Zeitgenossenschaft, die solchen Satz, der doch die ganze Nazi-Ideologie im Kern trifft, nicht für entlarvend hält, sondern für aufbauend! Aber so etwas begreift man erst später.

Daß Goebbels zu Kriegsende den »ostmärkischen Schlendrian«, wie er sich etwa im Wiener Musikfilm ausdrückt, für die Zersetzung des deutschen Wehrwillens verantwortlich macht, ist nichts weiter als eine Ausrede. Dieser hat eher, durch sein süßliches Drapieren der Wirklichkeit, zu der unter den Nazis grassierenden Heimatverklärung beigetragen.

15

Im Frühjahr 1932 wird dann der frühere Landwirtschaftsminister, der Tiroler Engelbert Dollfuß, Regierungschef mit einer nationalkonservativen Koalition. Eines seiner Hauptanliegen: Die Zerstörung der »Macht des Roten Wien«. Nach Fürst Starhembergs Willen soll die Gemeinde aufgelöst, an Stelle von Bürgermeister Seitz ein Staatskommissar eingesetzt werden. Der »Ferscht« besitzt zwar nur wenige Mandate im Parlament, aber die Straße gehört seinen Heimwehren. Deren faschistisches »Ideengut« sich leider jetzt auch bei den Christlichsozialen verankert. Dollfuß, ein kleingewachsener Ehrgeizling (im Volksmund »Millimetternich« geheißen), berät sich brieflich mit Mussolini, wie seine Ideologie durchzusetzen sei. Gleichzeitig Höchststand der Arbeitslosigkeit mit rund 600.000 Menschen.

September 1932. Die österreichischen Nazis können erwirken, daß in Wien ein »Nationalsozialistischer Gautag« stattfindet. Als Parteiredner kommen Göring und – ein Wiener Liebling – *Stürmer*-Herausgeber Julius Streicher aus dem Reich herüber. Zum Abschluß eine Parade auf der Ringstraße, wobei Göring und SA-Chef Röhm, in einem offenen Mercedes vor dem Hotel Imperial stehend (ob Karl Kraus wie sonst hier in der Bar seine Zeitungen liest?), die vorbeidefilierenden SA-Mannen mit erhobenem Arm begrüßen, als wären die Braunen bereits an der Macht. Dazu bringt das *Kleine Blatt* einen längeren Comic-Strip: »Seicherl im Dritten Reich«.

Bild 1: Seicherl zu Struppi, ein Blatt schwingend: »Struppi, a Telegramm is da, vom Hitler: Großmutter gestorben, Maxi. Waaßt was des bedeut? Heut Nacht Schlag 12h beginnt der Hitlerputsch. Bild 2: Seicherl am Wetzstein schärft sein Messer: »I kann's gar nicht derwart'n bis Nacht wird. Heut kannst Judenblut spritzen sehng'n! I schleif ma scho's lange Messer.« Struppi: »Was derzählt denn des mir? I bin ja ka Bluthund!« BILD 3: Seicherl schwingt einen Fleischwolf: »Damit wer ma die Jud'n faschier'n, mei Liaber.« BILD 4: Seicherl, Messer in der Hand, zu seiner SA-Truppe: »Bursch'n, san ma alle beinand? Also gemma's an! Alle Jud'n wer'n umbracht. A paar könnt's aufheb'n fürs Deutsche Museum!«

Diesmal erstreckt sich der Strip gleich über 18 Bilder: Judenmord … Aufnordung (wobei dicke, blondbezopfte Hausfrauen in einem »Rassenzuchthaus« lauter kleine Seicherl zur Welt bringen) … Bis hin zum neuen Weltkrieg, an dessen Ende Hitler persönlich auftritt und, auf ein endloses Gräberfeld weisend, proklamiert: »Na, hab ich meine Versprechungen nicht eingehalten? Es gibt keine Reparationen mehr, keine Arbeitslosigkeit, keinen Klassenkampf, keine Judenfrage. Ruhe und Frieden über allen deutschen Gauen!« Dazu Seicherl begeistert: »Des nenn i a Leben!« Gezeichnet 1932 – allen jenen ins Stammbuch, die nach dem Krieg behaupteten: »Das hat sich ja niemand vorstellen können!« Übrigens ist das Codewort, mit dem 1938 die Wiener Regierung von Hitlers geplantem Einmarsch verständigt wurde, auch nicht origineller als »Großmutter gestorben« – wir bringen es später.

Der »Seicherl«, wie wir ihn liebten, hat jetzt nur noch kurze Zeit zu leben. Bald werden ihm von den neuen Machthabern Zähne und Krallen gezogen. Was allerdings weder Zeichner noch Blatt zum Aufgeben des erfolgreichen Cartoons veranlaßt, der sich jedem kommenden Regime angleicht.

16

Am 30. Januar 1933 wird Hitler deutscher Reichskanzler. (»Das Gesicht des Führers ist identisch geworden mit dem der Geführten« – Anton Kuh.) Schon am 4. März dieses Jahres findet dann im Wiener Parlament eine »kleine Totentanzkomödie« statt: Bei einer stürmischen Debatte betreffs eines Eisenbahnerstreiks legen die drei Nationsratspräsidenten ihr Amt nieder. Darauf kann das Parlament offenbar nicht mehr einberufen werden. Bundeskanzler Dollfuß erklärt sich »nicht betroffen« und beschließt, gemäß einem aus dem Weltkrieg stammenden »kriegswirtschaftlichen Ermächtigungsgesetz«, von nun an autoritär zu regieren. Ein letzter Versuch, die Volksvertreter zusammenzurufen, endet mit der Räumung des Saales durch 200 Polizeibeamte. Der Staatsputsch von oben, den Dollfuß die »Selbstausschaltung des Parlaments« nennt, ist vollzogen. *Arbeiterzeitung* und *Kleines Blatt* unterliegen von nun an einer Vorzensur. Im Verlauf der nächsten Monate werden die Gewerkschaften aufgelöst, die Betriebsräte abgeschafft, der Republikanische Schutzbund verboten, die Todesstrafe wieder eingeführt. Auch der traditionelle Aufmarsch der Sozialdemokraten am 1. Mai ist untersagt, nur die Heimwehren sind vom Demonstrationsverbot ausgenommen.

Darauf erscheinen schnellgedruckte Plakate: »Am 1. Mai trifft sich das Volk von Wien zu einem friedlichen Spaziergang auf der Ringstraße.« Dieser Spaziergang von geschätzten 200.000 – unter denen meiner Erinnerung nach die blauen Uniformen der mutigen Straßenbahner die Kerntruppe bilden – findet dann zwischen Stacheldrahtverhauen, Polizeispalieren und Nazis in ihrer neuen »Ziviluniform« statt: Trachtenjacke, Kniebundhose und weiße handgestrickte »Zopferlstrümpfe« (deutlich sichtbar auf den Fotos vom Anschluß 1938, wenn Juden zum »Straßenreiben« zusammengetrieben werden). Von nun an führt der Westentaschendiktator Dollfuß einen Zweifrontenkrieg gegen Nazis und Sozialisten, den er nicht gewinnen kann.

Mai 1933: Aufmarsch von 40.000 uniformierten Heimatschützern in Schönbrunn. Ansprache durch Kanzler Dollfuß, worin er den »christlichen Ständestaat« begründet (ohne je genau zu definieren, was er damit meint). Sowie auch eine Staatspartei, die »Vaterländische Front«. Welcher künftig jeder beitreten muß, der im öffentlichen Dienst, oder auch sonst, Karriere machen will. Im gleichen Monat bietet er den Nazis die Regierungsbeteiligung an, die diese jedoch ablehnen. Daraufhin wird die Partei verboten. Welche aber gerade in der Illegalität ihre größten Triumphe feiert.

Im August findet dann ein persönliches Zusammentreffen zwischen Dollfuß und seinem Mentor Mussolini in dem Badeort Riccione statt. Ein unwiderstehlich komisches Pressefoto zeigt den kindhaften Möchtegern-Diktator in Kragen und Krawatte, das winzige Jäcklein brav überm Arm, ein wahrer Seicherl … und neben ihm einen überheblich grinsenden Duce im Macholook, über der Badehose die herausgereckte behaarte Männerbrust. Auf daß man sofort erkenne, wer hier Bittsteller ist und wer der Gewährende. Aber diese versprochene Hilfe hat auch ihren Preis: Österreich muß sich verpflichten, sein staatspatriotisches Einparteiensystem, beschützt von der Heimwehrmiliz, nach italienischem Muster aufzuziehen.

Und was sagt Karl Kraus zu alledem, der »Unbestechliche«? Erscheint fast das ganze Jahr 1933 kein Heft der *Fackel*, so gibt es dann im Oktober eine Nummer von bloß vier Seiten: Ein Nachruf auf den in Armut gestorbenen Adolf Loos. Das folgende Heft vom Juli 1934 bringt ausnahmslos Leserzuschriften, die seine Stellungnahme einfordern. Als nächstes ein Heft: »Warum die Fackel nicht erscheint«. Inzwischen arbeitet er an einer fulminanten Attacke auf Hitlers Machtantritt, die *Dritte Walpurgisnacht*. Das schon gesetzte Buch hat er schließlich doch nicht zum Druck befördert. Teils weil er Hitlers Repressalien an den deutschen Juden auf seine »Gräuelmärchen« fürchtet. Aber bestimmt auch, weil Kraus nach lebenslangem Kampf gegen Lüge und Dummheit einsehen muß, daß wider solchen Aberwitz auch das schärfste Wort machtlos geworden ist. Insofern ist der Satz, den man Kraus oft vorwarf: »Mir fällt zu Hitler nichts ein«, doch wieder gerechtfertigt. Hier wurden Worte bedeutungslos. Dazu das berühmte Gedicht auf der vierten Seite des Loos-Heftes, titellos, das letzte, das er meines Wissens je in der *Fackel* veröffentlicht hat:

Man frage nicht, was all die Zeit ich machte.
Ich bleibe stumm;
und sage nicht, warum.
Und Stille gibt es, da die Erde krachte.
Kein Wort, das traf;
man spricht nur aus dem Schlaf.
Und träumt von einer Sonne, welche lachte.
Es geht vorbei;
nachher war's einerlei.
Das Wort entschlief, als jene Welt erwachte.

VIERTER AKT • DIE ILLUSION
1933–1937

1

Nun sind die Vaterländer an der Macht. Ein Konkurrenzunternehmen zu Hitler, kein Gegenentwurf. Eine Parallelaktion sozusagen. Das Emblem der neuen Herren, das Krukenkreuz, ist dementsprechend nichts weiter als ein Hakenkreuz, die Querbalken symmetrisch verlängert. Das wirkt eher beschaulich als dynamisch. Ohnehin ist alles irgendwie nach hinten gewandt in diesem neuen Staat. Im Radio nichts als zackige Ansprachen, die nur so wimmeln von Heimat und Erde, Volkstum, Brauchtum und Soldatentum. Verkörpert in den Kaiserjägern und Standschützen des verflossenen Weltkrieges. Denn irgend etwas dergleichen wollte Kanzler Dollfuß gewesen sein, der sich jetzt Frontführer nannte … da war es zum anderen Führer nicht mehr weit.

Auch der selige Karl Lueger, in *Mein Kampf* als der »größte deutsche Bürgermeister« gepriesen, ist wieder stark im Rennen. Ein geschickter Verwalter, aber ein gefährlicher Parteimann und Demagoge (»Wer a Jud ist, bestimm i«). Bei einer Lueger-Feier tönt unser Schuldirektor: »Er wirkte im echt antisemitischen Geiste.« Und die jüdischen Schüler müssen diesen Geist herunterschlucken und kuschen. Schon gibt es auch Schießunterricht im Keller des Gymnasiums, auf Zielscheiben, die feindliche Soldaten markieren. »Zack ins Gekröse!« kommandiert der Turnlehrer. Unter seiner Führung schleppen wir uns sonntags auf Gepäckmärsche mit Sandsäcken auf dem Rücken, wie drüben die HJ. Man wird getrimmt und ertüchtigt bis dahinaus. Wer nicht mithalten kann gilt als »Plattfußindianer«. Ein Ehrentitel, der bislang eigentlich für Juden reserviert war. Wir würden es denen im Reich schon zeigen! Nur leider: Das Zackige will den Österreichern doch nicht so recht von der Hand. Die geforderte harsche Kommandosprache stinkt nach Burgtheater, wenn nicht gar nach der Josefstadt! Dazu ein Flüsterwitz dieser Zeit:

Habt – Acht!
Ansprüche abwärts – senkt!
Rechtsbegriffe – beugt!
Köpfe – rollt!
Brotkorb höher – hängt!
Löhne – kürzt!
Entwicklung rückwärts – dreht!
Meinen Versprechungen – glaubt!
Gesunder Menschenverstand – abtreten!

Daß auch »Herr Hitler draußen im Reich« – dieses »Herr« galt zu der Zeit als ausgesuchte Beleidigung – von dem schwachen Abklatsch seiner Diktatur nur wenig beeindruckt war, zeigen die *Gespräche mit Hitler* von Hermann Rauschning: »›Dieses Österreich ist verjudet. Dieses Wien ist keine deutsche Stadt mehr. Slawische Mestizen machen sich breit. Ein anständiger Deutscher gilt nichts mehr. Pfaffen und Juden regieren. Diese Wenzels müssen raus!‹ Er würde schon den echten Kern aus der Gipsmasse herausklopfen. ›Es gibt kein Österreich mehr. Was sich so nennt, ist nur ein Leichnam. Österreich muß vom Reich aus neu kolonisiert werden!‹ Sie sollten ihr bißchen Grinzing mit Schlamperei schon noch ausschwitzen. Es sei genug mit diesen Schlieferls… Haß, persönliche Rache klang aus diesen Worten, Vergeltung für entsagungsreiche Jugendjahre, für ein Leben der Armut und Erniedrigung…«

Kein Führerstaat ist komplett ohne sein hauseigenes KZ: Im »Anhaltelager Wöllersdorf« sitzen jetzt die Austromarxisten brüderlich vereint mit den rabiaten Nazis. Die lieber den echten deutsch-heidnischen Markenartikel wollen als die christlich verwässerte Ersatzware. Die Mehrzahl dieser »Illegalen« läuft allerdings frei durch die Gegend, kenntlich an ihren weißen Hemden sowie Kniebundhosen mit weißen Strümpfen, und fühlt sich schon als das kommende Herrschaftsinstrument.

2

Aber natürlich geht das tägliche Leben weiter, auch das kulturelle. Und erreicht sogar einen spannenden und ach wie ephemeren Höhepunkt, dank dem Zustrom von Flüchtlingen aus dem Dritten Reich. »Die Ratten betreten das sinkende Schiff!« – so der niederschmetternde Kommentar dazu von Karl Kraus, an Brecht gerichtet. Diesen sieht man kurzfristig in Wien, ebenso Ernst Bloch, Oskar Maria Graf, Zuckmayer, Tucholsky, Unruh, Mehring. Dazu die Österreicher, die sich nach Berlin abgesetzt hatten, wie Polgar, Bruckner, und der Dichter des *Tubutsch* (einst von Kokoschka illustriert) Albert Ehrenstein, der unglückliche Verehrer der Schauspielerin Elisabeth Bergner. Die wir aus solchen sexualpathetischen Filmen kannten wie *Fräulein Else*, *Ariane*, *Der träumende Mund*. Und da ist auch Fritz Kortner, Held von 70 Filmen, darunter in Pabsts *Büchse der Pandora* als steifbeiniger Gegenspieler einer geheimnisvollen Louise Brooks. Der jetzt aber in Wien nicht eine einzige Rolle mehr angeboten bekommt. Auch Peter Lorre, Conrad Veidt, Albert Bassermann, Adolf Wohlbrück (später Anton Walbrook) und unzählige andere, die einst dem deutschen Film Weltgeltung verschafften.

Am ergreifendsten der wenig prominente jüdische Schauspieler Leo Reuß. Der verzweifelt ohne Engagement herumirrt, bis ihm schließlich der rettende Einfall kommt. Angetan mit Vollbart und Tiroler Dialekt, gibt er sich als urwüchsiger Naturbursch Kaspar Brandhofer aus. Und wird am Ende von einem beeindruckten Max Reinhardt angeheuert. (Es gibt solche Naturtalente tatsächlich in Tirol – siehe die überzeugende Telfser Truppe, die in Felix Mitterers Fernsehspiel *Die verkaufte Heimat* auftrat.) Reuß, unvermeidlich von den neidischen Kollegen der Josefstadt enttarnt, verschwindet zuletzt hilflos und herzkrank in die Emigration.

Ein anderer Deutschlandflüchtling ist der Berliner Revuestar und Unternehmer Rudolf Nelson. Bei dem immerhin bis vor kurzem Marlene Dietrich und Willi Forst aufgetreten waren. Nur mit Mühe erringt er jetzt ein Engagement im Varieté Ronacher. Worauf die Direktion umgehend anonyme Briefe mit der Aufforderung erhält, die »Berlinerischen Juden« abzusetzen. Die Premiere wird dann durch wilde antisemitische Ausschreitungen gestört. Auch den hinbeorderten 200 Polizisten gelingt es nicht, die Tumulte zu unterdrücken, und das Gastspiel muß abgesetzt werden.

Ohnehin sind die Wiener wenig begeistert von dem plötzlichen Zustrom von »Asphaltliteraten«. Welcher die vom Staat geförderten und preisgekrönten bodenständigen Dichter zu verdrängen droht. Unter ihnen die schon genannten Ginzkey und Bartsch, Strobl und Greinz. Oder Mirko Jelusich, dessen drehbuchreife Biographien über Caesar oder Hannibal unsere Gymnasialprofessoren entzücken. Sein Cromwell war dann, nach eigenen Angaben, eine «kaum noch getarnte Hitler-Biographie«. Daneben, mit etwas urwüchsigerem Talent, Karl Heinz Waggerl. Der sich auf dem Weg vom bäurischen Sozialkritiker zum idyllischen Naturmythiker ein dickes deutsches Publikum zugelegt hat. Und Max Mell mit seinen altdeutsch-gereimten Legendenspielen, die den zynischen Robert Neumann zu treffsicheren Parodien anregten: »Ich steh allhier vor diesem Tor / und bin der Steuerexekutor …« (aus dem Gedächtnis zitiert). Ausnehmen möchte man hier den politisch unbedarften, aber sprachmächtigen Lyriker – und witzigen Wiener Dialektpoeten – Josef Weinheber. Der sich bewußt in der Nachfolge von Karl Kraus und Georg Trakl sah … wenn er nicht gerade Hitler anschwärmte (die Beispiele später). Beim Zusammenbruch des Dritten Reiches nahm sich dann Weinheber, als einer der wenigen, das Leben. Vielleicht aus Verzweiflung über das Ende seiner Illusionen? Oder war es eher die Scham, daß er sich so schändlich hatte hereinlegen lassen?

Zurück zu den Flüchtlingen aus dem Reich. Von denen ich später einige kennenlernen durfte, wie Manès Sperber und Walter Mehring in Paris, Oskar Maria Graf und besonders Roda Roda in New York. Aber weiß überhaupt noch jemand von diesem frischfröhlichen Reitersmann der habsburgischen Kavallerie, als Sandor Rosenfeld auf einer ungarischen Puszta geboren? Nachher auf »Militärhumoresken« spezialisiert und auf ethnische Historchen, die er selbst vortrug, bestückt mit Monokel und sprichwörtlicher roter Weste. Und mit denen er alle möglichen Witzblätter ertragreich belieferte. Daher er auch bei Karl Kraus in den *Letzten Tagen* mit einem Couplet auftreten darf: »Der Rosenbaum / Der Rosenbaum / Schreibt für die schönsten Blätter…« Schließlich ereilte ihn aber das schlimmste Schicksal, das einem Humoristen zuteil werden kann: Daß nämlich die Parodie auf ihn schlagender ausfällt als irgendein Original. Jedenfalls wenn sie von dem – nicht oft genug zu zitierenden – Robert Neumann stammt, welcher von einem kleinen Moritzl erzählt, den es samt Mischpoche in eine berühmte Wallfahrtskirche verschlägt. Allwo ein Gemälde zu finden von der Rast der Heiligen Familie auf der Flucht nach Ägypten. Spricht Klein-Moritzl: »Typisch gojisch. Nix zum Anziehn – schlafen in an Stall – aber phatagraphiern lassen müssen sie sich!«

Natürlich gehört es sich nach Wiener Sitte, daß diese ersten Emigranten auch ihr eigenes Stammcafé beziehen. In dem sie ihre »Schauermärchen« aus Nazideutschland loswerden können … die hierorts keiner hören will. Denn, laut einem Hiesigen: »Erstens stimmt es nicht, und zweitens wissen wir eh alles!« Da saßen sie also im Café de l'Europe, das auch als Strichcafé bekannt war, die Brecht und Mehring und der Bäckersohn Oskar Maria Graf. Dessen Bücher man vergessen hatte auf den Scheiterhaufen zu werfen, und der jetzt verzweifelt ausrief: »Verbrennt mich! Verbrennt mich!« Worauf ihm der Hiesige geruhsam geantwortet haben soll: »Wenn's weiter nix ist, dös läßt sich richten!« Wie stets, und wie ich ihn auch später in Amerika sah, trug Graf seine bayrische Lederhose. Was die Kellner in einige Verlegenheit brachte, weil das – außer bei Jugendlichen – einfach nicht in Frage kam, vor allem in diesem Nobelviertel.

Brechts Kritik am Wiener Kaffeehausdenken gegenüber dem der Nazis ist dann so unwienerisch unverblümt, daß dem Hiesigen »die Grausbirn aufsteigen« mußte: »Was ich an ihrem Denken aussetzte, war, kurz gesagt, seine Aussichtslosigkeit. Die Bilder, die diese guten Leute von der Wirklichkeit entwarfen, mochten ungefälscht sein, aber sie halfen nicht weiter. Gut, das eine war die rohe Stimme der Barbarei, sie war roh und dumm, das andere war die Stimme der Kultur, sie war wohltönend, aber auch dumm. Die einen hatten viele Waffen und benutzten sie, die andern hatten nur den Verstand als Waffe und benutzten ihn nicht. Ich fuhr niedergedrückter weg aus dem Land der Kultur, als ich dort angekommen war – aus dem Land der Barbarei.«

3

Anfang 1934 bezeichnet Starhemberg – bereits in den Zwanzigern Hitlers Münchner Mitputschist – in einem Aufruf die »uneingeschränkte Durchsetzung der faschistischen Ideenwelt« als Kampfziel des neuen Österreich. Einige Wochen später: Waffensuche in einem Linzer Arbeiterheim. Die den Widerstand des Republikanischen Schutzbundes und einen Generalstreik auslöst. Das Standrecht wird verhängt. Am 12. Februar kommt es zum Losschlagen einer Arbeiterrevolte in den großen sozialistischen Wohnblocks. Die Aktion ist elend vorbereitet und dilettantisch geleitet. Die »Exekutive« der Regierung führt Artillerie auf, um die Gemeindebauten, vorab den riesigen Komplex des Karl-Marx-Hofes, zu beschießen. Kanonen werden auch auf der uns benachbarten Hohen Warte aufgestellt. Wo nicht nur das riesige Filmgelände »Dreamland« liegt, sondern insbesondere unser heiliger Fußballplatz! (Auch Alma Mahler, nunmehr mit Werfel verheiratet, will im Park ihrer Villa eine solche Feldhaubitze beherbergt haben – vielleicht nur ein Wunschtraum.) Der Arbeiteraufstand wird in drei Tagen niedergeschlagen – trotz der »festungsähnlichen Trutzbauten der Roten«. Die sich, als wir nachher mit der Elektrischen nach Heiligenstadt hinausfahren, als papierdünne Ziegelwände erweisen, in denen die Einschläge blind gewütet haben wie ein gigantischer Vorschlaghammer!

Alles geht so schnell und außerhalb des Zentrums vor sich, daß Stefan Zweig, anders als wir Döblinger, »von dieser Revolution nicht das mindeste sah oder hörte«. Da er, wo denn sonst, in einem Ringstraßencafé mit einer Ballettregisseurin des Burgtheaters verabredet war. Dem Aufstand fallen – inoffizielle Ziffern – an die tausend Menschen zu Opfer, es gibt 5000 Verwundete. Die meisten Anführer können in die Tschechoslowakei flüchten, andere werden geschnappt und auf Veranlassung von Justizminister Kurt von Schuschnigg aufgehängt. (Der immerhin einen Orden für diese Großtat ablehnt.) Die sozialdemokratische Partei – die größte Österreichs – ist von nun an verboten. Nie wird die Arbeiterschaft diesen »Februaraufstand« vergessen, der sie Dollfuß fanatischer hassen läßt als sogar Hitler. Unter den literarischen Aufarbeitungen: Der Roman des Kabarettisten Jura Soyfer: *So starb eine Partei*. Und das Drama *Floridsdorf* von Friedrich Wolf (sein Sohn Markus wurde später zum Spionagechef der DDR). Nur die Vaterländer halten wieder einmal »das Abendland für gerettet«. Und vom obersten Hirten der Kirche, Kardinal-Erzbischof Theodor Innitzer, kommt folgende Erklärung: »Gerade das letzte Regierungsjahr hat uns mit aller Deutlichkeit darauf hingewiesen, wie die göttliche Vorsehung der Umgestaltung der Welt aus demokratischen Formen zu autoritärer Führung rechtzeitig in Papst Pius XI. mit seinem stahlharten Willen und seinem diamantenen Verstand den religiösen Meister gegeben. Das Führerprinzip bricht sich in der Alten und in der Neuen Welt Bahn. In der Kirche herrscht es seit jeher.«

Dagegen Stefan Zweig: »Das letzte Mal vor Spanien, daß sich in Europa die Demokratie gegen den Faschismus wehrte.« Er selbst lebt seit vielen Jahren recht feudal in seinem »Paschingerschlössl« auf dem Kapuzinerberg bei Salzburg. Fleißig, erfolgsverwöhnt – was er mit schlechtem Gewissen hinnimmt –

und von seinen Neidern daher der »Erwerbszweig« genannt. Beunruhigender seine Nähe zur deutschen Grenze. Und die Mißgunst der antisemitischen Bevölkerung rundum, die den angeblich größten lokalen Steuerzahler mit scheelen Augen betrachtet. Und tatsächlich fand ja im April 1938 die einzige Bücherverbrennung Österreichs in Salzburg statt, inszeniert von dem Schriftsteller und Lehrer Karl Springenschmid. Einer seiner Schüler: »Ins Feuer werf ich das Buch des Juden Stefan Zweig, daß es die Flammen fressen wie alles jüdische Geschreibe. Frei erheb sich, geläutert, der deutsche Geist.« Zu Zweigs späterem Selbstmord in Brasilien die Salzburger Landeszeitung vom Februar 1942: »Damit hat wieder ein jüdisches Emigrantenleben seinen typischen Abschluß gefunden.« Und noch in den sechziger Jahren weist – laut Augenzeuge Gert Kerschbaumer – ein Salzburger Stadtführer auf den Kapuzinerberg hin mit den Worten: »Dort oben hat der Stefan Zweig gelebt. Der hat sich wie alle Juden selbst umgebracht.« Eine Gedenktafel trägt das Haus bis heute nicht.

Es geschieht also nicht von ungefähr, daß 1934 ausgerechnet bei dem unpolitischen Stefan Zweig eine Haussuchung stattfindet, da er angeblich Waffen des Republikanischen Schutzbundes bei sich versteckt haben soll! Zweig, empört und geängstigt, läßt seine weltberühmte Autografensammlung in der Schweiz versteigern, darunter nicht weniger als zehn Rimbaud-Gedichte (heute mehrere Millionen wert). Schreibt sein Haus zum Verkauf aus. Und bereitet sich auf sein Exil in England vor. Wobei er immerhin – anders als die Emigranten von 1938 – sein Vermögen zum Großteil ins Ausland retten kann.

4

Nun geht auch Starhembergs Traum in Erfüllung, und Finanzstadtrat Breitner wird verhaftet (der mit dem »Steuerterror«). Muß aber wieder freigelassen werden, da man ihm keine Inkorrektheit nachweisen kann. Schritt für Schritt schränkt man jetzt die Sonderstellung des »roten Wien« ein, zugunsten der bodenständigeren Alpenländer. Und obwohl das Regime nicht im Traum daran denkt, das Kaisertum wiederherzustellen, läßt man doch den »Legitimismus« hochjubeln was das Zeug hält. Dem Kronprätendenten Otto von Habsburg wird in Hunderten von Landgemeinden, vor allem in Tirol, die Ehrenbürgerschaft verliehen. Welche sich von nun an Kaisergemeinden nennen dürfen und die Rückkunft des Monarchen vorantreiben. Ottos Fotografie ziert zahlreiche ländliche Ämter, in einer Kostümierung, die der bescheidene »alte Kaiser« verabscheut hätte: An den Füßen schnallenbesetzte Schnaderhüpferl-Schuhe, darüber die handgestrickten weißen Strümpfe, die eigentlich das Insignium der Nazis darstellen. Folgt eine knielange bestickte Lederhose, von handbreiten goldbordierten Hosenträgern gehalten. Darüber eine Art Uniformjacke, die zwar am Stehkragen mit drei Offizierssternen bestückt ist, weiter unten aber die glänzenden Knopfreihen des längst ausgestorbenen Bauernfracks aufweist. In der rechten Hand hängt ein breitkrempiger Tiroler Schlapphut. Die Linke ruht am Portepee eines mächtigen Krummsäbels, fast so lang wie die ganze Person des Thronfolgers! Der sich immerhin noch Wochen vor dem Anschluß der Illusion hingab, als »Friedenskaiser« zurückberufen zu werden. Wie bezeichnend für den Selbstbetrug jener bezopften Epoche.

Nein, ganz ernst nehmen konnte man diese ganze Vaterländerei nicht. Die Leitenden – unter ihnen der Generalsekretär der

Vaterländischen Front, Guido Zernatto, einst ein angesehener Schriftsteller – mochten ihren Parolen glauben. Die Masse der Anhänger sah darin nicht viel mehr als eine Vorstufe zum Nazismus. Schließlich ist immerhin auch der »Führer« ein Österreicher und wird schon den alten Traditionen gerecht werden! Das war ja eben Hitlers Geniestreich: Daß er seinem supermodernen Aktionismus die Kostüme des vertrauten deutschtümelnden und biedermeierlichen Schmierentheaters umhängen konnte. Und dafür waren die Österreicher von je anfällig … Friedrich Torberg berichtet von der politischen Erkundungsreise eines VF-Parteifunktionärs in ein Provinzstädtchen. Die Auskunft des Bürgermeisters: »Meiner Schätzung nach sein's 40 % Nazis, 40 % Sozis, der Rest alte Christlichsoziale.« Und bei der Vaterländischen Front sei niemand? »Ah ja«, beeilt sich der Befragte voll pflichtbewußten Eifers. »Bei der Vaterländischen Front san's alle!«

Für das liberale jüdische Bürgertum »schmeckt Igel immer noch besser als Stachelschwein«, das war bezeichnend für unsere vertrackte Lage. Zwar konnte man zumeist die Schwarzen nicht riechen, aber halbherzig unterstützte und finanzierte man sie doch, als das kleinere Übel, als letztes Bollwerk gegen Hitler. Von den Warenhauskönigen Krupnik und Gerngroß bis hin zu Franz Werfel oder Hans Habe (der sich gern als »Heimwehrfechter« ausgab). Und, ach Gott, auch Karl Kraus. Auch der Unbestechliche resignierte, und lobte den neuen Staat. Eigentlich hätte schon das uns zu sofortiger Emigration veranlassen müssen! Aber wir blieben da, denn Juden glauben an Wunder.

Leicht kann es diesen Anhängern nicht gefallen sein. Da man jetzt den Nazismus nicht mit demokratischen Thesen bekämpfen darf, so macht das Regime eben Antinazi-Propaganda mit Naziterminologie. »Was will Hitler?« lesen wir da in einem Leitartikel: »Die Österreicher als minderwertige Judenrasse stempeln und sie so in die Knechtschaft führen. Beweisen, daß wir alle Judenstämmlinge sind, Abkommen einer verachteten Menschenkaste. Es gibt für ihn keine arischen Österreicher!« Schwer zu sein ein Vaterländer!

Als jüdischer Vorzeigedichter des neuen Staates gilt nunmehr Franz Werfel. Längst innerlich Christ geworden, aber trotz Frau Almas Zureden nicht willens, die jüdische Religionsgemeinschaft zu verlassen, gerade in dieser Zeit. Dank seinem Einkommen kann sich Alma erlauben, auf der Hohen Warte eine herrschaftliche Villa zu errichten (jetzt Saudi-Botschaft). Ein Repräsentationsbau mit 28, teils mit weißem Marmor verkleideten Zimmern! Ganz oben im Dach hat sie ihrem Gatten ein Dichterstübchen eingerichtet. Unten hält sie Salon und empfängt die politischen Größen des Staates, inklusive Starhemberg und ihrem Bewunderer, dem Aufsteiger Kurt von Schuschnigg. Alles ist darauf abgestellt, die gesellschaftliche Bedeutung ihrer Rivalin, der einflußreichen Kulturkritikerin Berta Zuckerkandl, zu übertreffen. Daher sind natürlich auch die literarischen und musikalischen Koryphäen zu Gast, wie Friedell, Zuckmayer, Horváth, Broch, Bloch, Canetti, Schönberg, Alban Berg. Als einmal Arthur Schnitzlers letzte Lebensgefährtin Clara Pollaszek zu Besuch kommt, bricht sie in Tränen aus. Und macht ihrem Geliebten – der mangels amüsanter Konversation seine spärlichen Gäste mit Roulettespiel unterhalten muß – den Vorwurf, nie einen vergleichbaren Lebensstil erreicht zu haben.

Etwa zu dieser Zeit hat Alma auch ihre nicht unbeträchtlichen Verführungskünste spielen lassen, um den katholischen Theologieprofessor Johannes Hollnsteiner, die rechte Hand des Kardinals Innitzer, in ihr Bett zu bekommen. Ein Verhältnis, das Werfel seiner alternden Gattin zu gönnen scheint. Weniger angetan dürfte er von ihrer Koketterie mit dem miesen Naziverschwörer Anton Rintelen gewesen sein, einem der vielen undurchsichtigen Intriganten der Wiener Politik. Alma damals zu Werfel (laut dessen Biograph Peter Stephan Jungk): »Ach, weißt du, Franzl, eine Frau kann in vielen Kirchen beten.«

5

Eine der Grundlagen des Regimes soll die päpstliche Bulle »Quadragesimo Anno« sein, die natürlich keiner gelesen hat. Ansonsten hält man sich an die Vorbilder des Dritten Reiches und des faschistischen Italien. Samt einer Prätorianergarde, den blau gewandeten »Sturmscharen«. Einem offiziellen Gruß mit zwei Schwurfingern, der »Österreich!« lautet. Und sogar einer Kopie von »Kraft durch Freude«, die sich »Neues Leben« nennt. Also warum nicht gleich den Anschluß, oder zumindest einen nationalsozialistischen Staat, fragen sich die ins Kraut schießenden »Illegalen«? Und schon im Juli geht es los, mit versuchtem Putsch einer in Deutschland ausgebildeten österreichischen SS-Standarte plus hiesigen Nazis. Darunter Wiener Polizeibeamte, Staatsfunktionäre und Bundesheer-Offiziere. Schnell erobern sie das Regierungsgebäude am Ballhausplatz. Zwei Putschisten namens Planetta und Holzweber erschießen Kanzler Dollfuß, den sie grausam ohne ärztlichen oder geistlichen Beistand in seinem Blut verröcheln lassen … Training für später. Gleichzeitig wird das Rundfunkgebäude in der Johannesgasse gestürmt und eingenommen, schon tönen Siegesmärsche im Radio. Um dem Putsch einen Anstrich von Legitimität zu geben, will man den sterbenden Kanzler zwingen, dem nazitreuen Rintelen seinen Segen zu erteilen, aber Dollfuß weigert sich standhaft. (Ein Vorausblick auf die Szene, als vier Jahre später zur Anschlußzeit Göring telefonisch von der österreichischen Regierung ein Telegramm zu erzwingen sucht, das Hitler um den deutschen Einmarsch anfleht! Schließlich muß er selber eins fälschen lassen!)

Der Putsch wird innerhalb weniger Stunden von regierungstreuen Truppen zusammengeschlagen. Dollfuß stirbt mutig, nachdem er noch Justizminister Schuschnigg zu seinem Nachfolger ernannt hat. Ein bebrillter Oberlehrertyp, aus dem kaisertreuen Tirol stammend. Anständiger, aber schlapper als sein Vorgänger. Was sollte der gegen Hitler aufstecken? Beim Leichenbegängnis von Kanzler Dollfuß schreitet Starhemberg, dessen Heimwehr sich die ganze Zeit höchst zweifelhaft verhalten hat, in vollem Wichs elegant zur Seite der schwarzverhüllten Witwe. Eine groteske Szene, die sich Bertolt Brecht in seinem *Arturo Ui* nicht entgehen lassen wird: Sein mokantes Tendenzstück, in dem solche amerikanischen Kinogangster wie der Italo-Amerikaner Ui und die – leicht ins Deutsche zurück zu übersetzenden – Hindsborough und Dullfeet um einen gar nicht amerikanisch klingenden »Karfioltrust« kämpfen, der in etwa Österreich darstellt. Den einschlägigen Unterwelt-Slang will Brecht von seinem Sohn Stefan geliefert bekommen haben (damals sechs Jahre alt!)

Kaum ein Wort über diese ganzen Ereignisse in den sonst so schlagfertigen Wiener Kabaretts. Die sich jetzt in ihrer Verzweiflung so ziemlich auf Judenwitze beschränken, da man ja sonst nicht mehr weiß, über wen man sich straflos mokieren darf. Etwa über die abgeschmackten Gebetszettel, die derzeit in ländlichen Kirchen verteilt werden: »Dollfuß ist unter den Heiligen, zu denen wir beten dürfen«? Oder das rotweiße Schülerabzeichen, das wir von nun an täglich tragen müssen, mit der Inschrift »Seid einig«? Als wären Schüler sich nicht von je einig in ihrem Kampf gegen Lehrer und andere Tyrannosaurier. Oder daß jetzt sonntags in allen Gotteshäusern – und am Schabbes im jüdischen »Tempel« – die Nationalhymne abgefeiert werden muß: »Deutsche Arbeit, ernst und ehrlich, deutsche Liebe, zart und weich …«? Was, vom Kantor auf jiddisch gesungen, unvermeidlich unseren Lachreiz herausfordert. Und anschließend sogar ein neues offizielles Schülerlied (sozusagen unser Horst-Wessel-Lied): »Ihr Jungen schließt die Reihen gut, ein Toter führt uns an. Er gab für Österreich sein Blut, ein wahrer deutscher Mann.« Ja, da hatten wir es wieder, dieses unglückliche Erpichtsein darauf, die Österreicher als pure Deutsche auszuweisen, geradezu als die besseren Deutschen! Im Hinterkopf die Wahnvorstellung, es würde sich irgendwie zur Anschlußzeit das große Deutschland an das kleine, aber feine Österreich anschließen! Als Wiedergutmachung wahrscheinlich der gegen die Preußen verlorenen Schlacht von Königgrätz, wenn nicht gar der ganzen Reformation! Gefährliche Phantastereien …

Warum war der Naziputsch letzten Endes schiefgelaufen? Natürlich eine Kaffeehausgeschichte. »Die Meldungen, die rasch zur Polizeidirektion hätten gelangen müssen«, schreibt Chronist Franz Endler, »kamen aus einem Wiener Kaffeehaus, nahmen Umweg über ein zweites, und waren schließlich so ungenau und so spät dran, daß eine Ministerratssitzung auf dem Ballhausplatz abgebrochen werden konnte, und wenigstens einige Minister in ihre Ministerien zurückkamen.« Die Regierung also nicht mit einem einzigen Schlag auszuschalten war. Friedrich Torberg – er sei hier ein letztes Mal vor seiner Emigration zitiert – weiß es genauer. Anscheinend war das Stammlokal der Putschistenführer ein Café im 8. Bezirk. Von wo aus ein von Dollfuß entlassener Ex-Minister – es kann sich wohl nur um Anton Rintelen handeln – mit seinen Kumpanen telefonisch das ganze Unternehmen leiten sollte. Dazu hatte er sich, Krieg ist Krieg, einen Decknamen zurechtgelegt, Dr. Zimmermann. Nun kannte der

Oberkellner alle seine Gäste, auch den Minister. Als die entscheidenden Anrufe einlangten, warf er, anstatt den Namen laut auszurufen, bloß einen Blick in den Saal. Gab zur Antwort, nein, ein Dr. Zimmermann sei nicht im Hause, und hängte ein. Damit war der Zeitplan der Aufständischen völlig durcheinandergebracht. Als das erwartete Signal dann endlich eintraf, hatten bereits Soldaten das besetzte Rundfunkgebäude der RAVAG zurückerobert, und der Umsturz war am Ende. Immerhin bemerkenswert, daß diese Putschisten als erste begriffen, wie wichtig die Besetzung der Nachrichtenzentrale sei. Wovon noch fünf Monate zuvor, bei ihrem unseligen Februaraufstand, die Sozis keine blasse Ahnung hatten!

Dies war übrigens das einzige Mal, daß Mussolini abmachungsgemäß »am Brenner aufmarschierte« (oder so tat als ob), um die Unabhängigkeit Österreichs gegen die Macht aus dem Norden zu schützen. Bald danach kam es zur Gründung der »Achse«. Und die zwei Diktatoren schüttelten sich – wie in Chaplins parodistischem Film dargestellt – die vorsorglich behandschuhte Rechte.

6

Jetzt tritt eine Art Kunstpause ein. Ein Moment des Aufatmens. Zwar ist die Demokratie im Land perdue, aber hat sie je richtig funktioniert? Kann sein, die neuen Herren finden etwas Besseres, vor allem gegen die furchtbare Wirtschaftsflaute und die nach wie vor steigende Arbeitslosigkeit? Und immerhin sind ja jetzt die Nazis legal verboten. Und mit den »Illegalen« prügeln sich die Heimwehrler auf der Straße herum! Vielleicht ist diese »Diktatur, gemäßigt durch Schlamperei« wirklich unsere einzige Chance gegenüber den braunen Horden, die ohne Schlamperei?

Also wendet man sich jetzt wieder seinem Privatleben zu: Der Schule, dem Sport, sogar – etwas schamhaft – der Literatur.

In einem Kramkasten vor der Buchhandlung Deuticke beim Schottentor – sie standen bis zur Niederschrift dieses Buches immer noch da, jetzt ist die Firma leider verschwunden – für einen Schilling antiquarisch aufgegabelt: *Die Gaunerzinke*, ein Gedichtband des jungen Theodor Kramer. Deuticke ist übrigens der Verleger von Freuds Frühwerk, ein schlechtes Geschäft. Als Freud ihm hingegen 1899 seine *Traumdeutung* anbot, sagte er begeistert zu: »Traumbücher gehen immer!« Der Absatz der 600 Exemplare dauerte dann allerdings zwei Jahrzehnte!

Kramers Bänkellyrik über die Ziegel- und Schnapsbrenner, Keuschler und Häusler, Huren und Vagabunden seiner Heimat: ein für mich bestimmender Eindruck. Man konnte also auch ohne verschwiemelten Tiefsinn schreiben, wenn man die Leute nur genau genug, und mit dem Herzen, beobachtete:

Aus den Städten folgte ich den Gleisen
durch das Hügelland, bis meilenweit
die Gehöfte lagern, durch die Schneisen
und die Meiler, wo der Habicht schreit.
Und man dingt auf manchem Hof den Gänger;
denn im Ödland ward noch nicht gemäht.
Aber meines Bleibens ist nicht länger
als des Halms, der auf den Leiten steht…

Kramer, Sohn eines ländlichen Gemeindearztes, im Ersten Weltkrieg schwer verwundet, versucht sich in allen möglichen Berufen. Zieht auch als Taglöhner durch das ärmliche österreichische Bauernland, das sich ja z.T. noch bis in die fünfziger Jahre seine Abgeschiedenheit bewahrte. Nach dem Anschluß Emigration nach London, wo er sich lange Zeit arbeitslos hinschleppt, um schließlich als Bibliothekar in einer Provinzstadt unterzukriechen. Seine Mutter wird im KZ Theresienstadt ermordet. Der Rückkehrertraum des Heimwehkranken erfüllt sich erst 1957, als der längst Vergessene eine Gnadenpension erhält! Die er aber nur mehr wenige Monate genießen kann.

Andere Buchhandlungen, von mir besucht und durchgewühlt: Doblinger in der Dorotheergasse, der historische Musikverleger. Wallishausser auf dem Lichtensteg, noch bis zu seinem Autor Grillparzer zurückreichend. Der – auch in den *Letzten Tagen* vorkommende – Hugo Heller am Bauernmarkt, in den wohl die spröde Malerin Käthe Kollwitz verliebt war. Und wo Martin Flinker seine Lehrzeit absolvierte, nachmals als deutscher Buchhändler in Paris zu Ansehen gekommen. Amon Göth in der Mariahilferstraße – könnte der identisch gewesen sein mit dem späteren KZ-Kommandanten aus *Schindlers Liste*? Schließlich in der Kärntnerstraße die aufregende Verlagsbuchhandlung Richard Lányi. An allen Wänden Plakate zu kommenden Veranstaltungen von Karl Kraus oder Adolf Loos, im Hinterzimmer farbige Zeichnungen von Schiele und Kokoschka. Lányi hat ja auch 1918, noch knapp vor Schieles Tod mit 28 Jahren, eine allererste Mappe mit Reproduktionen seiner Zeichnungen herausgebracht (heutiger Preis des signierten Exemplars: an die 5000 Euro). Auch viele Werke von Kraus gedruckt, so das berühmte Abschiedsgedicht am Grab von Peter Altenberg: »Wie wurde mir in seiner Nähe warm. / Ein Bettler ging von uns, wie sind wir arm.« Immer ist der Laden belebt, zahlreiche mir unbekannte Autoren, die wenigstens schön anzusehen, wandern in den Hinterraum. Aus dem von Zeit zu Zeit der aufgeregte Besitzer stürzt, um aus seinen unübersichtlichen Regalen längst verblichene Schätze hervorzukramen. Die von mir lebenslang geliebte Atmosphäre.

7

Der heimischen Aufforderung »Tu was für deine Bildung« (kennen sie auch andere Kulturen?) kommen wir nach, indem wir sonntags ins »Kunsthistorische« bzw. »Naturhistorische« pilgern … oder so tun als ob. Viel lieber noch in Kino- oder Plakatausstellungen. Auch die Albertina-Galerie müssen wir um diese Zeit entdeckt haben. Die den Vorteil besaß, daß – im Gegensatz zur klassischen Malerei, bei der immer gerade da ein Zweiglein sproßte oder ein Kleiderzipfel hinwehte, wo es interessant zu werden versprach – gezeichnete Akte offen daliegen durften, weiß Gott warum. So haben wir Klimt, Schiele und Kokoschka für uns entdeckt, wenn auch darüber im Familienkreis nichts verlautet werden darf. So wenig wie die populäre Geschichte von dem Wachmann (in Wien auch wegen grüner Uniform Spinatwachter genannt), der, von einem Fremden nach der Albertina gefragt, zur Auskunft gibt: »Mei liaba Herr, vom Sehn kenn ich die Menscher alle. Aber wo's wohnen, des waaß i net.«

Noch anregender geht's im Schönbrunner Schloßtheater zu, von Bühnenzauberer Max Reinhardt zu seinem Schauspielerseminar ausgebaut. Bei öffentlichen Vorführungen braucht er natürlich, wie so manches Wiener (und Pariser) Theater, seine »Claque«. Und das waren wir »Bündische« auf dem zweiten Rang. Sobald ein markiges Wort fällt, erhebt sich der Claquechef wie ein Kapellmeister. Und zeigt uns mit seinen schinkengroßen Pratzen, was ein Applaus zu sein hat. Bei Lustspielen wiederum haben wir zu lachen, bis uns die Tränen kommen. So habe ich mich durch ein gut Teil des modernen Dramas durchgeklatscht und durchgeweint, alles gratis. Nachts studiere ich den Faustmonolog und, solang ich noch nicht Stimmbruch habe, auch das Gretchen. Reinhardt selber hört mich in seinem Büro ab, erst den Faust, dann das Gretchen. Dazu braucht er gar nicht lange, ihm reichen schon die ersten drei oder vier Verse. Danach sagt er: »Statist!« – so wie Spork, der große General, zum kleinen Grafen von Langenau »Kornett!« sagt, in dem Buch von Rilke, das wir damals für den Inbegriff der Poesie halten. Das Ende meines Bühnentraumes.

8

Ein anderer schöner Ort ist der märchenhafte »Figurenspiegel« des Puppenspielers Richard Teschner, des »Magiers von Gersthof«. In der schneeweißen Jugendstilwohnung des Künstlers einige wenige Sitzreihen. Vor ihnen ein kreisrunder Bühnenausschnitt mit vorgesetzter Vergrößerungslinse, hinter der sich, ohne erkennbare Antriebsmechanik, exotische Figuren zu heller Klingelmusik geheimnisvoll rühren. Nur 49 Plätze enthält der Saal. Es werden auch nie mehr benötigt für dieses Vorstadtgenie. Obwohl sein Impresario kein anderer ist als der Buchhändler Richard Lányi, Förderer von Kraus, Kokoschka, Schiele. (Jedenfalls bis 1938, als man ihm den Laden kaputtmacht.)

Teschner ist ein Vielfachtalent. Dieser Maler und Plakatkünstler, später auch Filmemacher, erfindet, schnitzt und bemalt seine Figuren. Schreibt ihnen die Stücke (ursprünglich nach javanischen Themen). Entwirft Dekor und Kostüm, führt Regie, adaptiert die Musik und lenkt auch noch, mit Hilfe einer einzigen Assistentin, die Puppen selber. Aber sind das noch Puppen, diese traumhaften, teils unheimlichen, teils humoristischen Figuren? Dieser orientalische Drachentöter, diese lüsterne Orchidee, dieser durchsichtige Klavierspieler Bimini mit seinem Farbenklavier, das Töne in Farben umsetzt, und der Ente, seiner grenzenlosen Bewunderin? Dann wieder die unheimliche Lebensuhr: »Der

Türmer schaut aus seinem Fensterchen nach dem Wetter aus. Der Graue lockt ihn mit einem Kartenspiel. Der Türmer läßt sich anführen, er streckt unvorsichtig den Kopf aus dem Fenster, der Zeiger enthauptet ihn. Seine Stunde hat geschlagen.« Wo hat man diese gespenstische Szene nur sonst schon gesehen? Aber natürlich in einer der frühen angstbesessenen Zeichnungen von Alfred Kubin, bevor er sich vor der seelischen Zerrüttung in die historische Buchillustration rettete. Maden, Ratten, Riesenspinnen, Schlangen, allerhand Gewürm bevölkern seine Welt. Der Länge nach entzweigesägte Frauenleiber, verwesende Schwangere, bei der Folter herausgepreßte Gedärme, auch schon peitschenbewehrte Wärterinnen gibt es und aufgeschichtete Haufen von Geschundenen … und von Penissen. Ein lustbetonter Sadomasochismus, begleitet von wahnwitziger Todesfurcht. Hier hat einer, ausgehend von seinem sexuellen Verfolgungswahn, die ganze Schreckenswelt des 20. Jahrhunderts vorausgeahnt.

Wir selbst lernen Kubin zuerst als Illustrator von Edgar Poes Schauergeschichten kennen. Erst später stoßen wir auf den Roman dieses Doppelbegabten: *Die andere Seite*. In dessen Mittelpunkt Kakanien steht, als das der Auflösung zustrebende Reich Perle. Der Zerfall der Monarchie bleibt ja für Kubin, nach eigener Aussage, eine lebenslange Wunde. Immer geht bei ihm alles zugrunde, wird vernichtet, verfällt, auch das Schöne. Wie seine verkommenen oder einstürzenden Häuser, seine ausgemergelten Tiere, seine todgeweihten Soldaten. Ja, eine ganze Menschheit, die vom Schicksal mit dem Rechen in den Müll gefegt wird. Wobei häufig das Skurrile und Groteske der Szenerie den Beschauer in krampfhaftes Lachen versetzt. Auch die Nazis zeichnet er dann nicht als Befreier, sondern als Vernichter: Ein wilder beflaggter SA-Haufen, der über eine Brücke in das schlecht verteidigte Österreich hineinstößt.

Lebensbestimmend für Kubin seine jugendliche »Buddha-Krise«, die zwar nur wenige Tage dauert, aber bis an sein Ende nachhallt: Hier ein wenig bekannter Brief, mit dem er einem Freund zum Tod von dessen Tochter kondoliert: »... Vergessen wir doch nie, daß Alles was existiert auf geheimnisvolle Weise identisch ist. Daß es ein Göttliches, proteisch Überquellendes ist, das sich die Zeit und den Raum und Alles darin enthaltene schafft und sich dann fort und fort mit sich selbst beschenkt und bespiegelt. Das Herz dieses ganz und gar außermenschlichen Antriebes, das in reinster Freiheit zu seinem Schöpfer schlägt und steht und sich in seinen unermeßlich dunklen Wundern verbirgt – ist das Intimste was es gibt – unser eigenes!«

Dem Freund Fritz von Herzmanovsky-Orlando – ebenfalls aus dem Böhmischen stammend – schreibt er einmal: »Ich bin der Organisator des Ungewissen, Zwitterhaften, Dämmrigen, Traumartigen. Angestrebt wird von mir, dieses tief in meiner Menschlichkeit wurzelnde geheimnisvolle Reich zu leben.« Schon das Formelhafte der Phrase »angestrebt wird von mir« könnte auch von seinem Freund stammen. Dessen ausufernde Dramen und Erzählungen voller Höflinge, Hofzüge, Hofräte und Hofzwerge eine verschnörkelte Persiflage des barocken altösterreichischen Hofzeremoniells darstellen, ihre »ärarische« Amtssprache ins Absurde hochgezwirbelt. Daher auch, was Musil sein Kakanien, Kubin sein Reich Perle, bei Herzmanovsky zum »Tarockanien« verkommt! Keines der Stücke ist meines Wissens damals aufgeführt worden, nur ein einziger Roman erschienen: *Der Gaulschreck im Rosennetz.* Gleich darauf, um das befremdete Publikum zu besänftigen, in *Der letzte Hofzwerg* unbenannt, was ihm offenbar vertrauter war. Friedrich Torberg – immer wieder er – hat dann den vergessenen Autor nach dem Zweiten Weltkrieg neu entdeckt und publiziert. Daß trotzdem die Stücke so ziemlich unaufgeführt blieben, hat auch mit dem gewaltigen Personalaufwand zu tun, dem kein Ensemble gewachsen ist. Jedes Drama enthält an die zwanzig bis dreißig burleske Charaktere, von Nozerl Zwölfaxinger über Franz Teuxelsieder bis zu Leopoldine Gackermeier und wieder zurück! Einzig der mutige Regisseur Axel Corti hat in den sechziger Jahren eine Verfilmung von *Kaiser Joseph und die Bahnwärtertochter* gewagt, und dabei Hans Moser seine letzte Rolle geschenkt... Natürlich ist auch Herzmanovsky eine Doppelbegabung. Dessen bizarre Buntstiftzeichnungen an solche – von ihm gewiß kaum gekannten – französischen Frühsurrealisten wie Grandville oder Rops erinnern.

Hierher gehört schließlich für uns auch Gütersloh, eigentlich als bäurischer Albert Kiehtreiber geboren. Der sich aber, nachdem ihn angeblich in Gütersloh drei Mädchen aufgefordert hatten, die schönste zu wählen, der »Paris von Gütersloh« nennt. Anfangs Schauspieler und Bühnenbildner bei Reinhardt, dann Verfasser eines der ersten expressionistischen Romane, *Die tanzende Törin*. Als junger Dandy von Schiele gemalt und auch Herausgeber eines frühen Schiele-Katalogs. Sein genußreich provozierendes Vorwort beginnt mit der proklamatorischen Phrase: »Etwas sollten wir endlich fallen lassen: den Begriff Kunst«. Auch wieder eine Doppelbegabung als Zeichner und Autor. Von dem wir zu unserer Zeit allerdings nur den einen Satz kannten, der uns natürlich aus dem Herzen sprach: »Hinter jeder Frau geht die Vision ihres Schlafgemachs, geht die Vorstellung ihres nackten Körpers.« Lehrer an der Wiener Kunstgewerbeschule, erhält er 1938 von den Nazis Berufsverbot. Wird dann nach dem Krieg zum Inspirator der »phantastischen Realisten« Fuchs, Hausner, Lehmden, Brauer und Hutter (dessen leiblicher Vater er sein soll). Und mit denen er sich in den sechziger Jahren von uns gerne ablichten läßt. Wobei er vergnügt von seinem »Erbübel« Adolf Loos schwadroniert, dem er als ornamentaler und barocker Österreicher natürlich spinnefeind gewesen sei ... Schnee von gestern. (Immerhin sind noch die beliebten kuriosen Wiener Kitschbauten von Hundertwasser ein Nachhall dieser Kämpfe zwischen Funktion und Dekoration.) Die erste Biographie des Autors schreibt schon 1930 sein Jünger Heimito von Doderer: *Der Fall Gütersloh*. Obwohl nur in kleiner Auflage gedruckt, führt das Büchlein den Verleger direkt in die Pleite. Dreißig Jahre später wird Doderer die unverkauften Druckbögen, mit einem neuen Vorwort versehen, ein zweites Mal herausbringen ... immer noch zu Lebzeiten Güterslohs!

Wir aber saugten damals, bei diesen »Manieristen«, unbewußt viel von dem auf, was nachher unseren Kunstverstand, wenn nicht unseren Lebenslauf, bestimmen wird: Hier sind Prächtigkeit, Geheimnis, Faszination, Magie. Und auch, von den Wienern besonders goutiert, ihre geschmäcklerischen Auswüchse: Morbidezza, Spiel mit dem Untergang. Denn Tod und Verderben und die herbstliche Melancholie des Absterbens als Beweis des eigenen Lebendigseins – das trifft nur der Wiener, und damit fühle ich mich bis heute zutiefst verwandt.

9

»Nun war Grünbaum zwar ein Wiener, doch auch sonst kein Optimist« – auf wen mag sich das beziehen? Auf wen anders als den brillantesten Komiker vor Ort, Fritz Grünbaum. Der, wie die meisten begabten Wiener, darunter Adolf Loos und Erich Wolfgang Korngold, eigentlich aus der »Geniezelle« Brünn stammte. Nimmt man dazu noch die, auf seiner sagenhaften Häßlichkeit beruhenden, Komplexe, die man üblicherweise durch Charme

TELEFON 60-5-6
Wenn
Judenblut vom Messer spritzt
WER IST DAGEGEN
Wir kämpfen um die Macht
AHLER-VERSAMMLUNG
Donnerstag, den 7. April 1932, um 8 Uhr abends,
beim Grünen Tor,
Pg. Dr. Suchenwirth u. Wrangel

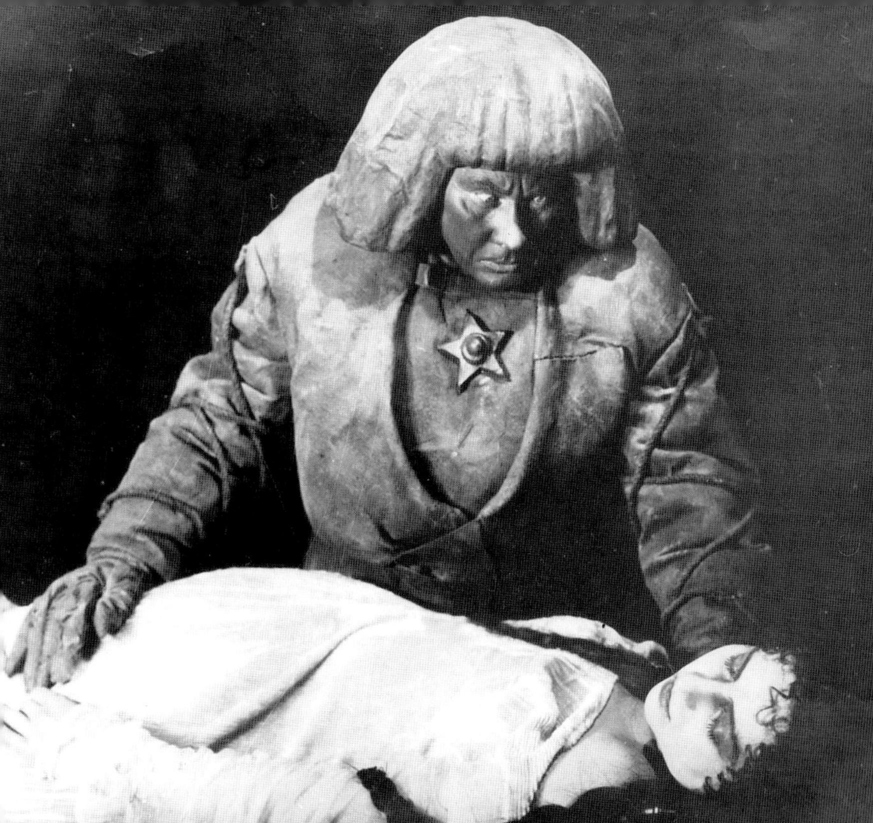

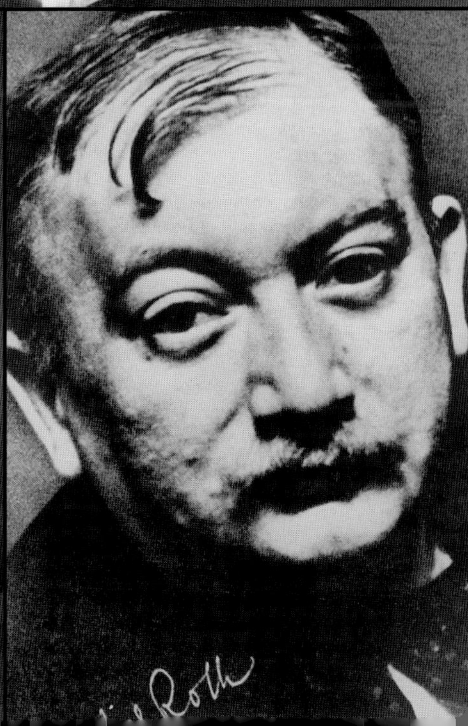

Alma Wer

CITROEN

Bauet auf das neue Österreich
Gemeinsam ans Werk
mit
Dollfuß
Starhemberg
PROPAGANDASTELLE DER BUNDESFÜHRUNG DES ÖSTERREICHISCHEN HEIMATSCHUTZE
WIEN I., HERRENGASSE 8

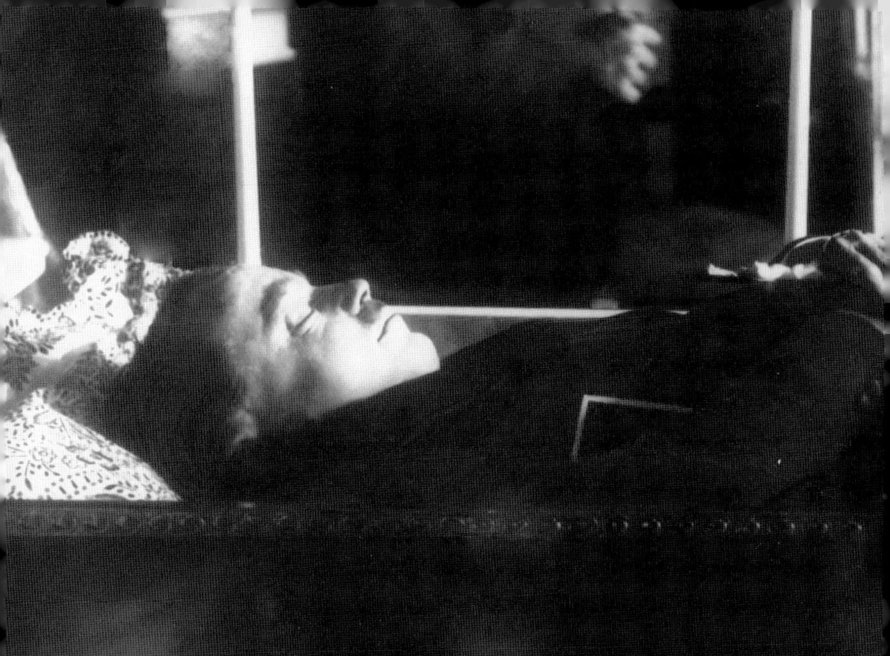

Bildteil II

1. In der Wiener Leopoldstadt
2. Antisemitisches Plakat
3. Szenenbild aus »Der Golem, wie er in die Welt kam« mit Paul Wegener
4. Hermann Broch
5. Joseph Roth
6. Alma Mahler-Werfel und Franz Werfel
7. Arthur Schnitzler
8. Die SA defiliert in Wien vor Hermann Göring und Ernst Röhm, 1932
9. Beschossener Gemeindebau »Karl-Marx-Hof«, 1934
10. Verwundete Soldaten beim Naziputsch 1934
11. Rüdiger von Starhemberg (links) und Engelbert Dollfuß, Wahlplakat
12. Leiche des ermordeten Dollfuß
13. Starhemberg (Bildmitte) mit Witwe Malwine Dollfuß
14. Jura Soyfer
15. Otto von Habsburg als Tiroler
16. Hitler auf der Ringstraße, März 1938
17. Hitlerrede, Rathaus, April 1938
18. Jüdische »Reibpartien« entfernen Schuschniggs Wahlslogans, März 1938
19. Rückkehrer Friedrich Torberg mit Frau Hawelka im Café Hawelka

und Sexyness ausgleicht (beides besaß Grünbaum reichlich), und was fehlt dann noch zum belachtesten Kabarettisten der Stadt? Nicht mehr als unerschöpflicher Witz, Schlagfertigkeit, Einfallsreichtum. Und jene Selbstverspottung, von der sein Nachkomme Gerhard Bronner sagt: »Wer auch über sich lachen kann, der steigt aus den stickigen Niederungen der Schadenfreude auf zu jenem Niveau, wo echter Humor stattfindet.«

Unverbrüchlich ist Grünbaums Name mit dem Simpl verbunden. 1912 als »Bierkabarett« gegründet, hat dieses kleine Lokal am Fuß der Wollzeile bis heute überlebt. Nur daß die rote zähnefletschende Bulldogge, die Zeichner Thomas Theodor Heine ursprünglich zum Wappentier für das politische Witzblatt *Simplizissimus* machte, als Insignium des Simpl zu einem zahmen Bulli verkommen ist. Und ging die Münchner Jugendstilzeitschrift einst so weit, daß Hausdichter Frank Wedekind wegen Majestätsbeleidigung in Festungshaft mußte, und der Verleger Albert Langen sich ähnlichem nur durch Flucht nach Paris entzog, so bleibt man in Wien pointiert, anspielungsreich, aber im Grund politisch lammfromm. Was wohl auch damit zu tun hat, daß das Wiener Kabarett im Gegensatz zum deutschen (Wolzogen, Wedekind, Ringelnatz, Kästner) eine so ziemlich jüdische Angelegenheit ist. Und womit sollen die Juden ihre Ängste eher kompensieren als durch Identifikation mit den Mächtigen? So kommt es, daß die zwei Stars des Simpl, eben Grünbaum und sein Partner Karl Farkas, auf der Szene mit verzweifelter Lustigkeit hauptsächlich gegeneinander anstinken. Nachher kommt die übrige Judenheit dran, dann erst die Antisemiten. Die man zu dieser Zeit hinnimmt wie ein unvermeidliches Übel, wie Läuse oder Krätze, ärgerlich, aber nicht lebensbedrohend. Schließlich sind da noch die Staatsorgane, denen man – eingedenk der Nazibedrohung – seinen schuldigen Respekt erweist. Hat nicht gar

Dollfuß selbst zu seinen Lebzeiten die Show »O du mein Österreich« Gunst verströmend mit seinem Besuch beehrt? Und sich zu dem patriotischen, wenn auch grammatikalisch nicht ganz fehlerfreien Satz herbeigelassen: »Die Verkündigung von vaterländischen Ideen von der Bühne herab hat die größte Kraft der Propaganda und wiegen manchen Volksversammlungen und mit vielen Mitteln der Fremdenverkehrspropaganda auf.«

Sowohl Farkas wie Grünbaum – sie stehen hier stellvertretend für zahlreiche andere Spaßmacher – haben den Krieg als Freiwillige medaillenbehängt überstanden. Tun jetzt aber so, als hätten sie die ganzen Jahre diskutierend im Kaffeehaus verbracht. Kabarettistische Alleskönner, treten sie singend, tanzend, Witze reißend, zu zweit oder getrennt auf, sind manchmal Kompagnons und dann wieder Konkurrenten, hasten in schlechten Zeiten Nacht für Nacht von einem Lokal zum andern, und pachten in guten ihre eigenen Bars oder Bühnen. Schütteln nebenher noch ganze Revuen, Theaterstücke und Filmdrehbücher aus dem Handgelenk (Grünbaum bringt es sogar als Librettist der Operette *Die Dollarprinzessin* beinahe zu unverhofftem Reichtum). Lieben sich manchmal, verabscheuen sich ebenso häufig. Ja, es kommt am Ende dazu, daß Grünbaum, nach seinem politisch allzu geschmeidigen Partner befragt, das schöne Wort findet: »Farkas? Hut auf!« Trotzdem werden die beiden bis heute stets gemeinsam genannt und gehen gemeinsam in die Kabarettgeschichte ein, wie die Zwillinge. Und zwar unvermeidlich Farkas an erster Stelle, obwohl er vielleicht unter diesen zwei immensen Talenten der minder Talentierte war.

»Ätzende Schärfe des Witzes, Schlagkraft des Einfalls, gutmütige Bosheit, verbindliche Perfidie«, attestiert ihnen Zeitchronist Ludwig Hirschfeld. (Wobei es als selbstverständlich hingenommen wird, daß jeder Komiker alle andern plagiiert – die sogenannte »Wanderpointe«.) Die zwei gelten auch als Erfinder, oder zumindest Vollender, der Doppelconférence, wie ich sie noch genüßlich erleben durfte. »Diese besteht darin«, so erklärt Farkas seinem Grünbaum einst ihr Geheimnis auf offener Bühne, »daß man einen intelligenten, gutaussehenden Mann nimmt – das bin ich – und einen zweiten, nämlich den Blöden, dazustellt. Das bist, nach allen Regeln der menschlichen Physiognomie, natürlich du.« Und tatsächlich galt ja Farkas, ein hochgewachsener Typ mit gewaltigem Adlerschnabel, als »schöner Mann«, was man von dem mickrigen erkahlenden Grünbaum mit seiner dicken kreisrunden Brille weniger behaupten konnte. Allerdings: »Farkas hat Witze, Grünbaum hat Witz«, heißt es. Die Presse schwärmt von seinen »kleinen Meisterwerken subtiler Pointierungskunst«. Sind Grünbaums Monologe, auf schlichtes Holzpapier gedruckt, noch hie und da in Wiener Antiquariaten zu finden (Preis ca. 100 Euro), so scheinen die Texte der meisten Doppelconférencen, die vielleicht auch manchmal nur extemporiert waren, auf alle Zeiten dahin. Einige hat immerhin der verdienstvolle Sammler Hans Veigl in seinem Kompendium *Lachen im Keller* aufbewahrt. Andere der unerschöpfliche Friedrich Torberg, der Gedächtnisakrobat. Bei dem man sich allerdings die Frage stellen muß, wie einem Menschen, der so viele Hunderte gute Anekdoten in seinem Kopf gespeichert hatte, auch noch selbst etwas einfiel. Hier seine Reminiszenz an das Duett Farkas-Grünbaum:

»Manchmal, besonders wenn Grünbaum Begriffstützigkeit zu mimen hatte, verstieg sich die Ungeduld des vergeblich Belehrenden in fast schon surrealistische Dimensionen:

GRÜNBAUM: Ich bitt dich, tu mich informieren über was ich nicht weiß: Wie macht sich ein Krieg?

So fragt der ›Blöde‹ und lauscht aufmerksam, bis er es zu verstehen meint:

GRÜNBAUM: Aha, wenn zum Beispiel Brünn mit Bulgarien Krieg führen will, dann –
FARKAS: Brünn kann mit Bulgarien nicht Krieg führen, du Tepp.
GRÜNBAUM: Nein? Warum nicht?
FARKAS: Weil Brünn überhaupt keinen Krieg führen kann.
GRÜNBAUM: Olmütz ja?
FARKAS: Olmütz ja.«

Farkas selbst soll unfähig gewesen sein, den Witz solch schlichter Replik zu erklären. Wie ja überhaupt, trotz aller Analysen von Freud oder Bergson, das Wesen des Komischen letztlich undefinierbar bleibt. Dazu eine Story des britischen Dramatikers Terence Rattigan. Der einst einem spritzigen Dialog als unwiderstehliche Pointe das Wörtchen »Yes« aufsetzte. Nur um von seinem Produzenten angefaucht zu werden: »Ich bezahle Sie dafür, daß Sie witzige Worte finden, und Sie bringen mir solche Allerweltausdrücke wie Yes!«

Häufig geht es, meiner Erinnerung nach, bei den beiden darum, daß man möglichst schnell zum Simpl zu kommen hat, bevor der Vorhang aufgeht … während man ja bereits auf der Bühne des Simpl steht! Einmal versucht Grünbaum seinen Partner zu beschwatzen, ihm die Groschen für die Straßenbahn vorzuschießen:

FARKAS: Muß ich erst nachschaun, ob ich sie selber hab.
GRÜNBAUM: Was ist das? Zwei Zähne hast du in deiner Börse?
FARKAS: Ich hab neulich ein Gebiß gefunden, und die zwei Zähn sind die zehn Prozent Finderlohn.

Hier halten wir schon, jenseits aller Logik, im Territorium der Marx Brothers ... Auch eine Parodie auf das gute alte Fiakerlied bringen sie. Dessen Autor Gustav Pick ja einst das Vergnügen hatte, seine Schöpfung tagtäglich als »Volkslied«, d. h. ohne alle Tantiemen, gespielt zu hören. Jetzt heißt es statt »I fahr zwei harbe Rappen, mei Zeugerl steht am Grab'n« nach der gleichen Melodie: »I hab an alten Daimler ...« Und beim Refrain erfährt man, wie arg sich die Sitten gewandelt haben:

Das Maderl, das war halt a recht's Weaner Kind,
Beim Bremsen zu langsam, doch beim Küssen zu g'schwind.
Mir waren halt jung und das war a Malheur;
Jetzt hat sie an kleinen Chauffeur!

Farkas fungierte auch als Stegreifdichter. Als 1922 der Völkerbund in Genf der Seipel-Regierung einen Sanierungskredit von 650 Millionen Goldkronen gewährt (und sich als Sicherung die Einnahmen der Zölle und der Tabakregie verpfänden läßt, was nachher dem Land eine untilgbare Schuldenlast aufbürdet), so dichtet Farkas noch am selben Abend: »Die Frankfurter werden in Senf garniert, die Wiener werden in Genf saniert!« Einmal, von einem antisemitischen Stänkerer im Publikum provoziert, einen Reim auf »Judenbengel« zu finden, nimmt er eine Rose aus der Vase und reimt: »Hier ist die Rose, da ist der Stengel. Hier ist der Jud – und dort ist der Bengel!«

Unvergeßlich ein Abend, an dem er das Publikum ermuntert, ihm massiert Stichworte oder Zitate zuzurufen, aus denen er dann im Handumdrehen seine Knittelreime zusammenflickt. Einmal kommt ein schier unlösbares »Afghanistan und Belutschistan«. Worauf er sofort eine Geschichte improvisiert, wie einstmals ein durstiger Wiener beim Eisverkäufer ein Gefrorenes ersteht, und es zu dessen Verblüffung in die Brusttasche steckt. »Aber lieber Herr, das schmilzt Ihnen ja weg!« Darauf die Antwort: »Das geht Sie, Aff, gar nischt an. Ich nehm es nach Haus und belutsch es dann.« Und welcher Satz kann aus »Mahatma Gandhi« entstehen? Was sonst als: »Man hat ma kandierte Früchte g'stohlen.« Nicht einmal der Zuruf: »Verdammt und zugenäht« kann diesen zweiten Rilke abschrecken. Der daraus eine erschütternde Wiener Elegie entwickelt, wie er einst ein schönes Mädchen getroffen, ihre Tür stand leider offen … halb zog sie ihn, halb sank er hin … »Und wie ich im Geburtensaal / den neuen Sohn erspäht / da hab ich meine Hose / verdammt und zugenäht!« Als Draufgabe erfindet Farkas schließlich solche bisher unbekannten Tiernamen wie den »Plakatankl-Eber« oder die »Blumento-Pferde«.

Grünbaum wiederum wird nie müde, seine zwei Wehwehchen – Aussehen und Name – in Humor zu verwandeln:

Grünbaum ist ein entsetzlicher Name!
Er wär nicht so schrecklich bei einer Dame;
Denn wenn sie ledigen Standes ist
Und das Unglück des Namens Grünbaum genießt,
Dann ist es nicht nötig, daß lang es sie schauert.
Weil das doch nur bis zur Hochzeit dauert.
Dann hört sich, nach des Gesetzes Lauf,
Das Grünbaumheißen endgültig auf…

Anders beim männlichen Grünbaumheißer, der unvermeidlich auf das traurige Fazit zusteuert:

Was nützt mir mein Geist, wenn mein Name mich schädigt?
Ein Dichter, der Grünbaum heißt, ist schon erledigt.

Was ja gewiß auf das damalige Wien zutraf. Und wie bezeichnend für den Physiognomiewahn der Zeit, daß – als es anno 1938 zur Judenhatz kommt – nicht der »schöne« Farkas, sondern der häßliche und »typisch jüdische« Grünbaum gejagt, geschnappt und zu Tode geschunden wird.

10

Neben Farkas und Grünbaum lachen wir am liebsten über Armin Berg, auch er stammte natürlich aus Brünn. Ein gemütlicher, ewig breit grinsender Teddybär ... außer wenn er mit seinem Intimfeind Farkas zu tun hat. Listige Schweinsäuglein im Vollmondgesicht, obenauf ein inkongruentes kleines Hütchen. (Komiker dürfen nie ansprechender aussehen, als der Zuschauer sich insgeheim fühlt, sie repräsentieren ja seine liebenswerten Kehrseiten!) Berg sieht man, wie alle seine Kollegen, in den verschiedensten Lokalen, vom Simpl über den Riesensaal des Varieté Ronacher bis hin zum Traum aller Entertainer, seiner eigenen Berg-Bar in der Dorotheergasse. Berühmt wird Berg (über ihn Alfred Polgar: »Frech und frei und strahlend im Gefühl seines Nichts!«) seltsamerweise mit zwei so typisch gejüdelten Wienerliedern, daß wir es gar nicht glauben konnten, als sich später der Urberliner Otto Reutter als ihr Autor entpuppte. Das eine war der »gewissenhafte Maurer«, der seinen kompletten Arbeitstag damit zubringt, einen einzigen Stein einzusetzen: »Erst wird der Lehm angerührt / der braune, der gelbe / dann nimmt er an Stein / is noch immer derselbe ...«

Das andere Couplet hieß »Der Überzieher« und bewies haarscharf, wie unmöglich es sei, einen neuen Mantel im Lokal aufzuhängen, ohne daß er prompt gestohlen wird: »Kennen Sie denn die Geschichte / von dem Überzieher schon. / Den sich kaufte der Herr Pichler / bei der Firma Stern & Sohn … / Ist er weg, ist er hier / ja da hängt der Überzieh'r, / ist er hier, ist er weg / nein, er hängt noch auf dem Fleck, / schau ich hier hinter mir / hab ich meinen Überzieh'r, / seh ich weg von dem Fleck / ist der Überzieher weg.«

Auch bei der Verfilmung von Bettauers *Stadt ohne Juden* ist Berg unvermeidlich dabei. Und ebenso bei einem der letzten Revivals, die es je (im Jahr 1925!) von der sagenhaften Klabriaspartie gab. Aber Bergs Humor kommt erst richtig zum Glänzen, wenn er seine eigene Person auf die Schippe nimmt. Mit anderen Worten, sich mit immensem komischen Talent als talentlos hinstellt. Als einen, der – während er sämtliche Register der Komik zieht – so tut, als könne er nicht bis drei zählen:

»Sie wollen wissen, wie ich angefangen hab? Also hören Sie zu: Am Burgtheater – nicht! Am Deutschen Volkstheater – auch nicht! Aber beim Reinhardt – schon gar nicht! Sie fragen mich, wieso ich Schauspieler geworden bin? Ich hab einmal die Pawlowa tanzen gesehn. Da hab ich mir gedacht: Tanzen kann ich nicht. Dann hab ich die Jeritza singen gehört. Da bin draufgekommen: Singen kann ich auch nicht. Aber dafür bin ich schön, und das ist doch alles, was man fürs Kabarett braucht! Kürzlich hab ich bei einer Revue mitgewirkt, da hat man mich gefragt, ob sie gehen wird. Sie *muß* gehen! Überlegen Sie sich: Wien hat zwei Millionen Einwohner. Wenn sich jeder unser Programm nur zehnmal anschaut, sind wir schon auf mindestens zehn Jahre ausverkauft.«

11

Konnten wir jederzeit mit Eltern oder Jugendgruppe in den Simpl – er galt nicht als Nachtlokal –, so ist das etwas anderes, wenn wir Hedy Kiesler in dem Nacktfilm *Ekstase* von Gustav Machaty sehen wollen. Hier hilft nur Verkleidung mit steifem Kragen und Hut (von meinem älteren Bruder). Hat aber geklappt. Nacktfilm ist übrigens übertrieben, die betreffende Badeszene im Teich dauert höchstens Sekunden, immerhin. Hedys dunkel-sinnliches Gesicht ist uns nicht ganz unbekannt. Da ihr Foto im Silberfuchs mit dito Pelzmütze die Werbung für die Erste Internationale Pelzmodenmesse in Wien ziert, die zum Teil unserem Vater zu verdanken ist. Sie wohnt nur wenige Schritte entfernt von uns in der Peter-Jordan-Straße, verheiratet mit dem Fabrikanten Fritz Mandl. Nachkomme einer jener zahlreichen jüdischen Familien aus den Ostgebieten der Monarchie, die so viel für Wien getan haben: Ringstraße, Musikverein, Konzerthaus, Sezession, Krankenhäuser, Salonkultur, Schenkungen an Museen, Preisverleihungen ... Auch bei uns waren sowohl die väterliche wie die mütterliche Firma solche Traditionsunternehmen. Und so gibt es auch die Familie Mandl, ab 1796 Gründer einer Eisenhandlung, und schließlich Besitzer der riesigen Hirtenberger Metallwaren-, Munitions- und Flugzeugwerke. Deren jüngster Sproß Fritz jetzt eben die schöne Bankierstochter und Reinhardt-Schauspielerin Hedy Kiesler geehelicht hat. Und was ist seine erste Sorge? Natürlich sämtliche Kopien ihres Nacktfilms aufzukaufen und zu vernichten ... umsonst!

Kleine Abschweifung zum Fußball. Der kürzlich noch vielgesungene Schlager von Hermann Leopoldi, »Heute spielt der Uridil«, ist zu unserer Zeit bereits veraltet. Da ein neuer und nicht weniger böhmischer Fußballheros, der hochartistische Mittelstürmer Sindelar, genannt »der Papierene«, ihm den Rang abgelaufen hat. (Er beging kurz nach dem Anschluß Österreichs vielleicht aus Verzweiflung Selbstmord, einer der wenigen. Ich meine unter Nichtjuden.) Einmal lauere ich Hedy Kiesler vor ihrer Wohnung um ein Autogrammfoto auf, die man in der Schule wie die Briefmarken zu tauschen pflegt. Nach langem Warten kommt sie tatsächlich aus dem Haus, schön wie der Morgen. Ich trete auf sie zu und fordere in jugendlicher Vermessenheit drei Autogramme auf einmal. »Mein Gott«, zwitschert sie. »Bin ich denn schon so prominent bei euch?« »Nein, aber für drei von Ihnen bekomme ich eins von Sindelar!«

Mandl ist übriges nicht zu verwechseln mit dem nicht weniger wohlhabenden Kaffeeproduzenten Julius Meinl. Der aber seinerseits auch eine exotische Schönheit zur Frau genommen hat, die Japanerin Michiko Tanaka. Meinl hat den Verkauf von täglich frisch gebranntem Kaffee erfunden, ein Bombenerfolg. Jetzt führt das Paar in Wien ein großes Haus – war nicht gar bei der Hochzeit des Alten mit der um vierzig Jahre jüngeren Sängerin der damalige Bundeskanzler Dollfuß Trauzeuge gewesen? Allerdings ist sie ja auch keine Jüdin, wie Hedy.

Beiden Schönheiten auf ihrem weiteren Lebensweg zu folgen ist einigermaßen lehrreich. Nachdem Komponist Paul Abraham eigens für Michiko eine Operette, *Djaina*, geschrieben hat, fühlt sie, daß es jetzt an der Zeit wäre, den ältlichen Gatten abzustoßen. Und dieser ist sogar einverstanden, will aber selbst den Zukünftigen mitbestimmen dürfen. Der Dichter Zuckmayer wird in Erwägung gezogen und verworfen, schließlich einigt man sich auf den jugendlichen Filmdarsteller Victor de Kowa. Dieser hält in aller Form bei Julius Meinl um die Hand seiner Frau an und wird akzeptiert. Zur folgenden Hochzeit im Jahr 1941 ist dann auch Meinl anwesend. Damals mag de Kowa vielleicht sein bekannter Aphorismus eingefallen sein: »Eine gute Ehe besteht aus einer besseren Hälfte und einer stärkeren Hälfte.« Wie dem auch sei, Michikos Ehe ist ein Erfolg und dauert bis zu de Kowas Tod.

Was Hedy Kiesler anlangt, so entkam sie dem Gatten nur, indem sie sich aus dem heimischen Fenster schwang. Unter Mitnahme einer eigenen technischen Erfindung, die später amerikanische Torpedos bestückt haben soll. Als Hedy Lamarr zu Weltruhm gelangt, traf ich sie in Hollywood wieder. Leider war ihr der Erfolg zu Kopf gestiegen, so daß sie genau die Rollen in *Gaslight* und *Casablanca* ablehnte, die man ihr auf den Leib geschrieben hatte. Und mit denen statt dessen Ingrid Bergman zum Star avancierte. Unvergeßliches *Casablanca*, worin eine ganze Riege Emigranten unterkriechen konnte, von Paul Heinreid und Conrad Veidt bis zu dem dicken ungarischen Komiker Szöke Szakall. (Der dort mit seiner Frau den unsterblichen Einwandererdialog führt: »Which watch?« »Quarter seven.« »Such much?«) Eben als abgemagerter Flüchtling von Casablanca aus in New York eingetroffen, hielt ich den Film für einen Schmarrn über Lateinamerika ... so wenig stimmte Rick's Bar, der Kauf anonymer (!) Visen oder der Direktflug in die Freiheit mit irgend etwas überein, das wir vor Ort kennengelernt hatten.

Daß Bogey den Film – sowie auch seine Partnerin – nicht besonders schätzte, weiß man inzwischen. Aber auch Ingrid war nicht glücklich mit dem dauernden Wechsel der Drehbuchautoren, die ihr bis zuletzt die Auskunft schuldig blieben, in wen sie nun eigentlich verliebt sei, Barbesitzer Rick oder Widerstandsheld Laszlo: »Spielen Sie's halt in der Mitte!« Sie hatte ja auch den Part nur übernommen, weil man ihr die Hauptrolle in dem Schmachtfetzen *Wem die Stunde schlägt* zuerst verweigern wollte ...

Und nun Hedy Lamarr, die mich eines Morgens mit ihrem Wagen aufpickte, als ich vor Schwob's Drugstore am Sunset Boulevard meinen üblichen Ride zur UCLA suchte, dem Campus der Kalifornischen Universität. Hoffnungsfroh fragt mich –

vielleicht wegen meines ersten Bartanflugs – die nicht mehr taufrische Schöne, inzwischen sechs Mal verheiratet, ob ich nicht ein Screen Writer wäre. Ich war aber nur ein verspäteter Literaturstudent aus Wien. Eine Stadt, von der Hedy anscheinend nie gehört hat. Und auch die Sprache war ihr – sie galt ja als Latin Type – rätselhafterweise abhanden gekommen. Weswegen ich mich auch hütete, sie an die Peter-Jordan-Straße zu erinnern. Nur noch wenige Jahre, und Hedy wird von Studioboss Mayer fallengelassen, ein Comeback schlägt fehl. Und sie zieht sich, verfrüht altersschwach geworden, nach Florida zurück, wo man sie schließlich sogar einmal als Ladendiebin verhaftet.

12

Im Simpl die literarische Farce *Goethe*. Einst in Gemeinschaftsarbeit erstellt von Friedell und Polgar (Friedell kümmert sich um das Dramaturgische, Polgar schreibt). Das Stück war natürlich damals für die »Fledermaus« bestimmt. Jenes sagenhafte Jugendstil-Cabaret, an dem so gut wie die ganze Kunstszene Wiens beteiligt war. Einschließlich Josef Hoffmann, Klimt, Orlik, Altenberg, Kokoschka, Lina Loos. Das demnach als »überkandidelt« galt und nur zwei Spielzeiten durchstand. (Heute kosten allein die beiden schmalen Programmhefte 30.000 Euro!)

Friedell selbst, der damals den *Goethe* kreierte, ist auch jetzt wieder dabei. Älter geworden, fülliger als es der Geheimrat je gewesen sein mochte, in weißer Lockenperücke und mit seinem berühmten, aber nicht ganz glaubhaften Frankfurter Akzent. Wir sind bei einem Schulexamen über Goethes Leben. Wobei der Dichter selbst, nur dem Publikum als solcher kenntlich, dem schwachen Prüfungskandidaten Züst aus der Patsche zu helfen sucht und dabei kläglich versagt. Während Klassenprimus Kohn, eh und je dargestellt von Karl Farkas, den Olympier weit aus dem Feld schlägt. Und natürlich sind die meisten der genannten Daten fiktiv!

PROFESSOR: Wann erschien *Hermann und Dorothea*?
GOETHE: 1796.
PROFESSOR: Ich würde an Ihrer Stelle gleich 95 sagen! Oder 94! (Brüllt): *Hermann und Dorothea* erschien im Jahre 1797, Sie Ignorant!
GOETHE (unerschütterlich): Noi, es war 96!
PROFESSOR: 97!
GOETHE (fest): 96!
KOHN (übergibt dem Professor ein aufgeschlagenes Buch)
PROFESSOR: Hier! Sie insolenter Bursche!
GOETHE: Ja wirklich. Ich hätt doch drauf geschwore, es war 96!
PROFESSOR: Daß ein deutscher Jüngling derartige Daten nicht gegenwärtig hat, da muß sich ja Goethe im Grabe umdrehn! Wissen Sie vielleicht zufällig, wer die Frau von Stein war?
GOETHE: No, sei Geliebte!
PROFESSOR (erhebt sich): Derartige Ausdrücke sind an einer Staatsanstalt absolut unstatthaft!

Als Goethe dann in seinem eigenen Leben mit Bomben und Granaten durchgefallen ist, wird beispielgebend der Schüler Kohn aufgerufen. Der, in einem furiosen Finale, seine Antworten hinrotzt, fast noch bevor die Fragen ausgesprochen sind:

PROFESSOR: Wann verließ Goethe Rom?
KOHN: 28. April 1788.
PROFESSOR: Welche Orte berührte er noch in diesem Jahr?
KOHN: Pempelfort, Münster, Stichroda.

PROFESSOR: Wann wurde Eckermann geboren?
KOHN: 14. November 1790.
PROFESSOR: Was schrieb Goethe im Frühling dieses Jahres?
KOHN: Urpflanze, Amynthas, Der Sänger.

PROFESSOR (immer schneller):	KOHN (immer schneller):
Wie hieß Goethes Schwester?	Cornelia.
Verheiratet an?	Schlosser.
Geboren?	1754.
Gestorben?	1829.
Wo?	In Magdeburg.
Wie oft?	Dreimal.
Warum?	Wegen Herder.
Wo?	In den *Horen*.
Erkrankt?	Am vierzehnten.
Genesen?	Am neunten.
Woran?	An Darmverschlingung!

PROFESSOR (triumphierend zu Goethe): Sehen Sie, das ist Bildung!

Peter Altenberg seinerzeit über das Stück: »Es ist der äußerste Dreck und außerdem ist es von A bis Z von mir!« So uns berichtet von Friedells Hausdame und wohl Nachlaßverwalterin, Frau Hermine, oder Herma, Kotab. Bedeutete sie ihm vielleicht noch mehr als das? »Dieser Feigling«, stieß die Alte vor der Kamera verbissen heraus. »Der hat ja nie den Mut gehabt zu heiraten!« Auch nicht seine vergötterte Lina Loos? »Es war mehr eine literarische Freundschaft«, meint Herma abwertend. Und die Ursache für diese Scheu, dieses Mißtrauen gegen die hintergründigen Absichten der Frauen? »Ich glaub, die Mutter hat die Familie bald nach seiner Geburt verlassen. Er ist nie drüber weggekommen. Sein ganzer Witz war nur dazu da, diese Wunde zu überdecken.« Beispiel für Friedells Witz: Die in Bausch und Bogen erfundenen Anekdoten über Peter Altenberg, die – laut einer Kritik von P. A. selber – »den Dichter zwar als Halbidioten, aber immerhin ganz richtig charakterisieren!« und die Friedell gern öffentlich vortrug. Zum Exempel:

»P. A. sagte: ›Nun, ich bin doch der einzige moderne Mensch, der wirklich abgehärtet ist, ich schlafe in der kältesten Nacht bei vollkommen geöffneten Fenstern!‹ Darauf entgegnete ich: ›Das scheint aber doch nicht ganz so zu stimmen. Denn gestern Nacht bin ich an deiner Wohnung vorübergegangen, und da waren alle deine Fenster fest zu.‹ ›Nun‹, sagte P. A., ›war denn gestern die kälteste Nacht!?!‹«

Über Frau Herma wird auch erzählt (von Lina Loos), sie sei einmal für ihren Herrn aufs Land hamstern gefahren. Wobei sich die Bäuerin erkundigte, bei wem sie sei, was das für ein Herr sei – und was für ein Geschäft er habe? Darauf Herma: »Ja, wie soll ich Ihnen das erklären? Der Herr, bei dem ich bin, hat kein Geschäft, er liest und schreibt den ganzen Tag.« »Oh mei«, rief die Bäuerin entsetzt, »solche Leute sollten gar nicht leben!«

Mitte der sechziger Jahre drehen wir dann für einen deutschen Dokumentarfilm auszugsweise den *Goethe*. Und zwar natürlich im Simpl, dem Rückkehrer Farkas jetzt als Prinzipal vorsteht. Die Bühne noch diminutiver als in meiner Erinnerung. Gerade eine Schulbank für Einsager Goethe und Primus Kohn haben wir darauf plazieren können. Sowie ein knappes Podium für den Professor. Der mich mit seinem Bürstenhaarschnitt und Kneifer verzweifelt an unseren vormaligen deutschtümelnden Klassenlehrer Müller erinnert. Ja, vielleicht hat dieser einst wirklich seinen Typ nach dieser Theaterfigur gestaltet, da ja in Wien das Leben die Kunst nachzuahmen pflegt. (Er wurde nach dem Krieg auf der Straße von einem Russen erschossen, als er sich weigerte, den Inhalt seiner Aktenmappe vorzuzeigen. Vielleicht aus Verlegenheit, weil dieser wahrscheinlich nicht aus Goethe und Schiller bestand, sondern einem bloßen Butterbrot.)

Farkas schwört, dies wäre die erste Verfilmung des Sketches. Nachher Interview mit ihm über die Kabarettszene der Vorkriegszeit: »Daß man jetzt schon den Leuten verständlich machen muß, wer Fritz Grünbaum war!« Zitiert einige von dessen Bonmots: »Ein Conférencier ist einer, der dem Publikum möglichst heiter zu erklären sucht, daß es nichts zu lachen gibt.« »Ich habe oft so furchtbare Träume. Manchmal träume ich, ich bin beim Kabarett und heiße Grünbaum. Freud sagt, Träume sind unerfüllte Wünsche. Ausgerechnet.«

Farkas ein routinierter Witzbold, der spontan alles, was so vorkommt, ins Lächerliche zieht, ohne sich dabei je zu engagieren. Sucht bei jedem Satz gleich den passenden Kalauer – aber es fehlt der Ingrimm, die Trauer, die Durchdrungenheit von der Bosheit der Welt, die Grünbaum gekannt haben muß. Dabei findet er zwar beim Wiener Publikum, auch bei den Jungen, eine mit Nostalgie versetzte Anerkennung. Kämpft aber trotzdem seit Jahren um die Rückgabe seines Hauses und Vermögens, bisher vergeblich.

13

Tod von Karl Kraus, bei uns kaum beachtet. Als Regierungstreuer hatte er der Jugend wenig mehr zu sagen. Und daß ein Schuschnigg immer noch besser war als ein Hitler, das wußten wir von allein. Die letzten seiner über 700 Vorlesungen (sie waren immer per Plakat angeschlagen) beschränkte er zumeist auf seine Favoriten Nestroy und Offenbach. Aber wo blieben die dazugedichteten anspielungsreichen »Zeitstrophen«, die den Texten erst ihre Würze gegeben hatten? Wahrscheinlich der Zensur (oder der Selbstzensur) zum Opfer gefallen.

Trotzdem wäre ich gern hineingegangen, doch war das in der Familie (so wie ja auch der »Schweinekram« von Freud) streng verpönt. Immerhin sah ich Kraus einmal vor dem Konzerthaus aus dem Taxi steigen … das eigene Auto, »Puppchen« geheißen und eigens für Besuchsfahrten zu Sidonie angeschafft, hatte er offenbar längst wieder aufgegeben. Ein gebückter, aber mit der Zeit edler gewordener Mann, die Schläfen weiß, die schmalen Lippen im Weltekel niedergezogen. Obwohl einige Anhänger sich an der Tür versammelt haben, läßt er uns unbeachtet und trippelt mit bemühten Schritten hinein, die Bücher untern Arm geklemmt. Wie ein Hypnotiseur, bemerkt jemand, der sich, wenn noch nicht in Aktion, ein bißchen zu alltäglich vorkommt.

Einige Jahre zuvor hatte Kraus, »in einem Augenblick auswegloser Klarheit« (Werner Kraft) sich selbst eine vieldeutige Grabschrift entworfen, die aber zuletzt doch nicht auf seinen Denkstein kam:

Wie leer ist es hier
an meiner Stelle.
Vertan alles Streben.
Nichts bleibt von mir
als die Quelle,
die sie nicht angegeben.

14

Um diese Zeit gibt es in Österreich praktisch mehr Arbeitslose als Arbeiter. Offiziell redet man von einer halben Million Erwerbsloser, in Wirklichkeit werden es an die 700.000 sein. Und das entsprach über 44% aller Industriearbeiter! Zwischen 1929 und 1933 ist ja die Industrieproduktion Österreichs um 38% geschrumpft, der Außenhandel um 61%, in der Kategorie Maschinen und Fahrzeuge sogar um 80%. Und das Schlimmste: Nur die Hälfte der Arbeitslosen bezog überhaupt noch Unterstützung. Wer zu lange ohne Job blieb war »ausgesteuert«. In allen Wiener Parks lungern nun diese zwirnsdürren Gestalten herum, mit ihren kragenlosen Hemden, zerfransten Hosen und Schildmützen. Auch an den Böschungen des Donaukanals, in den Praterauen sieht man sie zu Tode gelangweilt auf dem Rücken liegen oder in Gruppen Karten klopfen, meist Skat oder Sechsundsechzig. Beneidet von uns Schülern, die nicht einmal am Sonntag faul herumhängen dürfen (»Tu was!«).

»Betteln und Hausieren verboten« steht jetzt an allen Haustoren. Trotzdem klingeln die Erwerbslosen fast täglich an unserer Küchentür. Jüdische Haushalte – gekennzeichnet durch die »Mesusa«, eine an die Türschwelle befestigte Kapsel mit Bibelspruch – gelten als freigebig oder zumindest zugänglich. Einmal finden wir neben die Tür als Gaunerzinke einen Anker hingemalt. Sind wir ein Hafen für wandernde Seeleute geworden? Erst nachher erfahren wir, daß dies ein Hinweis auf Butterbrotspender ist – Brot war damals gleich »Ankerbrot«, eine stadtbekannte Marke.

Vermag das Regime des Ständestaats nichts für seine Arbeitslosen zu unternehmen? Oder ist ihm die Sache überhaupt wurst? Da es sich hier ja bloß um »Rote« handelt, und freie Wahlen gibt es ohnehin keine. Jedenfalls zielt ein erklecklicher Teil der Notverordnungen, mit denen jetzt regiert wird, auf Lohnsenkung und Sozialabbau. Dennoch schafft es die »Systemzeit« nicht zur absoluten Diktatur, dafür fehlt ihr wahrscheinlich Grausamkeit und Welterlösungsglaube, aber auch der Rückhalt in der breiten Masse. (Diktaturen werden ja in der Regel von den Entrechteten selber getragen – die Widerständler stammen aus der Schicht der halben Nutznießer.) So kommt es, daß gerade jetzt, und trotz wiedereingeführter Zensur, das politische Agitations-Kabarett in Wien aufblüht wie nie zuvor. Eine aktuelle, engagierte Kleinkunst, von den Mächtigen kaum wahrgenommen, für uns wegweisend. Da gibt es im (noch existierenden) Souterrain des Café Prückel die Kleinkunstbühne des »Lieben Augustin«, mit dem witzigen Peter Hammerschlag als Hausautor und Hauptdarsteller. Erst später erfährt man von dem Kabarettforscher Hans Veigl, daß damals als Mietsumme für den Keller dreißig konsumierte Kaffees vorgeschrieben waren, diese Anzahl aber selten erreicht wurde. Da ist das »ABC«, »Der Regenbogen«, »Die Stachelbeere« (die Namen änderten sich laufend). Am unvergeßlichsten für uns die »Literatur am Naschmarkt«, mit Jura Soyfer als Hausdichter. Dieses »Burgtheater unter den Kleinkunstbühnen« findet im Keller des leider nicht mehr existierenden Café Dobner an der Linken Wienzeile statt, gegenüber dem volkstümlichen Naschmarkt. Eines der vielen »Theater für 49«, die jetzt ins Kraut schießen … aus dem einfachen Grund, daß erst ab fünfzig Sitzplätzen eine Konzession nötig ist. Hier haben auch spätere Stars wie Fritz Eckhardt und Lilli Palmer ihre ersten Auftritte. Bringen jugendliche Autoren wie Torberg oder Hans Weigel – nach dem Krieg Wiener Literaturpäpste – ihre riskanten Frechheiten unter. An eine Szene erinnere ich mich – ich weiß den Autor nicht mehr –, sie hieß wohl unvermeidlich *Nach Sonnenuntergang*. Wo dem einst revolutionären, inzwischen abgeschlafften Dramatiker Gerhart Hauptmann die Figuren seiner frühen Sozialstücke wie *Die Weber* oder *Hanneles Himmelfahrt* anklägerisch gegenübertreten. Aber vor allem ist da Jura

Soyfer, dieser instinktive Theatermensch, den es in der Not der Zeit auf solche Miniaturbühnen verschlagen hat. Seine Kleinkunstdramen entstehen ganz organisch aus dem traditionellen »Mittelstück«. Also dem dramatischen Sketch, der, eingerahmt von Couplet und Conférence, üblicherweise in der Mitte des Kabarettabends zu stehen kommt (und nach welchem die Kellner abkassieren gehen).

Soyfer ist 1912 im ukrainischen Charkow geboren, während der russischen Revolution flieht die jüdische Familie nach Wien. Schon früh schlägt sich der Junge zu den »Austromarxisten«, läßt sich literarisch von Mehring und Tucholsky beeinflussen. Und noch mehr von dem volksnahen Nestroy mit seiner bühnengerechten Dramaturgie und unverblümten Wiener Goschen. Um 1936 sehen wir dann sein erstes abendfüllendes Stück: *Der Lechner-Edi schaut ins Paradies*. Da lehnt also dieser Edi, seit Jahren erwerbslos, abends gegen ein Brückengeländer des Donaukanals, neben ihm seine Freundin Fritzi. Die bereit ist, ihm alles zu glauben, alles abzunehmen … außer daß er einmal eine Stellung gehabt haben will! Von dieser Brücke aus ist einst Edis Kumpan Toni, aus Verzweiflung über seine aussichtslose Lage, die Treppe hinunter ins Wasser gegangen. Und zu Füßen des Brückengeländers hockt ein weiterer Bekannter, ein Kriegsblinder, der leise Harmonika spielt. Da überkommt den Edi eine plötzliche Erleuchtung: Er möchte herausfinden, was ihn, den tüchtigen ehemaligen Schuhmacher, eigentlich brotlos gemacht hat. Bestimmt ist es der verfluchte Motor, der ihn damals verdrängte! Wenn er nur jetzt den Motor bei der Hand hätte, dem würde er es schon heimgeigen! Und presto! Der Motor tritt auf. Heißt Pepi. Und ist selber abeitslos!

Edi: Aber sag amal, wieso bist du arbeitslos worn?

Motor: Da bist du schuld, mei Lieber.
Edi: I?
Motor: No – wann hast du das letzte Paar Schuh kauft?
Edi: Eh – wart amal – vur ans – zwei – drei – na, vor vier – na, vor –
Motor: Und davon soll i als Schuhmacher leben?

Man beschließt also, mit Hilfe des Motors, eine Reise in die Vergangenheit anzutreten, um den Augenblick festzumachen, wo alles schiefzulaufen begann. Folgt eine dramatische Szenenfolge, genau auf die Möglichkeiten der Kleinkunstbühne zugeschnitten:

Motor: Und jetzt mach ma schön einen Schritt zurück. (Sie treten einen großen Schritt zurück. Es wird a tempo hell, der Blinde spielt sein Lied in voller Stärke. Großstadtlärm hat eingesetzt.)
Fritzi: Jö, es ist Tag!
Motor: Ja, der gestrige Tag. (Tag und Nacht wechseln in immer schnellerer Reihenfolge.)
Fritzi: Edi, Edi, der Donaukanal fließt zurück!
Motor: Freilich. Wie ein Film, der verkehrt abläuft, verstehts ihr? (Eine Dame rückwärts schreitend über die Bühne, nimmt aus der Büchse des Blinden ein Geldstück und geht, rückwärts schreitend, ab. Der ertrunkene Toni kommt rückwärtsschreitend die Treppe hoch, ab.)
Motor: Jetzt heißt's antauchen. Wir nähern uns einer großen Zeit. (Eine Menschengruppe zieht, rückwärts schreitend, über die Bühne.)
Eine Dame: Der Krieg ist aus!
Andere: Für immer!

Ein Mann: Wir schreiten vorwärts zu einer Zeit des Friedens, des Fortschritts … (Die Gruppe, rückwärtsschreitend, ab.)
Der Blinde: (erhebt sich und reckt sich. Die schwarze Brille ist verschwunden): An die Front! Hurra!
Fritzi: Aba – aba – Sie sein ja blind –
Blinder: Ich bin volltauglich! Hurra! (Laut singend ab)

Und so geht's über Galilei, Gutenberg und Kolumbus – die ihre Entdeckungen am liebsten wieder zurücknehmen würden – bis hin zum Paradies. Wo die Reisenden aber bereits vom Portier abgefangen werden. Anscheinend ist man auch im Himmel ratlos, wie noch ein richtiger Mensch zu schaffen wäre:

Portier: Die Direktion hat zu tun. Alle Gänge voller Lehmpatzen. Die Nervosität is net zum Beschreiben. Höherenorts scheint noch die entscheidende Idee zu fehlen. Etwas, was den Menschen unterscheiden tut von allen Tieren, die wir kennen …
Edi: I hab g'meint: edel, hilfreich und gut!
Portier: Das trifft jeder Foxterrier.

Das Ende ist dann, für diese Periode, geradezu verboten aufmüpfig: »Frag net so vül – auf uns kommt's an!« Und im Zwischenakt läuft, für alle die wie Edi auf der Suche sind, das »Wanderlied der Zeit«:

Der Weg ist weit
Und fern die Rast.
Es fliegt die Zeit
Vom Sturm erfaßt
Dir gellend um die Ohren.
Ein Flügelschlag

Streift dir durchs Haar –
War das ein Tag?
War das ein Jahr?
Verflogen und verloren …

Es stürmt die Zeit
Und gibt nicht Rast.
Und Müdigkeit
Hat dich erfaßt.
Du willst die Augen schließen.
Und dennoch schließ
Die Augen nicht!
Dem Sturme sieh
Ins Angesicht!
Denn du sollst alles wissen.

15

Verstärkter Terror der »illegalen« Nazis, mit immer neuen originellen Propagandatricks. Denen die phantasie- und anhanglosen Vaterländer nichts entgegenzusetzen haben als Polizei. Affen mit aufgesetzten Heimwehrhütchen werden in Parks ausgesetzt. Riesige Hakenkreuzfahnen hängen plötzlich von Fabrikschloten, Telegrafenlinien, Ballons, ja sogar dem Wiener Rathausturm. In jüdischen Cafés wird Tränengas abgeblasen, vor jüdischen Geschäften zündet man Böllerschüsse. Reichsdeutsche Autotouristen finden einen vorgedruckten Zettel unter ihrem Scheibenwischer: »Warum fahren Sie ohne Hakenkreuzwimpel? Sind Sie etwa Gegner des Dritten Reiches? Wir haben Ihre Nummer notiert und werden sie dem SA-Sturm Ihres Heimatortes mitteilen!« Kein erhebenderes Gefühl als nationale Verzückung, angereichert mit Denunziantentum. Schon spricht man von der neuen österreichischen Heiligen, Sancta Denunziata.

Was die Jugend besonders erfreut, sind die »Pickerl« genannten und gern gesammelten handtellergroßen Aufkleber, mit denen alle Parteien für sich werben. Da zeigen etwa die Nazis einen Juden »Mardochai-Marx«, aus dessen Barthaar die drei parallelen Pfeile, das sozialistische Insignium, sprossen. Und von der Gegenseite her: Zwei betrunkene Rabauken der SA, Arm in Arm mit einem ephebischen Jüngling, darunter der Satz: »Wer andern in die Hose greift ist selbst bei der SA!« Keine neue Bewegung kann ja reüssieren, wenn sie sich nicht alsobald an die primären menschlichen Instinkte wendet: Begierde, Neid, Geiz, Ekel, Haß, Mordlust. So mußte die Französische Revolution schnellstens mit dem Spektakel der Guillotine aufwarten, die Sowjets mit sadistischen Schauprozessen. Die Massenwirkung der Nazis beruhte u. a. auf dem hochgeputschten Abscheu gegen die Juden und ihre angeblich unbezähmbare Geschlechtsgier. Breiter Widerstand gegen die Nazis wurde also erst möglich, als man die SA als Schwulenverein brandmarkte. Und die blutige Unterdrückung des angeblichen Röhm-Putsches diente unter anderem dem Zweck, diesen Schwachpunkt auszumerzen.

Im Juli 1936 wird dann den Nazis die Tür weit aufgerissen. Schuschnigg trifft ein Abkommen mit Hitler, das zwar den Bestand Österreichs festschreibt. Andererseits die »guten« Nazis – Schuschnigg versteht darunter seine katholischen braunen oder hellbraunen Freunde – legitimiert, ja sie in wichtige Stellungen im Staate aufrücken läßt. Die übliche Politik des »Führers«, den Kuchen schnittchenweise zu verspeisen!

16

Im Burgtheater gesehen *Dritter November 1918*, ein spätes Kriegsstück von Franz Theodor Csokor. Mein Bruder Herbert und ich besetzen zu dieser Zeit abwechselnd einen Abonnementplatz auf der vierten Galerie (dem »Juchhee«). Gerade noch eine Spur bequemer als die darüber befindlichen Stehplätze. Das Stück, obwohl von einem »Linken«, paßt in das Rückwärtsgewandte, Restaurative des kleriko-faschistischen Regimes. Ist aber immerhin dem anderen Zeug haushoch überlegen, das jetzt dem renommierten Haus aufgezwungen wird. Also solche altvorderen Legendenstücke wie die von Max Mell, oder gar die Reißer von Hermann Heinz Ortner. Der unter den Sozis mit pazifistischen Dramen beginnt, dann mit dem immens erfolgreichen *Tobias Wunderlich* ins Bodenständig-Antisemitische überwechselt, 1933 in die illegale NSDAP eintritt, den Anschluß hymnisch begrüßt, zu den bestverdienenden Autoren der Nazizeit gehört, sich aber nach 1945 als »Chef einer Widerstandsgruppe« feiern läßt…

Csokors Stück spielt am Tag des Waffenstillstands in einem eingeschneiten k.u.k. Rekonvaleszentenheim in den Karawanken. Unvergeßlich die Szene, wo ein heraufgeirrter Soldat von der Landkarte der Monarchie mit dem Bajonett das Rumpf-Österreich heraushackt, das ihnen noch verblieben ist. Daraufhin erschießt sich der Kommandant der Dienststelle, Oberst Radosin. Beim Begräbnis streuen die aus allen Teilen des Vielvölkerstaates stammenden Soldaten Erde auf sein Grab mit solchen hilflos gestammelten Worten wie: »Erde aus Böhmen«, »Erde aus Ungarn«, »Erde aus Südtirol« usw. Bis nur noch der jüdische Regimentsarzt Dr. Grün übrigbleibt. Erst viel später, beim Lesen des Stückes, fällt mir auf, das damals Grüns ergreifendes »Erde aus Österreich« von der Zensur gestrichen wurde, denn das durfte nicht sein.

Csokor, ein stiller, unbestechlicher Eigenbrötler und lieber Mensch, hat schon 1933 seinen Protest gegen die Bücherverbrennung öffentlich bekundet, worauf seine Werke in Deutschland verboten werden. Nach dem Anschluß geht der Dichter, obwohl anscheinend weder aus rassischen noch parteipolitischen Gründen gezwungen, freiwillig ins Exil. Einer der wenigen Österreicher, von dem ich dergleichen gehört habe. Drei Jahrzehnte später können wir ihn dann, der ärmlich von einer minimalen Ehrenrente lebt, in seiner kleinen Wiener Sozialwohnung filmen. Sie mutet uns ebenso chaotisch und manuskriptübersät an, wie einst seinen pedantischeren Freund Alfred Polgar. Der sich bei einem Besuch höflich erkundigte: »Würde es Sie stören, Csokor, wenn ich die Asche in den Aschenbecher gebe?«

Am stärksten in Erinnerung geblieben ist mir die an der Wand hängende Totenmaske von Lina Loos. Diese kluge und witzige Schönheit war, unter dem erdnahen Namen Lina Obertimpfler, als Erbin des Künstlerlokals Casa Piccola, das ins 18. Jahrhundert zurückreichte (Mariahilferstraße Nr. 1), geboren.

Im Café Central trifft sie auf den damals noch unverbitterten und auch noch nicht ertaubten Architekten Adolf Loos. Der ihr ein skandinavisches Döschen vorzeigt, das sie prompt fallen läßt. »Mein Gott, wie kann ich das wiedergutmachen?« Sagt Loos spontan: »Indem Sie mich heiraten.« Die Ehe hält immerhin länger als die Dose. Gleichzeitig wird aber Lina auch von anderen Wiener Größen, zumindest als Muse, hoch geschätzt. Darunter Peter Altenberg und Egon Friedell, der sie als »Heldenreizerin« glorifiziert. Es jedoch strikt ablehnt, für die von ihr verfaßte Autobiographie eine Empfehlung zu schreiben: »Was willst du, ist das Buch gut, braucht es keine Empfehlung. Ist es schlecht, macht es ohnehin seinen Weg.« Linas letzter Lebensfreund, der bis zu ihrem tragischen Ende bei ihr ausharrt, ist dann Franz Theodor Csokor, der ihr die Totenmaske abnehmen läßt. Totenmasken sind übrigens eine makabre Wiener Spezialität. Allein der taubstumme Dichterpoet Gustinus Ambrosi, ein Jünger Rodins, soll 250 Stück davon angefertigt haben! (Später wurde er, im Verein mit den Nazi-Monumentalisten Torak und Breker, dazu ausersehen, den Park der Berliner Reichskanzlei zu schmücken.)

Zuletzt lebte Lina arm und krank in Sievering mit Freundin Leopoldine Ruther. Bei der wir viele Jahre später vorsprechen, um die ihr hinterlassene Wohnungseinrichtung des Reformers Loos abzufilmen. Um die Jahrhundertwende hatte ja Peter Altenberg auch eine kurzlebige Zeitschrift »für Kunst und alles andere« herausgebracht (mit originellen Umschlägen aus – jeweils anderem – Tapetenpapier). Die Lifestyle-Beilage, die Loos dazu schrieb, hieß demgemäß *Das Andere* und enthielt Anweisungen »Über den Gebrauch von Klosettpapier« sowie Aperçus wie »Immer spuckt die Mittelmäßigkeit auf die Zweckmäßigkeit«. Einmal wurde auch eine Fotografie des Loos'schen Ehebettes gebracht. Besser gesagt, ein niedriger weißer Futon, rundum von einem Meer weißer Angorafelle umsäumt, in einem weißen Zimmer mit dito Vorhängen … damals im farbentrunkenen Wien eine Sensation! Und nun steht hier, sechzig Jahre später, wenn auch reichlich vergilbt, vor uns das nämliche Arrangement! Ich glaube, es ist die Kontinuität, im Guten wie im Bösen, die einen nicht losläßt bei diesem Land.

Kurz danach sehen wir im Volkstheater – der mutige Direktor heißt Rudolf Beer – das Volksstück *Glaube, Liebe, Hoffnung* des Deutsch-Ungarn Ödön von Horváth. Wenn auch komischerweise unter dem Titel *Liebe, Pflicht und Hoffnung*. Offenbar weil in diesem provinziellen System jede andere als eine eng katholische Erwähnung des Glaubens unstatthaft ist. Der »kleine Totentanz«, auf einen realen Justizfall zurückgehend, handelt von einer Arbeiterin, Elisabeth, die ohne Wandergewerbsschein gearbeitet hat und dafür abgestraft wird. Als ihr Lebensgefährte, der Polizist Alfons, von ihrer Vorstrafe erfährt, verläßt er sie. Nach einem Selbstmordversuch stirbt sie auf der Polizeiwache, enttäuscht in ihrer Hoffnung, »es könnt doch auch ein bißchen weniger ungerecht zugehn«. Eigentümlich die papierene Sprache der Figuren, die damit – Vorausblick auf Kommendes – ihr von Presse, Kino und Schlagern deformiertes Bewußtsein enthüllen. (Was sich ja auch schon bei Karl Kraus vorgebildet findet.) Dazu Horváth im Programmheft: »Wie in allen meinen Stücken, versuche ich auch in diesem, möglichst rücksichtslos gegen Dummheit und Lüge zu sein, denn diese Rücksichtslosigkeit dürfte wohl die vornehmste Aufgabe eines schöngeistigen Schriftstellers darstellen, der sich manchmal einbildet, nur deshalb zu schreiben, damit die Leut sich selbst erkennen. Erkenne dich bitte selbst!«

Nicht lange danach reist Horváth zu Filmgesprächen nach Paris. Wo ihn vor dem Marignytheater nahe den Champs-Elysées bei einem Sturm ein herabfallender Ast erschlägt.

17

Nach Csokors vorsichtheischenden Instruktionen (»nur diskret, nur diskret, lieber Freund!«) dürfen wir dann mit ihm den letzten der drei oder vier Salons besuchen, die man in den dreißiger Jahren frequentieren mußte. Da war die Publizistin Berta Zuckerkandl, der Familie Szeps entstammend, den großen Wiener Zeitungsgründern. Der es dank verwandtschaftlicher Beziehungen zu Clemenceau fast gelungen wäre, Österreich rechtzeitig vor dem tragischen Ende aus dem Weltkrieg herauszulotsen. (Eigentümlicherweise soll es Harry Graf Kessler gewesen sein, der die Sache hintertrieb.) Jetzt ist Berta die erste Journalistin, die telefonische Interviews unternimmt. Dann ist da Eugenie Schwarzwald mit ihrer fortschrittlich-elitären Höheren Töchterschule, wo sogar Arnold Schönberg unterrichtet. (Die spätere Schauspielerin Helene Weigel ist eine ihrer Schülerinnen.) Allerdings ist »die Schwarzwald« gefürchtet für ihre Betriebsamkeit. Da sie jede Einladung eisern dazu benutzt, neue Geldgeber zu gewinnen. – Weiter die unvermeidliche Alma Mahler-Gropius-Werfel. Jetzt nicht mehr die voll erblühte Schönheit, die wir aus Kokoschkas »Windsbraut« kennen oder auch noch den frühen Fotos mit ihrem Franzl. Sondern eher einer hochgegürteten Kropftaube gleichend. Die aber ihren verliebten Gatten auf Trab hält, indem sie ihm einredet, sie würde ihn jederzeit um eines anderen willen über Bord werfen, der genialer wäre als er!

Nun also bei der bejahrten Grete Wiesenthal, der letzten Überlebenden dieser Künstlersalon-Damen. Wo neben Csokor immerhin noch der Historiker und Naziforscher Friedrich Heer verkehrt sowie der Autor der *Studlhofstiege*, Heimito von Doderer. Einstmals, zusammen mit ihren jüngeren Schwestern Else und Bertha, tanzte Grete »eine Welt ohne Angst«, »den Menschen der Musik hat in sich selber«. Bewundert vom hofrätlichen Hofmannsthal (der für sie einen Ballettentwurf schrieb) bis hin zu dem großmäuligen Berliner Kritiker Alfred Kerr (dem immerhin, so auch bei seinem Nachruf auf Klabund, von Zeit zu Zeit ein hübsches Gedicht gelang):

So was lebt nicht noch einmal
Wie die Schwestern Wiesenthal.

Krudelhold, wenn sie erscheinen
mit den wiesengrünen Beinen,
Wiegen sie auf grünen Stengerln,
Tanzen jauchzend wie die Engerln …
Mädelhaare, Frühlingskränze,
Schubert-Walzer, Lanner-Tänze,
So was lebt nicht noch einmal
Wie die Schwestern Wiesenthal …

Da steht sie nun im halbverdunkelten Raum nicht absichtslos gegen das Fenster, und wirkt im reizenden Profil geradezu wie ein junges Mädchen. Sträubt sich aber gegen jedes Abgelichtetwerden, nicht anders als letzthin am Telefon die verwitweten Damen Schnitzler und Polgar. »Warum soll ich meinen Bewunderern diese vergilbte alte Schachtel vorsetzen?« Dabei sind ja die Bewunderer längst unterm Rasen.

18

Kurz vor dem Anschluß muß es gewesen sein, daß mir ein pathetischer, aber kämpferischer Lyrikband in die Hände fällt: *Der Bruder Sonka und die allgemeine Sache, oder: Das Wort gegen die Ordnung*. Wer konnte einem solchen Titel widerstehen? Um so mehr, als aus den Gedichten hervorgeht, daß der Autor, der sich Bruder Sonka nennt, jahrelang als Vagabund und Tippelbruder durch Europa gezogen sein muß, in Paris, Florenz, Prag und anderswo gehaust hat (»der Vagabund ist Hüter der Illusion der Freiheit«) und außerdem Sozialist war! Was wollten wir mehr? Eigentlich hieß er Hugo Sonnenschein, war Wiener (oder ein Wiener aus Böhmen), mehr wußten wir nicht von ihm. Bis dann in einer Wiener Zeitung diese Geschichte mit der Nazifälschung eines seiner Gedichte auftauchte, die ich jetzt viele Jahre später in dem Emigrantenbericht *Böhmische Dörfer* von Jürgen Serke wiederfinde. Hier das schöne Gedicht des Bruders Sonka mit dem Titel »Erde«:

Ich, Jano, einer deiner Knechte,
Bebaue mühsam kleines Land:
Fünf Finger, Herr, hat meine rechte,
Fünf Finger meine linke Hand.

Mein Pflug klirrt oft am Kies der Erde,
Im harten Takt zu der Musik
Geh willig ich mit meinem Pferde,
Geschick und Joch auf dem Genick.

Den schwarzen Grund hat Hof und Bauer,
Ich nur den Rain, den Stein, den Rest.
Die Frucht ist karg, das Brot ist sauer,
Und hungrig singt die Brut im Nest.

Fünf Finger hat der Meinen rechte,
Fünf ihre treue linke Hand,
In unserm Haus sind zwei Gerechte,
Der Christ und Iljitsch, an der Wand.

Einige Zeit später steht dasselbe Gedicht plötzlich im *Völkischen Beobachter*, nur mit unbedeutenden Änderungen: Aus dem Titel »Erde« ist »Deutsche Erde« geworden. Statt »Ich, Jano, einer deiner Knechte« heißt es jetzt: »Ich, einer deiner deutschen Knechte«. Das »kleine Land« ist verändert zu »deutsches Land«, und Lenin ersetzt durch den »Führer«: »Der Christ und Hitler an der Wand.« Der Hersteller dieser aufgenordeten Fassung hieß Richard Billinger. Hatte er, der Autor unverfälschter Bauerndramen aus der Schärdinger Gegend, wie *Rosse* und *Rauhnacht*, das wirklich nötig? (Auch Alfred Kubins lithographierte Folge *Rauhnacht* bezieht sich auf diesen geheimnisvollen Winkel.) Natürlich galt Billinger unter den Nazis als Blut- und Bodendichter, wurde vom Regime protegiert und eines seiner Stücke, *Der Gigant*, sogar aufwendig von Veit Harlan in Agfacolor verfilmt als *Die goldene Stadt*. Worin Billinger sehr zeitgemäß vorführt, wie ein deutsch-böhmisches Landmädchen in und an der Großstadt Prag zugrundegeht. Analog zu Luis Trenkers *Verlorenem Sohn*, wo einem tiroler Bauernsohn im New York der Depressionszeit das nämliche passiert. Der perfide tschechische Verführer, witzig geböhmakelt von Kurt Meisel – und der natürlich dazu da ist, den deutschen Überfall auf die Tschechoslowakei zu rechtfertigen –, kommt allerdings so nur im Film vor… Billinger zieht nach Berlin, trägt feines Tuch, ist anerkannt. Hält sich aber vom Germanenkult abseits. Ist es sein christlicher Glaube oder aber dichterisches Feingefühl? (Karl Kraus: »Eine Verbindung von Blut und Boden ergibt immer nur Starrkrampf.«) Von einer großen Karriere, wie sie doch Goebbels anderen, ihm hörigen Talenten ermöglichte, ist letztlich nicht die Rede. Was ist da los?

Im Mai 1945, als unsere amerikanische Division Starnberg überrannte, habe ich ihn kennengelernt. Ein mächtiger Kerl, gebaut wie ein Ringkämpfer – der er auch einmal gewesen sein wollte –, bewohnte er, nicht weit von Hans Albers, ein Bauernhaus am See. Sprach eindrucksvoll von neuen Stücken, die in ihm aufdämmerten, die man aber nur geduldig abwarten könne – »die übrige Zeit muß man verschlafen«. Auf seine Laufbahn im Dritten Reich angesprochen, ruft er erst einmal zur Vorsicht seinen »Sekretär« herein, ein schleimiges Männchen ... und ich begreife, worum es geht. Billinger muß unter den Nazis von einer einzigen Angstvorstellung besessen gewesen sein: Daß man, wenn er sich zu weit vordrängte, auf seine Homosexualität aufmerksam wurde. Und dann bonjour KZ und rosa Winkel! Und tatsächlich war er ja schon einmal wegen einer Homosexuellen-Affäre angeklagt, und nur durch persönliche Intervention von SS-Chef Heinrich Himmler gerettet worden.

Zwanzig Jahre später packt mich denn doch noch die Lust, den Alten zu filmen, und wir fahren mit ihm durch sein heimisches Innviertel. Die Planung des Drehablaufs, von einem neuen »Sekretär« ausgearbeitet, liegt vor mir, während ich dies schreibe: »Erster Punkt: Ankunft der hohen Gäste.« (Das waren wir.) »Zweiter Punkt: Begrüßung von Prof. Billinger durch den Bürgermeister von Enzenkirchen« ... und so immer fort. Es war furchtbar. Hatte ihn sein Publikum vergessen, so blieb er doch noch immer der Lokalmatador von Kopfing und Sigharting! Wir trafen Zauberhexen, heimatkundige Pfarrer, Sammler von Bauernmöbeln. An eine Scheune erinnere ich mich, an deren Tor nach altem Aberglauben eine Eule genagelt war, an einen letzten Pflüger, der noch Pferde vorgespannt hatte, oder waren es Ochsen? Billinger, jetzt mit dicker schwarzgerahmter Brille, machte den Heimatführer. Aber das, was einst lebendig in ihm gesprudelt hatte, war zu Lokalkolorit ausgedünnt, wie Volkstrachten, die man nur noch für Touristen antut. Zuletzt ein schöner Satz, mehr für sich selber gesprochen: »Was hier einst gewesen ist, wird es nie mehr geben, das muß so sein. Und wenn es den Dichtern das Herz bricht, so sind sie ja dazu da und werden dafür bezahlt. Sonst würde es uns am Ende allen brechen ...«

Schaffte es Richard Billinger immerhin noch zu einer (schlechtgedruckten) Gesamtausgabe seiner Werke, so hat das europäische Schicksal mit dem Bruder Sonka weniger Erbarmen. 1934 muß er als Teilnehmer des fehlgeschlagenen Wiener Arbeiteraufstandes gegen das Dollfuß-Regime nach Prag fliehen. Wird dort 1939 nach dem deutschen Einmarsch von der Gestapo verhaftet. 1942 Transport nach Auschwitz mit seiner Frau, die in der Gaskammer umkommt. Nach der Befreiung durch sowjetische Truppen schickt man ihn aber nicht in Richtung Heimat zurück, sondern nach Moskau. Angeklagt als Abweichler und Kosmopolit, oder wie diese idiotischen Kategorien damals hießen, wird Sonka 1947 vom Volksgericht in Prag zu zwanzig Jahren schwerem Kerker verurteilt. Er stirbt 1953 im Anstaltskrankenhaus. »Iljitsch an der Wand« hat zurückgeschlagen …

19

Mit unseren bündischen Kameraden ins Kabarett ABC, das im Kellerlokal des Café City liegt (wo auch das »Wunderteam« des österreichischen Fußballs verkehrt). Hier unten aber ist zu dieser Zeit Jura Soyfer der Wundermann. Von dem alles abhängt, hauptsächlich ob man mit dem liliputanischen Budget auskommt. Fünf Schilling, so scheint es, kostet ein Milchglasmond – braucht man ihn wirklich, oder läßt sich die Stimmung mit Worten festmachen. Da wir zu früh gekommen sind, uns aber als Verein angesagt haben, dürfen wir den Autor bei der Arbeit auf der unfertigen Bühne beobachten. Etwas kleingewachsen ist er mir in Erinnerung, gutaussehend, zappelig, mit schräger Kopfhaltung, als müßte er dauernd ein Bild begutachten.

Das Stück heißt *Vineta* und stürzt uns in einige Verwirrung. Da tritt ein Matrose auf, der Jonny heißt und in einer Sprache redet, die man in Wien für Norddeutsch hält. Als Taucher ist er urplötzlich auf Vineta gestoßen, die im Meer versunkene Stadt. Aber was hat das uns zu bedeuten? Mit einem Mal stößt dieser Jonny auf einen Stadtwächter in mittelalterlicher Montur.

WÄCHTER: Gehen Sie weiter! Bleiben Sie nicht stehen! Gehen Sie ordnungsgemäß weiter. Ich regle den Verkehr.
JONNY: Was für einen Verkehr?
WÄCHTER: Den geregelten Verkehr. Ordnungsgemäß.
JONNY: Was mich stört ist nur, daß ich hier überhaupt keinen Verkehr sehe.

Danach trifft Jonny im Hafen auf eine Dame mit Gepäck.

DAME: Ich warte auf das Schiff. Ich will zu meinem Mann fahren.
JONNY: Und wo weilen der Herr Gemahl?
DAME (ruhig): Ich weiß nicht.
JONNY: Und wann geht das Schiff?
DAME: Gestern.

Und so immer fort, bis uns endlich die Erkenntnis aufsteigt: Vineta, diese versunkene Stadt, ist Wien! Ein Wien, das wie unter Wasser dahinlebt, kraftlos und lethargisch nur die Gebärden des Lebendigseins nachvollziehend, und ansonsten hilflos verwirrt auf das Unausweichliche wartend, nämlich den Nazis wie hypnotisiert in die Arme zu sinken. Welche zum mindesten, ob man nun an sie glaubt oder nicht, einem das wahre Leben vorgaukeln! Und dich vielleicht auch selbst wieder zum Leben bringen können! Hier im Tiefsten das Geheimnis des kommenden Anschluß-Jubels, von Soyfer aufgespürt und ans Licht gebracht, in einem verrauchten Keller vor noch nicht fünfzig Zuschauern …

Jura Soyfer wird bereits wenige Monate später vom vaterländischen Regime verhaftet. Da seine »kommunistische Gesinnung einwandfrei aus den aufgeführten Theaterstücken« hervorginge. Folgen drei Monate Gefängnis ohne Verhandlung und Urteilsspruch. Am 12. Februar 1938 lädt (besser gesagt: bestellt) Hitler den österreichischen Kanzler Schuschnigg auf den Obersalzberg, um ihn auf die »Unhaltbarkeit der Lage« zwischen den beiden Nachbarländern aufmerksam zu machen. Kettenraucher Schuschnigg, dem das Anzünden seiner geliebten Zigarette in Anwesenheit Hitlers untersagt ist, gibt klein bei und erklärt sich u. a. bereit, zwei Naziminister in die Regierung aufzunehmen. Sowie alle in Österreich verhafteten Nazis (die »Illegalen«) auf freien Fuß zu setzen. Da er das ironischerweise – darf man ihm guten Willen unterstellen? – auf sämtliche politischen Gefangenen ausdehnt, wird auch Jura am 17. Februar freigelassen. Seine Freiheit dauert genau 25 Tage!

Irgendwann um diese Endzeit müssen wir auch den berühmten Klavierhumoristen Hermann Leopoldi gesehen haben, der sein Programm mit einem Schnadahüpfel endete. Einem jener Holzhackerbuam-Tänze, bei dem sich Dirndl und Lederhosen mit viel Jodeln, Juchzen und Fußstampfen in dörflicher Ausgelassenheit ergehen. Das Ding hieß *Landsleut! Landsleut!*, und ich weiß nicht, war's das Gefühl der kommenden Selbstaufgabe Österreichs, die Ahnung, daß in den nächsten Tagen Unwiederbringliches verloren gehen würde … auf einmal sprangen die Leute (Juden zumeist) im Publikum hoch, klatschten hingerissen, sangen mit, es war wie ein verzweifelter Appell an die Bevölkerung, uns, ihre Liebhaber und Bewunderer, ihre Landsleut, doch endlich, im letzten Moment noch, als ihresgleichen anzuerkennen, uns nicht kühl absausen zu lassen … zu spät.

FÜNFTER AKT • DAS ENDE
1938

1

Wahrscheinlich war der 5. März 1938 der Auslöser gewesen. An diesem Tag hatte Schuschniggs neuer Innenminister Seyß-Inquart, einer der zwei von Hitler ultimativ durchgesetzten offiziellen Nazivertreter in der Regierung (der andere hieß Glaise-Horstenau), verlautbart, von nun an sei der Wortgruß Heil Hitler sowie der stumme deutsche Gruß durch Erheben der rechten Hand »für den Privatgebrauch« zugelassen. Aber was hieß hier Privatgebrauch? Am Ende hätte auch Hitler behaupten können, er habe beim Nürnberger Parteitag die Hand nur zum Privatgebrauch erhoben! Von da an war eigentlich alles gelaufen, die Vaterländer wußten es bloß noch nicht.

Erst vier Tage später gibt dann Schuschnigg in einer Rundfunkrede von Innsbruck aus bekannt, daß er für kommenden Sonntag, 13. März, eine Volksabstimmung angesetzt habe. Er müsse jetzt wissen, ob das Volk für ein »freies und deutsches, ein unabhängiges und soziales, ein christliches und einiges« usw. Österreich sei. Kurz, die Wünschbarkeiten waren so breit gestreut, daß man ebensogut gegen die Mutterliebe oder das Rindsgulasch hätte stimmen können wie gegen dieses allumfassende Angebot. Allerdings, da war er ja auch wieder, noch im letzten, verzweifelten Moment, dieser falsche Zungenschlag, an dem das ganze Regime krankte: Daß es letztlich nicht um Demokratie gegen Diktatur ging, sondern darum, ob es auch einen zweiten deutschen Führerstaat geben könne oder nicht. Trotzdem waren wir zuversichtlich, denn jetzt hatte der Mann ja endlich, wenn auch verspätet, Stellung bezogen. Auch schloß er mit einem markigen »Mander, 's ischt Zeit!« – die Losung, mit der einst der Tiroler Freiheitsheld Andreas Hofer seinen Aufstand gegen die Franzosen losgetreten hatte.

In den Wiener Kaffeehäusern sieht man die Sache skeptischer. Außer vielleicht im Café Meteor in der Fasangasse. Seit langem der streng geheime und immer auf ein Mindestmaß von Personen reduzierte Treffpunkt der verbotenen Sozis und Gewerkschafter. Von hier aus gehen jetzt dringende Anfragen an das Bundeskanzleramt: Ob nicht doch endlich die Linke – sie erhielt bei den letzten freien Wahlen immerhin 40 Prozent – in den Abwehrkampf gegen die Nazis einbezogen werden solle. Und hierher kam auch die überhebliche Ablehnung: Nein danke, wir schaffen das schon allein. Die letzte Möglichkeit vertan, eine effiziente Verteidigungsfront zustandezubringen. Wen die Götter verderben wollen, den schlagen sie eben mit Blindheit. – Irgendwann um diese Zeit muß auch Joseph Roth von Paris kommend in Wien eingetroffen sein. Angeblich mit einem Auftrag des exilierten Thronfolgers Otto von Habsburg: Er solle der Schuschnigg-Regierung als letzten Ausweg die Wiedereinsetzung des Kaisertums antragen. Roth erreicht nichts als den dringenden Ratschlag, umgehend zu verschwinden, um nicht den Nazis in die Hände zu fallen.

In der Künstlerkneipe Reissbar in der Marco-d'Aviano-Gasse sitzen an diesem Tag die Dichter Friedell und Zuckmayer beisammen und beraten bei reichlich Alkohol, was zu unternehmen sei, falls die Nazis tatsächlich einmarschieren. Zuckmayer, der seine Deutschen schon anno 1933 kennengelernt hat, rät zur sofortigen Emigration. Friedell: »Ich gehe nicht, was soll ich in einem anderen Land?« Später wird auch Alma Mahler-Werfel dazustoßen und, dank ihrer Kontakte in der Regierung, die verfrühte Paniknachricht verbreiten: »Hitler steht bereits vor den Toren Wiens.« Dazu Friedell: »Das überlebe ich nicht.«

2

Donnerstag, 10. März. Die auf unzureichende drei Tage angesetzte Propagandakampagne für die Volksabstimmung kommt ins Rollen … tatsächlich wird sie nur diesen einen knappen Tag zur Verfügung haben. »Ja! Mit Schuschnigg für ein freies Österreich!« heißt die Parole, die durch die Erwähnung des weithin ungeliebten Kanzlers wiederum viel von ihrer Wirkung einbüßt. Lastwagen voller Vaterländer mit Sprechchören und Fahnen streuen gewaltige Mengen schnellgedruckter Flugzettel auf die Straße, andere werden sogar aus der Luft abgeworfen. Malkolonnen pinseln Sprüche und Schuschniggporträts auf Trottoirs und Fassaden, Umzüge und Demos schieben sich durch die Straßen. Das Radio quillt über von begeisterter Zustimmung, und aus allen Lautsprechern ertönen patriotische Hymnen wie »O du mein Österreich«. (Als handle es sich hier um erbeingesessenes Volksgut und nicht einen kommerziellen Schlager des Komponisten Richard Fall.) Dazwischen wieder bedenkliche Nachrichten: So ist anscheinend das Mindestalter der Wähler plötzlich heraufgesetzt worden, wohl um die zumeist jugendlichen Nazis auszuschalten. Auch hat man in der kurzen Zeit keine Wahllisten erstellen können, ein Ausweis soll reichen. Verstörend sind auch die Stimmzettel, in der Zeitung abgebildet: Da gibt es überhaupt nur Scheine mit »Ja«. Wer mit »Nein« stimmen will, muß sich selber ein Blatt im gleichen Format ausschneiden und mit der Hand beschriften! Grotesk!

Im »Bund« treffen wir uns zu einem außergewöhnlichen Heimabend. Es stellt sich heraus, daß wir tief gespalten sind. Die Jüngeren halten in Gottes Namen zu Schuschnigg – »man kann sich seine Freunde nicht immer aussuchen«. Während die Älteren ja den Spanischen Bürgerkrieg bewußt miterlebt haben und alle »fast« nach Madrid gegangen wären. Sie sind für Prinzipientreue und erst mal abwarten. Als hätte es noch Zeit zum Abwarten gegeben. Immerhin ziehen wir alle gemeinsam zum Opernplatz, wo die Hauptaktion angesagt ist. Und nun ist man doch stark ergriffen von dieser Menschenmasse, die »Rot-weiß-rot bis in den Tod« skandiert und sich verzweifelt gegen die Nazibedrohung aufbäumt. Unter ihnen auch viele Juden aus uns bekannten Jugendverbänden. Hier findet tatsächlich so etwas wie eine Verbrüderung statt. Später erfahren wir auch, daß solche jüdischen Kaufhauskönige wie Gerngroß oder Krupnik mächtig für den Wahlfonds gespendet haben, ebenfalls die Kultusgemeinde unter Dr. Desider Friedmann. Spät nachts dann eine Überraschung: Wie aus dem Nichts geboren, drängt sich spontan ein unorganisierter Zug quer durch die Innere Stadt. Es sind Arbeiter, Straßenbahner, Leute aus den Vorstädten, Erwerbslose, Lehrer, Jugendliche ... hier ist doch noch einmal, ein letztes Mal, das gutgesinnte sozialistische Wiener Volk zusammengekommen, von dem wir immer geträumt haben: Landsleut ...

3

Freitag, 11. März. Daß an diesem Morgen Hitler seine einsatzkräftigsten Truppen an der Grenze aufmarschieren ließ und gleichzeitig ein Ultimatum losschickte, wird uns fürs erste verschwiegen. Kerntruppe des Überfalls: die Zweite Panzerdivision. Die später beim Triumphzug gegen Frankreich und auch anderswo mit dabei sein wird, bevor wir sie 1945 endgültig zerschlagen. Die Wiener Regierung erfährt vom drohenden Einmarsch durch einen Vertrauensmann in München, mittels eines codierten Funkspruchs, wie ihn unser Seicherl aus den Comics nicht besser erfinden konnte: »Leo reisefertig«. Ja, Leo war reisefertig, um sich Österreich einzuverleiben und untern Nagel zu reißen, mit Hilfe der Vernagelten selber! – An diesem Vormittag beschwört Anton Kuh die unvermeidliche Alma Mahler-Werfel, ihm einen Termin mit höchsten Regierungsstellen zu vermitteln. Alma bringt ihn mit Unterrichtsminister Hans Perntner zusammen. Dem Kuh das Geheimnis offenbart, wie man jetzt am besten mit der österreichischen Arbeiterschaft ins Gespräch käme. Perntner, zu einem eiligen Ministerrat berufen, verspricht Kuh, sich die Sache durch den Kopf gehen zu lassen. Worauf der Autor seinen berühmten Spruch losläßt: »Jetzt weiß ich, daß wir verloren sind. Ein Staat, der mit einem Kuh verhandelt, der ist am Ende!« Sprachs und setzte sich in die Tschechoslowakei ab. Irgendwann zwischen diesem Datum und dem deutschen Einmarsch in die Sudeten muß er dann meinem Onkel Nori in Brünn seine schöne Frau Thea abspenstig gemacht und sogar geheiratet haben. Dazu Literaturpapst Willy Haas (ihm hatte seinerzeit Milena vor dem Abtransport ins KZ ihre Kafka-Briefe übergeben) zum Autor dieses Buches: »Mein Freund Anton? Der war doch zu einem Vollzug ehelicher Pflichten so unfähig wie ein Pinguin zum Fliegen.«

Am selben Abend des 11. März findet auch im politischen Kabarett »Literatur am Naschmarkt« – nach anderen Aussagen im »ABC« – eine letzte Vorstellung des Programms »Der Wiener geht unter« mit Jura Soyfer statt. Gleichzeitig soll auch im Simpl Kabarettist Fritz Grünbaum auf die wegen Kurzschluß verdunkelte Bühne getreten sein und improvisiert haben: »Ich sehe nix, gar nix. Da muß ich mich in die NS-Kultur verirrt haben.« Bereits am folgenden Tag, so erzählte uns Karl Farkas Jahre später, durften die beiden das Theater nicht mehr betreten. Zur selben Stunde trifft der emigrierte Berliner Lyriker und Kabarettautor Walter Mehring im Café Herrenhof mit seiner Agentin und Freundin Herta Pauli zusammen. Kurz darauf stürzen die zwei Nazimitglieder der Regierung Schuschnigg, Seyß-Inquart und Glaise-Horstenau, eilig in das Lokal. Danach der Kellner raunend zu Stammgast Mehring: »Der Seyß, der hat nur a Suppen bestellt, jetzt wird's ernst!«

Und so war's dann auch. Um viertel nach acht Uhr abends hören wir im Radio Schuschnigg mit gebrochener Stimme verlautbaren, daß er der Gewalt weiche. Das Plebiszit sei »verschoben« und, um Blutvergießen zu vermeiden, die Truppe angewiesen, sich kampflos zurückzuziehen. Es ist das Ende. Dieser Schlappschwanz, der den harten Mann markierte, der unentschlossen seine Volksabstimmung zu spät ansetzte, hat sie jetzt auch zu früh abgeblasen! Denn was hätte ihm und uns denn Schlimmeres passieren können, als tatsächlich geschah? Was riskierte Schuschnigg, wenn er das Plebiszit beibehielt, schon anderes als eine ehrenvolle und gewiß unblutige Niederlage? (Blutvergießen war das letzte, was Hitler sich im Moment erlauben konnte!) Stattdessen ist er als Auskneifer in die Geschichte eingegangen. Die nächsten sieben Jahre verbrachte er in verschiedenen Lagern, wenn auch unter bevorzugter Behandlung. Obwohl er ja schon drei Monate nach dem deutschen Einmarsch an Hitler seinen «festen und freien Willen« übermittelt hatte, «in bedingungs- und vorbehaltsloser Loyalität zu Führer, Reich und

Volk zu stehen ... zu allen Konzessionen bereit.« Solche Rückgratlosigkeit erforderte eben ein langes Training.

Jetzt also war der Anschluß da! Aber doch noch nicht vollständig. Noch hätte das Äußerste, die unmittelbare Einverleibung des Landes, vermieden werden können. Zwei Tage später war auch diese Illusion dahin. Hitler selbst hat immer wieder betont, wie sehr ihn erst der Jubel der Bevölkerung von St. Pölten, Linz und Umgebung – 50.000 auf der Straße! – umgestimmt habe, nicht wie geplant einen zweiten Nazistaat in Personalunion mit sich zu schaffen, sondern, wie von Göring vorgeschlagen, »die Sache gleich ganz zu machen«. Auch in Wien war es nicht anders. Wir brauchten nur einen Blick aus dem Fenster zu werfen, um zu erfassen, was lief. Es war gespenstisch. Schlagartig hatte sich das Straßenbild verwandelt. Keine beflaggten LKWs mehr, keine Kolonnen mit rotweißroten Bannern. Stattdessen die uns nur allzugut bekannten rabiaten Straßenköter in Bundhosen und weißen »Zopferlstrümpfen«. Manche tragen bereits ihre Hakenkreuzbinden am Arm. Und schon haben sich auch unsere Polizisten – sie müssen längst darauf vorbereitet gewesen sein – solche übergestreift. Sowie überhaupt jeder, wenn er nicht gerade, wie unser Klassenlehrer, die »Pletschen« trägt, das Parteiabzeichen der Illegalen. Und da schallen auch schon die Sprechchöre durch die Straßen: »Sieg-Heiiil!« »Ein Volk, ein Reich, ein Führaaahhh!« »Deutschland erwache, Juda verreckeeehhh!« »Wir danken unserm Führaaahhh!« Der nämliche hysterische Verzückungsrausch, den einst Karl Kraus in den Anfangsszenen der *Letzten Tage* aufbrechen ließ wie eine Eiterbeule. Nur daß man damals »Serbien muß sterbien« skandierte ... unschuldige Zeiten. Augenzeuge Franz Werfel: »Plötzlich war die Masse fertig, der Opernchor einer Geschichts-Premiere. Und nun brach er los, der Mords-Gesang, der nur aus zwei Tönen besteht: ›Sieg-Heil! Sieg-Heil!‹ wie das i-ah eines automatischen Esels von Bergesgröße. Wie das Kriegsgeheul der Steinzeit. Auf den Gesichtern dieser Männer lag eine grandiose Leere und Ichverlassenheit. Sie lebten so sauber, so exakt, so ohne Gedanken, so ohne Gewissen, wie Motore leben. Sie warteten nur darauf, angelassen und abgestellt zu werden.« Überall Jugendliche mit Hitlerbildern. Hausierer mit blechernen Hakenkreuzen – wo kamen die nur so schnell her? Hupen der Autos. Klimpern der Straßenbahnen. Später Fackelzüge. Juden werden angepöbelt, jüdischen Geschäften die Auslagen eingeschlagen. Und immer das hoffnungsfrohe Gebrüll, als stünde man schon an der Pforte des Himmelreichs. »Alles, was krankhaft schmutzige Haßphantasie in vielen Nächten sich orgiastisch ersonnen, tobte sich am hellen Tage aus.« (Stefan Zweig)

Schon am gleichen Abend beginnt dann die Flucht. Von unserem Vater mißbilligt, der doch Kriegsteilnehmer war und »schließlich nichts verbrochen hat«. Zwar besitzen wir Verwandte in der Tschechoslowakei, und die Grenze liegt nur eine Autostunde entfernt. Aber, dachte man in der Familie: »Es wird am Ende nicht so heiß gegessen wie gekocht«. Wurde es aber. Erst später erfuhren wir einiges von dem, was sich an diesem Abend abgespielt hatte. Da gab es die wenigen Glücklichen, die mit der Protektion. Die eilig den Familienschmuck zusammenrafften und ohne Schwierigkeiten im Auto über die Grenze nach Preßburg entkamen. Wie etwa die Kanzlerwitwe Malwine Dollfuß, oder der Dichter und bisherige Generalsekretär der Vaterländischen Front, Guido Zernatto (den ich später in New York, zum Autor zurückgestuft, wiedersah). Und da waren die unzähligen, die es nicht schafften.

Inzwischen die vielleicht absurdeste Szene von allen: Noch harren im Augustinerkeller die illegalen Gewerkschafter, daß ihnen die Regierung die versprochene Antwort auf ihr (mit soundsovielen Pünktlein wohlversehenes) Angebot gibt, zwecks Abwehr der Nazigefahr mit ihnen zusammenzuarbeiten. Sie warten, sie telefonieren, am Ende ist überhaupt kein Mensch mehr im Bundeskanzleramt anzutreffen. Betrübt gehen sie abends auseinander. Ohne viel von dem mitbekommen zu haben, was inzwischen draußen geschieht … und daß ihr Schicksal längst besiegelt ist!

4

Samstag, 12. März 1938. Begeisterter Empfang der deutschen Truppen (ein »Blumenkorso«) auf österreichischem Boden. Technische und Organisationsmängel verlangsamen allerdings den Vormarsch der 8. Armee. Zuletzt müssen viele Fahrzeuge, auch Panzer, per Bahnfracht nach Wien transportiert werden, um rechtzeitig zur Siegesparade dabeizusein! Erste Verhaftungswellen: Auch Minister Perntner ist darunter, der nun nicht mehr mit einem Anton Kuh zu verhandeln braucht. Juden und Regimegegner werden aus ihren Wohnungen geholt. Und die Juden insbesondere zu »Reibpartien« zusammengetrieben. Wobei sie, umstanden von johlenden Bütteln, mit Lauge und Schrubbürsten die Wahlsprüche der Vaterländer von Hauswänden und Trottoirs zu kratzen haben. Ein Vergnügen, das allerdings – Ehre wem Ehre gebührt – schon die Vaterländer erfunden hatten. Als sie nämlich ihrerseits die illegalen Nazis zwangen, ihre Parolen von den Wänden zu putzen. Und schon ist auch Himmler in Wien und organisiert die Verhaftung der linken Staatsfeinde. Laut einer Kartei des Innenministeriums, die man so wenig vernichtet oder versteckt hat wie zwei Jahre später beim deutschen Einmarsch die Emigrantenlisten der Pariser Polizeipräfektur.

Nein, was mich von den »Ariern« trennte, war nicht Religion oder Rasse. Was mich anders machte, war einfach, daß ich aus irgendeinem unerfindlichen Grund diese Sprache nicht konnte. Dieses wollüstige, knechtselige Speichellecken, Katzbuckeln, Parieren, Duckmäusern, Beweihräuchern, Beflissensein, Positivsein, Einer-Meinung-Sein, Dabeiseinwollen, Mittunmüssen, Mitmarschieren, Mitbrüllen, Mitstrafen, Mitmorden ... Gesetzte Bürger, die mit Gabelfrühstück und Jause ihre fünf Wiener Mahlzeiten täglich herunterschlangen, stürzen sich jetzt begeistert auf den »Hilfszug Bayern«, der Gulasch gratis auf der Straße verteilt. Sie fressen aus Patriotismus, aus völkischer Glaubenssatzung. Fressen ist nationale Pflicht. In der Leopoldstadt, dem Getto der ärmeren Juden, wütet das goldene Wienerherz. Frommen Chassiden werden die Bärte gerupft, und hinter kleinen Bubis mit Schläfenlocken jagt frohgemut das Staatsvolk. Die Hetz wandelt sich zur Hatz, auch das stand schon bei Karl Kraus. Bei uns im Nobelviertel ging es gemäßigter zu. Aber als ich zur alten Frau Ameranth schlich, um nach meiner Französischlektion zu fragen, wurde sie gerade herausgetragen zum Rettungswagen, Selbstmord durch Gift. Hinter ihr die Leiche des spastischen Sohnes, der ein mathematisches Genie war, den aber kein Land der Welt aufgenommen hätte.

Dazu Alfred Polgar: »Zu ihren Schändlichkeiten mußten die österreichischen Nazis nicht erst kommandiert werden, sie begingen sie aus blankem Spaß an der Sache, mit einer Art sportlichem Ehrgeiz, in ihr Originelles zu leisten, und zeigten schöpferische Phantasie in der Verschmelzung von Brutalität und Gemütlichkeit.« Und schon erklärt die Evangelische Kirche Österreichs, daß »diese Stunde von Gott gesegnet sei«, während die Katholische Kirche dies erst am folgenden Tag herausfindet.

5

Sonntag, 13. März 1938. Inzwischen gab es ja nicht nur die berüchtigten erpresserischen Anrufe von Göring an den neuen Nazikanzler Seyß-Inquart, die letztlich Hitlers Unentschlossenheit in Sachen Anschluß unterliefen. Sondern dieser hatte seinerseits in Eilbotschaften Mussolini den Kuhhandel angeboten, ihm weiterhin Südtirol zu überlassen, falls Italien nicht an der Brennergrenze aufmarschiere. Wie jetzt die bang erhoffte Zusage aus Rom eintrifft, kommt es zu fast hysterischen Dankesausbrüchen bei seinem deutschen Kollegen: »Sagen Sie dem Duce, ich werde ihm das nie vergessen. Nie, nie, nie, es kann da sein was will. Ich werde ihm das nie, nie vergessen!« Worauf der italienische Diktator an die Adresse des »maledetto tedesco« geflucht haben soll: »Ich ihm auch nicht.«

In der katholischen *Reichspost* veröffentlicht Kardinal Innitzer, einst die graue Eminenz des klerikalen Regimes, eine vorsichtig gefaßte Erklärung, worin seine Schäfchen aufgefordert werden, »Gott zu danken für den unblutigen Verlauf der großen politischen Umwälzung«. Der Kommentator des Blattes spricht aber dann schon so unverblümt, wie es kurz darauf der oberste Seelenhirte selber tun wird, von »der langersehnten Stunde der deutschen Einigung«.

An diesem Sonntag – für den ursprünglich Schuschniggs Plebiszit angesetzt war – unternimmt der Kabarettist Jura Soyfer zusammen mit einem Freund den verzweifelten Versuch, auf Skiern die Schweizer Grenze zu erreichen. Wird aber von österreichischer Polizei geschnappt und nach Innsbruck in Gewahrsam überstellt. Den ersten Transport ins Konzentrationslager Dachau vom 1. April versäumt er, auf dem er neben vielen österreichischen Politikern auch den Präsidenten der Kultusgemeinde,

Desider Friedmann, den Lehár-Librettisten Fritz Löhner-Beda und den unschädlichen Wiener Autor Raoul Auernheimer getroffen hätte. Beim dritten – rein jüdischen – Transport vom 3. Juni ist Jura dann dabei. (Den Höhepunkt erreichen die Transporte aber erst im Jahr 1944 mit 78.000 Einlieferungen. Alles in allem werden über 200.000 »Schutzhäftlinge« nach Dachau verbracht.)

Ebenfalls am 13. März wird der Schriftsteller Leo Perutz auf der Straße angepöbelt. Glücklicherweise hat er sein Eisernes Kreuz Erster Klasse zu sich gesteckt. Das er jetzt vorweisen kann und so den Rabauken entkommt. Kurz darauf würde auch das nichts mehr helfen.

An demselben 13. März drängen sich am Ostbahnhof Hunderte von Gefährdeten in zwei Abendzüge zur Tschechoslowakei. Einer von diesen Flüchtigen ist der Kabarettist Fritz Grünbaum. Trotz mehrfacher Kontrollen, bei denen auch immer wieder Verhaftungen stattfinden, gelingt es ihm, bis zur Grenzstation durchzukommen. Was er nicht weiß, was keiner von ihnen sich vorstellen kann: Daß das tschechische Innenministerium – es unterstand den reaktionären »Agrariern« – bereits Weisung erteilt hat, keinen Flüchtling mit österreichischem Paß mehr durchzulassen. Ahnungsvoll werden die Fahrgäste zu ihrem Ausgangspunkt zurücktransportiert. Wo nun bereits Plündertrupps mit den obligaten Armbinden bereitstehen, um aus Koffern und Bündeln zu »beschlagnahmen«, was das Zeug hält … Idealisten allesamt. Auch verhaftet darf werden. Grünbaum kann entfliehen, versteckt sich, wird verraten, kommt in ein Wiener Polizeigefängnis und von dort nach Dachau. Daraufhin Triumphgeheul des Wiener *Völkischen Beobachters*: »Den Grünbaum haben wir!«

6

Montag, 14. März 1938. Hitler in Wien. Kardinal Innitzer läßt die Kirchenglocken läuten. Hitler – zuletzt im Obdachlosenheim der Meldemannstraße ansässig – steigt im Hotel Imperial ab! Wo jetzt kein Karl Kraus mehr zeitunglesend im Café zu finden ist. Dafür vor dem Hotel ein tausendköpfiger Haufe, und am Radio ihr Sprechchor, nur mit Mühe als Menschenworte auszumachen. Nein, das durfte nicht wahr sein: »Lieber Führer sei so nett, zeige dich am Fensterbrett!« Dann Hitler am Heldenplatz, dort eine Viertelmillion Jubler, eine weitere längs seinem Anfahrtsweg auf dem Ring. Dazu später *Der Herr Karl* von Merz und Qualtinger: »Endlich amal hat der Wiener a Freid g'habt ... a Hetz ... man hat was g'segn, net? Des kennan's Ihna gar net vurstelln ... unübersehbar warn mir ... man hat g'fühlt, ma is unter sich ... es war wie beim Heirigen ... es war a riesiger Heiriger ...!« Rechnet man Kleinkinder, Alte und Sieche ab sowie die Hausfrauen, die ja für die heimkehrenden Helden kochen mußten, so entsprach das etwa der halben Bevölkerung von Wien. Es fehlten die Linken und die vaterländischen Prominenten, die schon in überfüllten Zügen ins Ausland zu entkommen suchten ... oder im Sonderzug nach Dachau saßen. Es fehlen auch Tausende unberühmterer Hitlergegner. Sie protestieren, indem sie zu Hause bleiben, sonstige Möglichkeiten gibt es nicht. Auch die Juden sind anderweitig beschäftigt, mit den »Reibpartien« nämlich. Beaufsichtigt von Steirerg'wandeln, Zopferlstrümpfen und den frenetischen »Märzgefallenen«, die ja beweisen müssen, daß sie schon im Januar dabeigewesen waren. Nun heißen wir nicht mehr bloß Brunnenvergifter und Borkenkäfer, sondern Tuberkelbazillen, Eitergeschwüre, Fermente der Dekomposition und ähnlich Appetitliches aus dem gemeinsamen Unterbewußten der

Reinheitsfanatiker. Und das, was hier kollektiv die Sau herausläßt, nennt sich natürlich der »heilige Volkszorn«, ohne daß die Kirche gegen diese Inanspruchnahme der Heiligkeit protestiert. Im Gegenteil, bald kriechen über alle Plakatwände gigantische Anschläge, eine »einheitliche Stellungnahme der Bischöfe Österreichs«: »Aus innerster Überzeugung und mit freiem Willen erklären wir...« Sie, die eben noch mit der päpstlichen Bulle »Quadragesimo anno« dem vaterländischen Regressionsdenken das geistige Rüstzeug geliefert hatten, unterzeichnen jetzt (angeblich gegen den Willen des Vatikans) mit »Heil Hitler« und den besten Segenswünschen für die neuen Herren.

Gesinnungswedelei allenthalben. Professoren weisen auf ihre »unerschütterliche Haltung in Wind und Wettern« hin, während sie umfallen. Politiker, die sich »nie dem roten oder schwarzen Ungeist ergeben hatten«, schreiben Ergebenheitsadressen an den »braunen Ungeist« (wie sie ihn sieben Jährlein später wieder nennen würden). Poeten des »Inneren Reiches« laufen mit fliegenden Hosenträgern zum Dritten über. So ein Dichter namens Robert Hohlbaum (»Kennen Sie die feinen Künstlerhände des Führers?«). So der fromme Legendenreimer Max Mell, dem einst Hofmannsthal zum Durchbruch verhalf. Und der jetzt Hitler dithyrambisch bedichtet: »Erhabener Mann, wie können wir dir danken?« Na ja, wenn er es nicht wußte, konnten wir ihm auch nicht helfen. So Josef Weinheber, Parteimitglied seit 1931 und auf Goebbels' »Genieliste« stehend, in schwächlichen Oden: »Volkhaft empört, wie sonst / als aus flammendem Blut / rauscht die Freiheit ins Licht... Führer, heilig und stark.« Oder der Möchtegern-Germane und erfolglose Dramatiker Mirko Jelusich, der unfreiwillig komisch das »betende Schwert« besingt: »Noch ruh ich tief geborgen in der Scheide...«. Und bereits am 12. März in Stiefeln und Braunhemd zum Burgtheater marschiert kam, um sich in persönlichem Staatsstreich zum Direktor auszurufen: »Meinen Anordnungen ist bedingungslos Folge zu leisten.« Aber da war ja auch der tiroler Heimatdichter (den man sogar schon mal zum Schnitzler-Rivalen hochstilisiert hatte) Karl Schönherr, der jetzt eisern seinen Führer zum »Hammerschmied des Deutschen Reiches« ernennt. Und der schon erwähnte Naturapostel Waggerl: »Wo ist der Deutsche, der in solcher Stunde versagt?« Ja, wo? Natürlich mußten auch die Filmhelden Trenker, Hörbiger, Wessely, Forst, Fritsch u.v.a. in den Weiheton einstimmen und jenes »Scherflein« beitragen, das Karl Kraus zwanzig Jahre zuvor doch scheinbar auf alle Zeiten erledigt hatte. Und noch ein anderer Satz dieses endlos zitierbaren Autors scheint uns hierher zu passen: »Eine Kultur ist dann fertig, wenn sie ihre Phrasen noch in einem Zustand mitschleppt, wo sie deren Inhalt schon erlebt.«

Ich hatte den Seicherl geliebt, den politischen Comic-Strip der sonst nicht gerade humorgesegneten Sozis. Jetzt wird praktisch von einer Ausgabe des *Kleinen Blattes* zur nächsten, und notabene in der Hand des nämlichen Zeichners Kmoch, der Sozistrip zum Nazistrip – mit einem Struppihund, der »Hauruck nach Palästina!« kläfft. Auch der Erbauer des »roten« Karl-Marx-Hofes, Architekt Karl Ehn, tritt aus der Vaterländischen Front aus und in die NSDAP ein … nun ja, er hatte ja Übung, indem er schon 1934 bei den Sozis aus- und bei den Vaterländern eingetreten war. Während andererseits Romanautor Heimito von Doderer, illegaler Nazi seit 1933, jetzt angeblich wieder sein Parteibuch verbrennt und zum Katholizismus überwechselt. Zitat: »Die meisten Lebensgeschichten bestehen darin, daß einer den Abhang seines Charakters herunterkollert, um, alt geworden, als formlose Masse unten liegen zu bleiben.« Bezeichnend für die suggestive Hochstimmung des Augenblicks das »pseudosakrale, bisweilen auch erotisch gefärbte Vokabular, eine Unmenge Inbrunst, verschwistert gewöhnlicher Brünstigkeit« (Ulrich Weinzierl): »Männer brauchen wir, ganze lebendige Menschen, Männer mit Herzen, nicht nur mit Hirnen …« so eine einstmals renommierte Dichterin.

Wie dann einen Monat später Hitler seinen Anschluß von 99,74 Prozent aller »Ostmärker« bestätigen läßt, kann man solche religiös verzückten Phrasen vernehmen wie, daß »der Führer das Werkzeug der Vorsehung« sei oder daß »die Hand verdorren müsse, die Nein schreibt.« Braunau, der Geburtsort Hitlers, wird zum »Wallfahrtsort der deutschen Jugend« erklärt, seine Gestalt zum »Heiland« hochgejubelt. Als Kuriosität sei auch ein Ing. Robert Körber zitiert, der in seiner – hier um eine gute Hälfte gekürzten – Widmung zu dem Buch *Rassesieg in Wien* den gesamten blutrünstigen Schwall der Zeit herankarrt: »Den unzähligen Opfern, Märtyrern und Helden des deutschen Volkes, die auf ostmärkischem Boden im tausendjährigen Krieg der Juden gegen das Deutschtum durch deren unbändigen Wucher in Not und Elend gestürzt, durch ihren verbrecherischen Betrug um Hab und Gut gebracht, durch ihre orientalische Sinnenlust an Leib, Seele und Rasse zerstört wurden, soll dieses Buch ein schlichtes Denkmal des unaussprechlichen Dankes sein, den wir dem Gründer, Führer und Kanzler des ewigen …« usf. Was Herrn Körber übrigens weiter nicht genierte, als es darum ging, nach 1945 eine Rente als Nazi-Geschädigter zu beantragen. Hier einige der geistesgeschichtlichen Urteile des Autors: »Kulturbolschewik Arthur Schnitzler wollte die Welt zum Freudenhaus umgestalten.« »Hofmannsthal konnte nicht die Unerlöstheit des Judentums, sein ewiges Wandertum überwinden.« »Freud erblickte in allen Lebensäußerungen des Menschen asiatische Erotik.« »Die Schüsse von Sarajewo, die der Freimaurer

Princip offenkundig im jüdischen Auftrag abgab ...« Im übrigen macht er den Vorschlag, die Geschichtsforschung durch die »Gesichtsforschung« zu ergänzen. Wobei als Negativbeispiele für Männerschönheit unvermeidlich, na wer? Wer sonst als die beiden Komiker Farkas und Grünbaum herangezogen werden!

7

Dienstag, 15. März 1938. »Wohnt hier der Jud Friedell?« tönt es im Eingang des Eckhauses Gentzgasse Nr. 7. »Schnell, ohne nachzudenken – der Entschluß mußte schon lange vorher gefaßt worden sein – trat er aus dem Fenster des vierten Stockwerks in die Luft. Er kam, Gott sei Dank, tot unten an. Die Totenmaske, die ich besitze, trägt sein heiteres, gelöstes Lächeln.« So Helga Malmberg, als angelernte Wienerin, über Egon Friedells Ende in ihren vielleicht allzu geschönten Memoiren.

Eigentümlicherweise hatte ja Friedell selbst Jahre zuvor einen Bildband mit 68 Totenmasken herausgebracht. Unter denen gerade zwei zu lächeln schienen: Felix Mendelssohn-Bartholdy – spitzbübisch wie ein Lausejunge, der den Erwachsenen gerade ein Schnippchen geschlagen hat. Und die berühmte »Unbekannte der Seine« – erlöst dahinfließend aus dem Leben in die Unendlichkeit... Hat Friedell wirklich gelächelt, als das Greifkommando der SA in sein Treppenhaus eindrang? Man darf es bezweifeln. Jedenfalls soll er vor dem Absprung noch gerufen und gewunken haben, um unten die Passanten wegzuscheuchen ... die vielleicht nur gekommen waren, um seine Verhaftung zu genießen!

Daß er noch Familienangehörige besaß, scheint der Poet nicht gewußt zu haben. So blieb nur seine Nachlaßverwalterin Herma. Die uns Jahre später berichtete, der letzte Grund für seine Weigerung abzureisen sei gewesen, er hätte seine mit Tausenden Randbemerkungen versehene Bibliothek (wo ist sie jetzt?) nicht im Stich lassen wollen. Über seinen Tod Franz Theodor Csokor, einer von Friedells engsten Freunden – und Rivale um die Gunst von Lina Loos – gesprächsweise zum Autor: »Ich sagte zu ihm: ›Egon, ich kann dir ein Visum nach Polen verschaffen!‹ ›Danke, ich gehöre hierher.‹ ›Zumindest könntest du in einem Kloster unterkommen, du bist doch gläubiger Christ!‹ Da wies Egon nur stumm auf die Kirchenglocken, die ganz Wien durchdröhnten.«

Etliche Monate später, es war im Sommer 1964, filmen wir einen Bericht über den Abriß einer der letzten Künstlersiedlungen am Pariser Montparnasse, der Cité Falguière. Uralte winzige Häuschen, die gerade von einem Bauunternehmer plattgewalzt werden. An die fünfzig Künstler sind schon am Packen, sie sollen in ein Wohnsilo am Stadtrand. Eine Madame Friedmann meldet sich, die deutsch spricht: »Ich bin 85 Jahre alt. Seit 1904 wohne ich jetzt in dieser Baracke. Mein Bruder war der Wiener Schriftsteller Egon Friedell, ich weiß nicht, was aus ihm geworden ist. Ich bin Bildhauerin. Nein, mir ist nicht klar, wo meine Skulpturen hingekommen sind, ich habe das nicht mehr so im Kopf. Ich war auch Modell, obwohl man mir's nicht mehr ansieht, glaube ich. Hier habe ich auch geheiratet. Nun heißt es, ich muß ausziehen. Wohin soll ich gehen? Seit 1904 wohne ich jetzt in dieser Baracke …«

8

Noch am Donnerstag, 17. März, schafft es der Kabarettkünstler und ewige Witzbold Karl Farkas, nach Brünn zu entkommen. Im Gegensatz zu Grünbaum hat er das Glück für sich und wird auch später immer wieder auf die Füße fallen. Er überlebt Hitler und das Dritte Reich um ein Vierteljahrhundert. Gleichzeitig beginnt der Wahlösterreicher Adolf Eichmann seine Arbeit als Leiter der Wiener Zentralstelle für jüdische Auswanderung, die ihn zu den höchsten Sprossen der Nazi-Hierarchie führen wird, nachher zum israelischen Galgen. Bis Ende 1938 gelingt es ihm, auch mit Hilfe der Kristallnacht, 45.000 Juden aus Österreich hinauszubefördern, unter ihnen den Autor dieses Buches. Im Juli 1939 – der Krieg ist in zwei Monaten fällig – sind es 100.000. Die Opfer erhalten ihre Papiere erst, nachdem sie den Großteil ihres Vermögens als »Reichsfluchtsteuer« an den Staat abgetreten haben.

Vermögens- und einflußlos, erreicht es der Lyriker Theodor Kramer nicht, irgendwo eine Einwanderungserlaubnis zu ergattern. Am 20. August 1938 unternimmt er einen Selbstmordversuch. Die Ausreise nach England verschafft ihm dann Thomas Mann. Er schreibt lebenslang noch Tausende von Gedichten, viele ungedruckt bis heute. Eines, das »Trinklied vorm Abgang«, sei hier gerettet:

Laßt in die Runde gehn den Wein,
horcht, wie die Zeit verrinnt.
Die Menschen werden schwächer sein
wenn wir vergangen sind.

Nach fünf Monaten Zwangsaufenthalt in Dachau (seinem »Gastspiel in der Hölle«) kann der Autor und einstige PEN-Präsident Raoul Auernheimer auf internationalen Druck des populären Biographen Emil Ludwig in die Emigration entlassen werden. Hermann Broch wird drei Wochen lang im Bezirksgericht Bad Aussee interniert, kommt dann dank einer Eingabe von

James Joyce frei. Im Flugzeug von Österreich nach England schreibt er: »Ich spürte bloß / ich spürte bloß / ich spürte bloß den Schlingenstrick / den um den Hals ich trug.« In der Nacht vom 30. April zum 1. Mai 1938 findet dann, ausgerechnet in der Festspielstadt Salzburg, die schon erwähnte Bücherverbrennung nach deutschem Muster statt: »Die Bücher von Stefan Zweig, Arthur Schnitzler, Emil Ludwig, Franz Werfel und wie alle die jüdischen Schreiber heißen, sollen aus jedem ordentlichen deutschen Haushalt verschwinden.«

Franz Werfel, der Dichter zwischen den Stühlen. Den Juden zu christlich, den Christen zu aufdringlich, den Parteien zu unverläßlich: »Die Welt hat über der alten öden Parlamentsgeografie von Rechts und Links vergessen, daß es ein Oben und Unten gibt … Es ist wahrhaftig eine Krise des Vertrauens. Die verborgene Golddeckung ist verschwunden. Eine Konkurrenzhölle dämonisierten Interessentums umgibt uns.« Später habe ich ihn dann auf irgendeiner Auswanderungsbehörde getroffen, jetzt nichts besseres mehr als wir andern: Ein dicker schwitzender Jude, der mit zittriger Hand aus einer speckigen Aktenmappe Papiere herauskramte und vorlegte, unvergeßlich.

Ja, ich bin recht, es ist die alte Gasse.
Hier wohn ich dreißig Jahr ohn Unterlaß.
Bin ich hier recht? Mich treibt ein Irgendwas,
Das mich nicht losläßt, mit der Menschenmasse.

Da, eine Sperre starrt … Eh ich mich fasse
Packt's meine Arme: »Bitte, Ihren Paß!«
Mein Paß! Wo ist mein Paß? Von Hohn und Haß
Bin ich umzingelt, wanke und erblasse.

Kann soviel Angst ein Menschenmut ertragen?
Stahlruten pfeifen, die mich werden schlagen.
Ich fühl noch, daß ich in die Kniee brach.

Und während Unsichtbare mich bespeien,
»Ich hab ja nichts getan«, hör ich mich schreien,
»Als daß ich eure: *meine* Sprache sprach.«

August 1938: Jura Soyfer sitzt seit fünf Monaten in Dachau ein und schreibt dort sein »Dachaulied«. In dem das hämische Motto des Lagertors in ein Bekenntnis zur menschlichen Solidarität umgekehrt wird:

... Denn wir haben die Losung von Dachau gelernt
und wurden stahlhart dabei:
Bleib ein Mensch, Kamerad!
Sei ein Mann, Kamerad!
Mach ganze Arbeit, pack an, Kamerad!
Denn Arbeit, Arbeit macht frei!

Einen Monat später wird Jura wegen »Fluchtverdacht« ins KZ Buchenwald bei Weimar überstellt. Er schreibt verzweifelte Briefe an seine Angehörigen, ihm die nötigen Auswanderungspapiere zu verschaffen. Sie kommen zu spät. Als Häftling Nr. 9697 wird er zum Leichentragen eingesetzt. Am 16. Februar 1939 ist der Dichter und Kabarettist Jura Soyfer dann an Typhus gestorben, gerade 27 Jahre alt.

Fritz Grünbaum ist gleichzeitig mit Jura ins KZ Buchenwald überstellt worden. Dort trifft er auf seine Kollegen Paul Morgan, Spezialist für witzige Conférencen. Und Hermann Leopoldi, den Klaviervirtuosen und Volkssänger, Autor des ergreifenden

»Landsleut, Landsleut«. Beim Strafexerzieren klappt Morgan zusammen, stirbt kurz darauf im Krankenrevier. Grünbaum und Leopoldi können die Leiche als besondere Vergünstigung bis zum Lagertor tragen. Später kommt Grünbaum wieder nach Dachau zurück. Zu Sylvester 1940 darf (laut Hans Veigl, *Lachen im Keller*) der deutsche Kabarettist Karl Schnog in der Krankenbaracke des Lagers einen »lustigen Abend« veranstalten. Mit dabei: »Ein winziges, verschrumpeltes Männlein mit dicker Brille, in mehrere Schals und Pullover gehüllt. Als ich ihn als den einst prominenten Conférencier ansagte, widersprach er und sagte bitterbescheiden: ›Ich bitt euch, nicht der Fritz Grünbaum spricht zu euch, sondern die Nummer …‹ (und er nannte seine Lagernummer) Es war wie ein Wunder. Der zermürbte kleine Mann lebte auf, wurde temperamentvoll und witzig wie einst, sprach, spielte, sprudelte – und fiel wieder in sich zusammen.« Zwei Wochen später stirbt Grünbaum »an Herzlähmung«.

Der Schlagerautor Fritz Löhner-Beda war auch Verfasser des Librettos zu Franz Lehárs *Land des Lächelns*, eine Operette, die um die Welt ging. (Im Mai 1934 dirigierte der Komponist in Paris die 1200ste französische Aufführung!) Obwohl ja Lehár dank seiner *Lustigen Witwe* als Hitlers Lieblingskomponist galt (neben Wagner), gelang es ihm angeblich nicht, seinen Mitarbeiter aus dem KZ Buchenwald loszueisen. Der dort im Auftrag des Lagerkommandanten das »Buchenwald-Lied« schreiben muß, von Mithäftling Hermann Leopoldi in Musik gesetzt:

O Buchenwald, ich kann dich nicht vergessen,
Weil du mein Schicksal bist.
Wer dich verließ, der kann es erst ermessen
Wie wundervoll die Freiheit ist!

Leopoldi kann 1939 aus dem Lager von Verwandten »freigekauft« werden. Sein begabter Bruder Ferdinand, mit dem er vierhändig zu spielen pflegte, stirbt allerdings in Gestapohaft. Auch Löhner-Beda kommt Dezember 1942 im Lager um. Der gleichfalls eingesperrte Sozialist Viktor Matejka (er wurde später Wiener Kulturstadtrat) schrieb dann nach der Befreiung Österreichs einen Brief an Lehár, der inzwischen in die Schweiz übergesiedelt war. Er möge von den in der Hitlerzeit einkassierten Millionen freiwillig einen Betrag spenden für Hinterbliebene von Kollegen, die wie Beda im KZ umgekommen waren: »Lehár schickte mir zwanzig Fotos mit faksimilierter Unterschrift, ich solle sie verkaufen und den Erlös dafür verwenden. So billig zog sich einer – nicht viel anders als andere – aus der Affäre.«

9

Aber nicht nur ermorden und vertreiben darf man jetzt guten Gewissens im Namen des Braunauer »Heilands«, sondern auch rauben. Von der »neuen Fassung der Perle Wien«, die Hitler herbeiphantasierte, bleibt ein Haufen glücklicherweise nie realisierter Bebauungspläne, die grundsätzlich dem Berliner »Achsenwahn« huldigen. Haben es die verhaßten Sozis auf 60.000 Neuwohnungen in Wien gebracht, so entstehen jetzt gerade 3000. Andererseits gibt es die, nach und nach sich leerenden, »Judenwohnungen«. Welche offiziell für altverdiente Kämpen bestimmt sind. Zu denen sich allerdings jetzt jedes »Märzveigerl« hochzustilisieren bemüht. Es wird »arisiert«, was das Zeug hält. Das heißt enteignet oder für ein lächerliches Entgelt zwangsverkauft. (Wir folgen hier z.T. der Auflistung in *Unser Wien* von Tina Walzer und Stephan Templ, kürzlich erschienen, leider nicht in Wien, sondern in Berlin.)

Da sind die feinsten Hotels der Stadt, das Imperial und das Bristol – ihren Teilbesitzer läßt man 1943 in Theresienstadt umbringen. Auch das Simpl wird seinem Inhaber gestohlen, der in Auschwitz endet. In das Looshaus am Michaelerplatz zieht die Autofirma Opel, die das berühmte Portal und z.T. auch das Innere umbaut. Das Café Mozart im Haus des Hotel Sacher wird vom Restaurant Rauchfangkehrer übernommen. Zur »Arisierung« schaffen es solche angesehenen Künstlerlokale wie das Herrenhof, die Reissbar und das Café Raimund, einst frequentiert von Theatermachern wie dem Direktor des gegenüberliegenden Volkstheaters, Rudolf Beer, und seinen Freunden Friedell und Csokor. Beer wird im Wienerwald gefoltert und in den Selbstmord getrieben. Das Sans-Souci in der Stallburggasse (im Erdgeschoß eines Hauses, das einst Hofmannsthal, Polgar, Maria Jeritza und auch Dollfuß bewohnten) läßt sich zum heute noch existierenden Literatencafé Bräunerhof aufnorden. Das Café Dobner am Naschmarkt wird mitsamt seinem Kabarettkeller enteignet, die Inhaberin in Theresienstadt ermordet. Richard Lányi, der Künstlermäzen und Verlagsbuchhändler, war auch Besitzer einer bedeutenden Sammlung moderner Gemälde, u. a. von Schiele und Kokoschka. Schon am 13. März 1938 wird sein Laden geplündert. Kurz darauf zwingt ihn der aus dem »Altreich« heimgekehrte SA-Mann Katzler (er »arisierte« nicht weniger als sieben Wiener Buchhandlungen), ihm seine ganze Habe zu Schleuderpreisen zu »verkaufen«. 1942 wird Lányi in Auschwitz zu Tode geprügelt. Auch Fritz Grünbaums umfangreiche Sammlung von 449 Kunstwerken muß an einen Wiener Antiquar für 200 RM zwangsverkauft werden. Darunter nicht weniger als drei Gemälde von Schiele sowie 18 seiner Aquarelle und vier Zeichnungen! Die Schiele-Stücke gehen über den Kunsthändler Otto Kallir an den Sammler Rudolf Leopold und befinden sich heute in öffentlichem Besitz. (Ein Schiele-Gemälde, »Krumau«, das kürzlich zum Rekordpreis von 12,6 Millionen Pfund in London versteigert wurde, brauchte nach seiner Enteignung 1938 über sechs Jahrzehnte, um der Familie des ursprünglichen Besitzers, der es vom Künstler selbst erworben hatte, restituiert zu werden.)

Autor Doderer, obwohl vielleicht kein Parteimitglied mehr, bezieht eine ehemals jüdische Atelierwohnung, später wird dort mit ihm sein »verehrter Lehrmeister« Paris von Gütersloh einziehen. Auch die Wohnungen von Broch, Erich Fried, Zweig, Salten werden »arisiert«. Die Schauspieler Attila Hörbiger und Paula Wessely, die sich später gern als Naziopfer ausgeben, übernehmen das Haus der Kunstsammlerin und Förderin des Theaters in der Josefstadt, Maria Kalbeck. Sigmund Freuds Wohnung in der Berggasse, fast ein halbes Jahrhundert lang von ihm bewohnt, übernimmt Nachbarin Hertha Pfeifer: »Mein Gott, die Wohnung war frei. Völlig leer. Da war überhaupt niemand drinnen. Das war damals so. Das war so einfach. Das hat ja kein Problem gegeben.« Freud kann, dank der Hilfe von Marie Bonaparte, sich und die engere Familie (plus dem Leibarzt mit der tödlichen Spritze) nach England retten. Vorher allerdings gibt es jene berühmte Haussuchung, bei der ihm nicht nur sein ganzes Bargeld gestohlen wird, sondern die Beamten auch eine Bestätigung ihres ehrenwerten Betragens einfordern. Freuds Wortlaut: »Ich kann die Gestapo nur jedermann empfehlen.« Seine vier Schwestern wurden anschließend deportiert. Keine überlebte. Als man dann 1989 daranging, das heutige Freudmuseum einzurichten, mußte die Wohnung für eine Ablöse von 1,5 Millionen Schilling (etwa 100.000 Euro) von der Arisiererin zurückgekauft werden. Die Familie Freud wurde nie entschädigt.

Auch Arthur Schnitzlers Villa in Währing – er hatte sie als

erfolgreicher Jungautor für eine Million Kronen erworben – wurde dem Sohn des Dichters, dem Regisseur Heinrich Schnitzler, geraubt … ich traf ihn später als Hilfsprofessor für Literatur in Los Angeles wieder. Das gegenüberliegende Haus in der Sternwartestraße wird 1943 von Generalmusikdirektor Karl Böhm (»Solange noch ein Jude in der Ostmark lebt, werde ich nicht zum Taktstock greifen«) übernommen. Der Kärntner Landeshauptmann Jörg Haider lebt noch heute auf einem 1600 Hektar großen Landgut, das einst dem jüdischen Ehepaar Roifer gehörte, dem es sein Großonkel für eine armselige Summe abpreßte.

Auch das Pelzgeschäft unseres Vaters wird »arisiert«. Ein kommissarischer Leiter übernimmt, praktisch gratis, Laden, Kundschaft und Ware. Leiter gibt es jetzt allenthalben: Kreisleiter, Ortsgruppenleiter, Gauleiter. In einem Flüsterwitz wird ein betrunkener Kutscher auf der Straße angehalten, man fragt ihn nach Name und Stand: »Ich bin Pferdeführer.« »Nix da, bei uns gibt's nur einen Führer.« »Dann bin ich eben Gaulleiter.« Der Wiener Gauleiter hieß Bürckel – ein Rabiater, wie so viele Österreicher, die jetzt frenetisch in die SS und Gestapo drängten. Als die ärgsten antisemitischen Übergriffe kurzfristig eingedämmt werden mußten, weil die Parteidisziplin aus dem Ruder zu laufen drohte, stand im *Stürmer* die gejüdelte Schlagzeile »Inser Birckel« – als hätten wir uns den gekauft. Dieses Pogromblatt hängt jetzt in öffentlichen Schaukästen – sogenannten Stürmerkästen – an vielen Straßenecken aus, neben den guten alten Traditionskästen vom Deutschen Turnverein oder dem Deutschen und Österreichischen Alpenverein, in denen es bloß harmlos geheißen hatte: »Nur für Arier«. Der *Stürmer* hingegen brachte Zeichnungen von obszönen sadistischen Orgien – ekelhafte Krummnase vergewaltigt blondbezopftes Nackedei –, an denen man sich richtiggehend aufgeilen konnte. Nur wieso das gerade uns betraf, blieb schleierhaft. Nun ja, was man liebend gern selber praktizieren würde, schiebt man seinen Feinden in die Schuhe – ein ehrwürdiger Brauch.

10

Die Emigranten zerstäuben in alle Winde. Erstes Ziel ist die Tschechoslowakei, wo viele der Österreicher ohnehin herstammen. Und die sich nun doch auf ihre liberale Tradition besinnt. Andere, wie Franz Theodor Csokor, gehen nach Jugoslawien. Revuekönig Nelson kann mit seinem Sohn Herbert in Holland sogar wieder ein jüdisches Kabarett aufziehen, die Joodsche Schauburg. Nach der deutschen Besetzung wird das Haus dann zum Sammelplatz für die 60.000 Juden Amsterdams, bevor man sie nach Osten deportiert. Auch der Künstler Menachem Birnbaum ist darunter. Einer der verabsäumte, sich der Gestaporazzia zu stellen, weil er gerade mit der Frau seines Chefs im Bett lag, war der 16jährige spätere Erzähler Jakov Lind (*Eine Seele aus Holz*). Er überlebte den Krieg mit falschem Ausweis als »holländischer« Rheinschiffer in Deutschland. Manès Sperber siedelt sich endgültig in Paris an, wo Roth schon lange Jahre das Hôtel Foyot bewohnt, später ein Dachzimmerchen im Hôtel de la Poste. Roth 1938 an Stefan Zweig: »Ich gehe bis drei Uhr morgens herum in meinem Zimmer. Ich lege mich angezogen um vier Uhr hin. Ich erwache um fünf und wandre irr durch's Zimmer. Sie wissen doch, was Zeit bedeutet. Eine Stunde ist ein See, ein Tag ein Meer, die Nacht eine Ewigkeit. Das Erwachen womöglich ein Höllenschreck, das Aufstehen ein Kampf um Klarheit gegen einen bösen Fiebertraum.« Für den Überlebenskünstler Farkas ist hingegen die Stadt nur Zwischenstation, in der es ihm sogar gelingt, auf diesem harten Boden Kabarett zu machen.

Canetti, Zweig, Karl Popper, Kokoschka, Robert Neumann und der junge Erich Fried schaffen es nach England, wo sich auch Theodor Kramer todunglücklich und zumeist als Arbeitsloser durchschlägt. Musil flieht in die Schweiz, veröffentlicht einen bitteren *Nachlaß zu Lebzeiten* und schreibt weiter an seinem Endlosroman. Anderen Exilanten geht es dort nicht viel besser. Der Literaturwissenschaftler Hans Mayer kommt wegen angeblicher »homosexueller Umtriebe« in eine Strafanstalt. Selbst Thomas Mann erhält nicht den »Ausländerpaß«, um den er angesucht hat. Stephan Hermlin, mit kleiner Tochter illegal über die Grenze geschlüpft, wird, von seinem Kind getrennt, in ein Arbeitslager gesteckt. Ebenfalls ins Arbeitslager, das von Girenbad-Hinwil, kommt der nur mit Tauber vergleichbare Tenor Joseph Schmidt. Dieser Kantorenschüler stammte, wie auch Celan, Rose Ausländer und viele zu Unrecht vergessene Künstler, aus dem k.u.k. Sprachjuwel Czernowitz. Sein Chanson »Ein Lied geht um die Welt« ging einst tatsächlich um die Welt, kann ihn aber nicht vor Schweizer Bürokraten retten. Joseph Schmidt erleidet im Lager einen Herzanfall, der aber nicht beachtet wird. Und stirbt erschöpft an einem zweiten im November 1942, erst 38 Jahre alt.

Ergreifend die letzten Briefe des völlig verarmten Musil. Der sogar, wie man hörte, unter Publikationsverbot stand. Eine Schweizer Spezialität, um die heimischen Verfasser vor eingewanderten Konkurrenten zu schützen. Welche offenbar zu allen Schandtaten bereit waren, auch so zu schreiben wie die Schweizer Autoren oder so zu singen wie Schweizer Tenöre! Musil nun signalisiert scheinheilig seinem Verleger den dicht bevorstehenden Abschluß des Romans, der natürlich gar nicht abzuschließen war, offenbar in der Hoffnung auf weiteren Vorschuß. Vergeblich. Und obwohl er ja längst die »unheilige Allianz von Ästhetizismus und Terror« im Dritten Reich erkannt hatte, seine »Triebgrundlage durchschaut« (Walter Jens), zieht er jetzt doch noch eine Rückkehr nach Deutschland in Betracht, wohl um nicht mit seiner Frau zu verhungern. Der Tod hat ihn davor bewahrt.

Auch Roth gibt sich, wie Musil, aber anders als etwa Thomas Mann, über die Natur des Nazireiches nie einer Täuschung hin. So in einem Brief an Zweig einen Monat vor Hitlers Machtantritt: »Inzwischen wird es Ihnen klar sein, daß wir großen Katastrophen zutreiben. Ich gebe keinen Heller mehr für unser Leben. Es ist gelungen, die Barbarei regieren zu lassen. Machen Sie sich keine Illusionen. Die Hölle regiert.«

Nach Palästina flieht, unter anderen, Romanautor Leo Perutz und lebt bescheiden in Tel Aviv von den Zuwendungen zweier geschäftstüchtiger Brüder. Nachts füttert er streunende Katzen, die einzigen Wesen, die noch elender sind als er selbst. Kann kein Manuskript mehr unterbringen. Wird vergessen. Über Jahre arbeitet er an einem Prager Roman, der schließlich *Nachts unter der steinernen Brücke* heißen wird … und dessen sich erst 1953 ein deutscher Verleger erbarmt. Nachdem ihn zwei Jahre zuvor Zsolnay abgelehnt hatte mit den Worten: »… daß ich aber nicht glaube, es mit Erfolg bei der gegenwärtigen Einstellung der Leser in Deutschland und Österreich unterbringen zu können.« Aber als man Perutz vorschlägt, das Buch auszugsweise in der New Yorker Emigrantenpostille *Aufbau* zu bringen, winkt der Autor stolz ab: »Vorabdrucke sind für mich eine heilige Sache.« Vier Jahre später stirbt er an Herzschwäche bei einem Besuch in Österreich. Auch Jakov Lind geht, wenn auch erst nach dem Krieg, nach Israel. Der geborene Wiener, der ursprünglich holländisch schrieb, publiziert nunmehr auf hebräisch, wird später, vorübergehend nach Wien zurückgekehrt, wieder deutsch schreiben, und ist jetzt in London ein englischsprachiger Autor. Außer ihm kenne ich nur wenige, die zu solchem Sprachwechsel fähig waren, etwa Arthur Koestler, Robert Neumann oder Stefan Heym. Andererseits ist ja der Verlust der Muttersprache, ihr Austrocknen bei mangelndem Umgang mit der lebendigen Rede, der Fluch jeder Emigration. Selbst bei solchen Großschriftstellern wie Thomas Mann, Döblin oder dem nach Brasilien ausgewanderten Stefan Zweig spürbar. Und ins Kabarettistische abgewandelt von Farkas, oder war es Berg: »Ich bin in a hell of a fix / weil ich deutsch und englisch vermix …«

Erschütternd Brechts frustriertes Arbeitsjournal. Während etwa Klaus Mann mit seinem Tagebuch längst auf englisch einschwenkte, bleibt Brecht stur beim Deutschen. Wobei man den Sprachverlust fast von Monat zu Monat mitverfolgen kann. Bis ihm zuletzt nicht einmal mehr das Wort »Pate« zur Verfügung steht, gerade noch das bayrische »Göd« seiner Kindheit. Sein späteres Ausweichen auf Produktion und Regie hat vielleicht auch damit zu tun. »Ein Schriftsteller ohne Sprache ist wie ein Klavier ohne Saiten«, las ich bei einem, der seinen Beruf an den Nagel hängte und sich dazu.

11

»Was ist ein Emigrant? Ein Emigrant ist erschütternd, zehn Emigranten sind langweilig, hundert sind selber dran schuld!« Eines der ersten Späßchen, die man einem bei der Ankunft in New York unter die Nase reibt. Sind auch alle unsere Nachweise vollzählig vorhanden? »Form A« und »Form B« sowie die beiden Referenzbriefe, die man ihnen beizufügen hat? Während »Form C« nunmehr zwei Sponsoren benötigt, wo doch früher ein einziger ausreichte. Waren wir geisteskrank? Mitglied einer revolutionären Partei (was augenscheinlich das nämliche bedeutete)? Hatten wir uns je der Prostitution hingegeben oder beabsichtigten wir ein Attentat auf den Präsidenten der USA? Danach schwärmen die Reporter an Bord: »Anybody famous? Anybody famous?« Ja, aber wer war denn noch berühmt? Mehrere Schiffe vor uns war Heinrich Mann eingetroffen. Der, als Urvater des *Blauen Engels*, immerhin hoffen durfte, »auf den Beinen von Marlene Dietrich die Erfolgsleiter zu erklimmen«. Nichts dergleichen. Für den Rest seines Lebens zehrte er von den Almosen seines geschmeidigeren Bruders Thomas.

Immerhin gelingt es vielen Tausenden, die Einwanderungshürden zu bewältigen, darunter nicht weniger als 650 aus dem Showgeschäft. Nur, wie sie alle versorgen, bei dem begrenzten und verarmten Emigrantenpublikum? Wieder sind es die Cafés, in denen die ersten Vorstellungen stattfinden, wie das berühmte Eclair in der 72. Straße West, Sammelpunkt des »Vierten Reiches«. Und schon fängt man auch wieder an, Kabarett zu machen, so im Old Europe, im Grinzing und dem Café des Artistes (man gibt sich hier gern französisch). Nur für Theaterstücke oder Feiern stehen größere Säle zur Verfügung, etwa die feine Aula der Adorno zugehörigen New School for Social Research. Manche Künstler schaffen die Sache auf Anhieb, wie der Alleskönner Karl Farkas. Während sein Erbfeind Armin Berg sich zuerst als Bürowarenhausierer durchschlagen muß. Im Hotel des Artistes söhnen sie sich vorübergehend aus, bei der »Great Revue Ali Farkas und die 40 Berge«. Die natürlich dem unvergeßlichen Programm »Ali Farkas und die 40 Grünbäume« im Wiener Simpl nachempfunden ist, lang lang ist's her. Da wird gewitzelt und gejüdelt, da blühen auch die Bäume wieder im Prater, gehen die Rösser trapp-trapp-trapp, ist jedes Muatterl a

Weanerin und jeder Weaner kommt geradewegs aus Grinzig. Auch an ein »Weißes Rößl am Central Park« kann ich mich erinnern, witzig adaptiert, aber doch ein längst überholter Schmarrn. Sowie »Die Lerche von Times Square«, »Summertime in New York«, das neue Duett. »Wie einst in Wien«, bunter Abend, Stimmung, beste Wiener Küche.

Kaum auszuhalten, dieser in Gemütsbrei getunkte Schwachsinn. Das ist nicht mehr jüdischer Galgenhumor, hier tanzen sie schon am Strick. Tränenselig trällernd von einer Stadt, aus der gerade unsere Freunde und Verwandten per Viehwaggon deportiert werden. Aber auch aus den *Letzten Tagen* von Karl Kraus (seinerzeit waren sie es noch nicht wirklich, jetzt sind sie es geworden) liest Farkas vor. Der eben alles schafft, solang nur das Lachen dicht bei der Träne sitzt. Bloß hier und da kommt ein Witz, der trifft. Wie etwa die Emigrantin, die im Bus ihrem Mann verbietet, öffentlich Deutsch zu reden: »Wenn du Englisch sprichst, dann versteht dich wenigstens kein Mensch!«

Und was gibt es da nicht sonst noch für Talente! Fast merkt man erst jetzt, wie reich Wien einstmals war. Von den Komponisten Abraham, Benatzky, Robert Stolz. Über die Unterhaltungsstars wie Leopoldi oder Kurt Robitschek. Bis zu den Schauspielern Albert Bassermann, Peter Lorre, Felix Bressart, Paul Henreid, Ernst Deutsch und ihren berühmten Kolleginnen Elisabeth Bergner und der ewig liebeshungrigen Lotte Lenya. Auch die Regisseure Lang, Preminger, Max Ophüls und andere. Der Kabarettist Herbert Berghof – später mit der Schauspielerin Uta Hagen verheiratet – eröffnet eine Schauspielschule, ähnlich dem Dramatic Workshop von Erwin Piscator. Sogar Max Reinhardt muß, nachdem Werfels gigantisches Bibeldrama mit Musik von Kurt Weill, *The Eternal Road,* nach 135 Monstrevorstellungen mit Defizit endete, meiner Erinnerung nach vom

Theaterseminar seiner Frau Helene Thimig leben. Von der man die Geschichte erzählte, sie habe einen talentlosen Eleven angefleht, ihr doch den Hamletmonolog präzise nachzusprechen. Wobei dann unvermeidlich der Satz herausgekommen sei: »Toppy or not toppy«! Dazu ein Kollege klagend: »Alles hat uns Hitler nehmen können, nur nicht unseren deutschen Akzent!« Und wohl auch nicht die alles vorausbedenkende Lebensangst, die uns Emigranten von nun an beherrschen würde, ja an die wir uns festzuklammern schienen. Immerhin hatte sie vielen von uns das Leben gerettet! Dazu Billy Wilder: »Die Optimisten endeten in Auschwitz, die Pessimisten in Beverly Hills!«

Wo sie eben mit dem unbesiegbaren deutschen Zungenschlag (»vat do you vant«) zu kämpfen hatten. Außer Kurt Weill, der sich dem Broadway-Musical begeistert in die Arme warf, vermochten ihn nur wenige zu überwinden. Am wenigsten der »prince of players« Albert Bassermann. Auch nicht, trotz vielem Studium, Kortner. Der immerhin in dem Film *Auf Messers Schneide* (nach Somerset Maugham) in zehn Minuten die Episodenrolle eines Gurus hinlegte, die alles übrige in Grund und Boden bohrte. Nun ja, man konnte zur Not auch Russen geben (wie eine ganze Komikergilde in *Ninotchka* mit der Garbo). Unbestimmbare mitteleuropäische Flüchtlinge (wie in *Casablanca*). Und sogar deutsche Nazis wie Conrad Veidt ebenda. Oder Regisseur Otto Preminger, der höchstselbst, in einem unsäglichen Hollywoodschinken, als SS-Bonze hackenschlagend sein »Yes, my Fuhrer« ins Telefon bellte. Andere schaffen es nicht, wie der Regisseur Heinrich Schnitzler, der, stellungslos, Lesungen aus den Werken seines Vaters abhalten muß. Oder ein einstmals berühmter, aber allzu »prononciert« aussehender Schauspieler, von dem wir in pathetischem Ton Joseph Roths elegischen »Anti-Christ« vorgesetzt bekommen. Einen Vorausblick auf heutige Umwelttragödien und Medienauswüchse. Wobei aber ausgerechnet auch gegen das Kino zu Felde gezogen wird – unsere einzige Zuflucht vor unerträglicher Sommertemperatur. Wenn man nämlich nicht die Dollars besitzt, um sich in die jüdischen Ferienhotels des »Borschtgürtels« in den Catskill Mountains zu flüchten. Wo man aber unvermeidlich wieder mit Farkas, Berg und Robitschek konfrontiert war, samt ihrem Wiener Tinnef.

Am schlimmsten sind die emigrierten Schriftsteller dran, zumindest die vielen, von denen Amerika nie gehört hat. Und welches Interesse soll man hier ihren Kümmernissen abgewinnen? Die von Wut über verlorene Vaterländer über Sehnsucht ebendahin bis zu Anpassungsschwierigkeiten an die neue Heimat reichen. Dazu immer wieder das Problem der Sprache. Unser Onkel Robert Pick wird von seinem Verleger aufgefordert, doch endlich auf englisch zu schreiben! Da bei seinen minimalen Auflagen eine Übersetzung einfach nicht mehr in Frage kommt. Oskar Maria Graf muß – natürlich in Lederhosen – bei irgendeiner Goethe-Feier die Festrede halten, um über die Runden zu kommen. Auch an einen Brecht-Abend erinnere ich mich, mit Szenen aus dem seichten – und den *Letzten Tagen* nachgeahmten – Episodenstück *Furcht und Elend des Dritten Reiches*. Das unerläßliche Gespür für die Verführungen des Nazismus, das »süße Gift im Kelch der Braunen Blume« (Ulla Berkéwicz), ging dem Autor leider total ab. Zuletzt werden wir von ihm aufgefordert, ein Solidaritätslied anzustimmen, ich glaube mit dem Refrain: »Reih dich ein in die Arbeitereinheitsfront / weil du auch ein Arbeiter bist.« Was ja nicht gerade auf die schwer bürgerlichen Roda Rodas oder Ferenc Molnárs im Zuschauerraum zutraf. Einmal gab es auch einen guten Jura Soyfer-Abend, mit dem »Lechner-Edi« als Hauptstück. Und einer Einführung des Lyrikers Berthold Viertel. Dessen Frau Salka übrigens den bedeutendsten europäischen Salon von Hollywood betrieb, in dem neben Brecht und Werfel sogar Greta Garbo verkehrte. Sein Sohn Peter, ein Freund Hemingways, machte dann als Drehbuchautor Karriere, unter anderem der *African Queen* mit Humphrey Bogart. Von dem Vater ist mir nur noch eine schöne Emigrantenstrophe in Erinnerung:

Das sind die Völker und die Reiche.
Man wandert aus, man wandert ein.
Doch überall ist es das gleiche:
Die Hirne Wachs, die Herzen Stein!

Daß sich Brecht in Kalifornien niemals wohlfühlte, wußten wir damals schon. Elend geht es auch Polgar, der für 10 Dollar das Stück Artikel für das Emigrantenblatt *Aufbau* verfassen muß. Mit solchen leckeren Themen wie: »Jobsuche an der Westküste«. Arnold Schönberg, von Kinomogul Mayer aufgefordert, leichte Filmmusik zu schreiben, lehnt entrüstet ab. Und hat danach kaum mehr zu beißen. Während der längst eingewurzelte und wohlbezahlte Filmmusiker Erich Wolfgang Korngold – einst als Komponist der *Toten Stadt* ein Wiener Wunderkind – sich nach europäischem Lebensernst zurücksehnt. Sein lang angekündigtes Orchesterwerk erhält aber dann die vernichtende Kritik: »More corn than gold«, also mehr Schmalz als Gold, und er bleibt beim Kino.

Wirklich vom Glück begünstigt sind unter den Autoren an der Westküste nur die großen drei: Thomas Mann, unser »Repräsentant«. Der wendige und von ihm beneidete Lion Feuchtwanger in seiner eleganten Villa. Und der noch immer erfolgsverwöhnte Franz Werfel. Welcher, als er in Lourdes um seine und

Almas Rettung betete (sie wurde ihm dank dem amerikanischen Menschenschmuggler Varian Fry zuteil) das Gelübde ablegte, über die Heilige Bernadette Soubirous einen Roman zu verfassen. Das *Lied von Bernadette* wird dann ein Bestseller … auch wenn in der Stockholmer deutschen Ausgabe der wichtigste Absatz aus Angst vor den Nazis gestrichen werden muß! Werfels hintergründiges Emigrantenstück *Jacobowsky und der Oberst*, während des Falls von Frankreich konzipiert, läßt den findigen kleinen Juden besser abschneiden als den ehrpußligen polnischen Edelmann. Und wird als Film, mit Danny Kaye und Curd Jürgens in den Titelrollen, später ein Welterfolg. Trotz eines verbitterten Autors, dem seine aufgezwungenen Bearbeiter, die amerikanischen Dramatiker Clifford Odets und S. N. Behrman, alles Schwerblütige und Metaphysische aus der Komödie getilgt haben.

Auch in Hollywood etabliert sich Frau Alma als fulminante Gastgeberin, wenn auch jetzt ohne politischen Einfluß. 1946 habe ich sie dann als Student kennengelernt, in das Haus am Santa Monica Boulevard eingeführt von Professor Gustave O. Arlt, Chefgermanist an der UCLA. Dieses unseriöseste der mehreren Campusse der Universität von Kalifornien galt immerhin als Talenthumus für die Filmbranche. Und mit dieser hatten ja die Lubitsch und Reinhardt und Remarque und die anderen europäischen Exilanten zu tun, die bei Alma verkehrten. Leider treffe ich an diesem Abend keinen von ihnen an, auch nicht die Lokalmatadore Mann, Feuchtwanger oder Brecht. Die Hausherrin, blond, etwas verkniffen, stocktaub, aber sprühend vor Unternehmungslust. Und mit einer Stimme, die nicht weniger nach Kriegsdrommete klingt, wie die der ebenso imposanten deutschstämmigen Frieda von Richthofen: Der Witwe des *Lady Chatterley*-Autors D. H. Lawrence, die ich kurz darauf in New Mexico kennenlernen werde. Daß der um ein gutes Jahrzehnt jüngere Gatte Franz Werfel kürzlich verstorben ist, scheint eher ihren heimlichen Groll zu reizen als ihr Mitgefühl. Und bei einem einlangenden Telefongespräch meldet sie sich kurz als »Mrs. Mahler«. Da offenbar der Nachruhm des letzten Ehemannes inzwischen hinter den des ersten zurückgerutscht ist.

Dann bläst sie händeklatschend zum Aufbruch in Richtung einer Cocktailparty, die irgendwo in Beverly Hills stattfinden muß. Und es ergibt sich, daß ich nicht wie gedacht zu literarischen Dinnergesprächen eingeladen bin, sondern bloß als »ducksitter«. Also um den schmorenden Entenbraten zu bewachen und zu begießen, der nachher für ausgesuchte Gäste als Abendessen gedacht ist, wenn auch nicht für mich. Und schon entschwebt Alma mit dem Professor am Arm, mich einsam in der Küche zurücklassend (die schwarze Haushaltshilfe hat offenbar heute Ausgang).

Die Ente duftet, aber wie kann ich mich an sie wagen, ohne daß mich der Anschnitt verrät? Vergebens rüttle ich, um etwas Eßbares bemüht, an dem Eisschrank. Der aber – ich kenne das von anderen Jobs – ein Vorhängeschloß trägt. Endlich finde ich einen vergessenen Teller Marmelade beim Fenster und mache mich drüber her. Wie ich auf dem Tellerboden angelangt bin, lese ich dort den Aufdruck: »Achtung, Ameisengift. Falls irrtümlich eingenommen, sofort den Arzt rufen!« Natürlich ist auch das Telefon abgeschlossen, ebenfalls die Haustür versperrt – Almas Zutrauen zur übrigen Menschheit scheint nicht überwältigend. Indes kehrt, als ich mich gerade aufs Sterben einstelle, die Hausfrau mit einigen Gästen heim. Und entlohnt mich fürstlich mit zwei Dollars – dafür darf ich ihr noch beim Tranchieren helfen. Noch von der Küche aus dirigiert sie peremptorisch die Konversation in Richtung der ihr verhaßten Psychoanalyse. Daß auch

Gustav Mahler einst Freud konsultierte – wenn auch nur für einen Tag und wahrscheinlich, um seine Ehe zu retten – ist vielleicht der geheime Grund dieses Ressentiments. Oder auch, wie sie durchblicken läßt, daß das Ganze eine »jüdische Wissenschaft« sei. Bei meinem Abgang hat sie gerade das Gespräch darauf gebracht, daß sie ohne ihre verfrühte Ehe wahrscheinlich selbst Komponistin geworden wäre wie Mahler, und »vielleicht eine ebenso gute.« Auf dem Heimweg verspüre ich dann leichte Übelkeit. Wahrscheinlich ist es das Ameisengift.

12

Woran alle Emigranten leiden ist das, was Thomas Mann das »Herzasthma des Exils« nannte. Wir sind Kranke in einem Land, das Gesundheit nicht als Glücksfall auffaßt, sondern als Anrecht, geradezu als deine verdammte Pflicht. Was sollen wir da mit unseren Zweifeln an der eigenen Existenzberechtigung? Und womit sich jetzt identifizieren? Mit einem mitgeschleppten Kulturpaket, längst fragwürdig geworden? Andererseits, an welche von diesen neuen, oft überdimensionalen und bedrohlichen Dingen soll sich unser Gefühl festmachen? Dabei steht man ja unter Anpassungsdruck, wird dauernd aktive Liebesbezeugung von dir gefordert (»How do you like America?«). Während man die früheren Lieben, die offenbar die falschen waren, zum alten Eisen werfen soll. Daher dieses dauernde Aufgebrachtsein, dieser Ingrimm gegen Amerika, aber auch Europa. Und gleichzeitig Heimweh nach ihm, unstillbares Heimweh. »O Fremde, wie bist du so schön – für den, der noch eine Heimat hat!«

Und jeder trug sie in sich, diese explosive, aber ziemlich unfruchtbare Mischung. Die meist zu nichts führte als endlosen Diskussionen, ungedruckten Büchern … und Streitigkeiten mit den – erstaunlich schnell assimilierten – alten Deutschamerikanern. Denen man das Wort zuschrieb: »Heimweh? Wieso? Ich bin doch kein Jude!«

Nein, Amerika sympathisierte vielleicht mit dem eroberten Frankreich, mit den Tschechen und Norwegern. Aber gewiß nicht mit den Wehwehchen von Flüchtlingen, die kampflos abgehauen waren. Und die letztlich froh sein sollten, im besten Land der Welt unterkriechen zu dürfen. Außerdem galt jede Klage über die Nazis damals, vor Pearl Harbor, als Kriegstreiberei. Es sei denn, man hatte mit hollywoodreifen Gruselgeschichten aufzuwarten. Aber nicht einmal ein authentischer Augenzeuge wie Raoul Auernheimer konnte hier seinen Erlebnisbericht über fünf Monate Dachau unterbringen, da »nicht genug Tote und Atrozitäten« darin vorkamen: »Zu wenig sensationell!« Besser ging es immerhin Hans Habe, dessen Roman über die Niederlage Frankreichs, *Ob tausend fallen*, zum internationalen Bestseller wurde. Und dem eitlen Autor, nunmehr als ungarischer Aristokrat »Janos de Bekessy« kostümiert, sogar zu einer vorteilhaften Ehe mit einer amerikanischen Botschaftertochter verhalf. Am erschütternsten Hermann Broch, der viele Jahre lang am *Tod des Vergil* arbeitete. Laut Thomas Mann ein »Prosagedicht, in dem der Autor versucht, sich in den Tod einzuleben«, im Gefolge der österreichischen Dichter seiner Jugend: Hofmannsthal, Schnitzler, Rilke, Trakl. Zuletzt war Broch so mittellos, daß es in einem Brief an seine Übersetzerin heißt: »Hast du den Vergil-Schluß gelesen? Wenn ich morgen noch 35 cents habe, rufe ich an. Und ich werde sie haben!« (Brochs Briefe wurden dann übrigens 1957 von seinem Freund, unserem Onkel Robert Pick, herausgegeben.) Als der Roman 1945 zuerst auf englisch erschien, war laut dem Onkel eine Besprechung auf der Titelseite des *Saturday Review* vorgesehen, eine sichere Erfolgsgarantie. Leider fand gerade in dieser Woche ein Druckerstreik statt, und als die Kritik in der folgenden Nummer herauskam, stand sie nur mehr gekürzt im Innern des Blattes.

13

Andere Exilanten retteten sich nach Schanghai, obwohl das unlesbare chinesische Visum angeblich den Wortlaut enthielt: »Besitzer dieses ist autorisiert, in jedes Land einzureisen außer China.« Oder auch nach Japan – der menschenfreundliche Beamte, der die wenigen Visen vergab, wird später strafversetzt. Auch Südamerika ist gefragt, wohin der Oberrabauke Fürst Starhemberg auswandert. Dessen faschistische Heimwehr sich jetzt – pfft! – in Luft aufgelöst hat, aber doch den Nazis nicht geheuer war. Als er nach dem Krieg zurückkommt, werden ihm, anders als den jüdischen Emigranten, seine Güter anstandslos restituiert. Da niemand daran gelegen sein kann, das verflossene Dollfuß-Regime wieder aufzurollen. (Seine später geschiedene Frau, die Burgschauspielerin Nora Gregor, bekam übrigens noch 1939, nur Monate vor Kriegsausbruch, eine Hauptrolle in Jean Renoirs großartigem Untergangsfilm *Die Spielregel.*) Andere Emigranten, wie Kisch und Anna Seghers, gehen nach Mexiko, einige verschlägt es nach Bolivien und Uruguay. So den Wiener Fritz Kalmar, der – ich folge hier der ausgezeichneten Wiener Zeitschrift für Exilforschung *Zwischenwelt* – dort mit seinen Brüdern sogar ein Kabarett aufzieht:

Es war einmal ein Wienerlied,
Das hat sich, leis gesungen,
Leichtflüglig, wie ein Vogel zieht,
Durch ein KZ geschwungen…

Das aber darf nicht sein, und so brüllt der »große Mann im braunen Hemd«, obwohl er selber aus Wien stammt, die verwegene Sängerin an: »Kusch, du Sau!«

… Er stieß die Faust ihr auf den Mund
Und trat sie in die Scham.
Sie schrie. Dann schwieg sie, blutig wund,
Just als die Stelle kam.

Die schöne, von der Liebesstund,
Vom Veilchenblühn im Märzen,
Vom Prater und die Leut vom Grund
Und vom goldenen Wiener Herzen.

Zurück nach New York, wo der Schauspieler und Kabarettist Herbert Berghof eine kurzlebige Wiener Theatertruppe leitet. In der unter anderem Ferdinand Bruckners *Krankheit der Jugend*, zusammengeschnitten mit seinen *Rassen*, aufgeführt wird. Am unvergeßlichsten dort ein Gedicht von Gerhart Herrmann Mostar. Betreffend jene bezaubernde Verordnung der Nazis, von den Weltkriegs-Gedenktafeln die Namen der jüdischen Gefallenen zu löschen: »Die Legende vom namenlosen Soldaten«. Von Berghof anfangs gesungen, dann gesprochen, zuletzt mit heiserer Flüsterstimme hingehaucht:

… Eine Kugel kam geflogen.
Gilt sie mir oder gilt sie dir?
Mich hat sie weggerissen.
Ich lag zu deinen Füßen,
Als wär's ein Stück von dir.

Willst mir die Hand nicht reichen?
Ich starb für deinen Staat!
Darfst mir die Hand nicht geben?
Wie trägst du dieses Leben,
Mein armer Kamerad?

Aber bald gingen ja auch die Jüngeren in die Armeen ihrer Gastländer, um gegen die Nazis zu kämpfen. (Wenn auch in Amerika kaum einer der legitimistischen Österreichischen Legion beitreten wollte, die ein blamierter Otto von Habsburg aufzustellen hoffte.) Und glichen sich jetzt notgedrungen ihrer Umwelt an, manche nur vorübergehend, andere auf Dauer. Trieben Medizin, Philosophie oder Historik, bereicherten Kultur und Wissenschaft, machten Politik und Geschäfte. Kaum jemals seit den Hugenotten war, laut Geschichtsforscher Walter Laqueur, eine Emigrantengeneration so fruchtbar gewesen wie diese. Dazu Alfred Polgar: »Gewiß, der Unterricht war erbarmungslos streng, aber seine Resultate so außerordentlich, daß sie ohne eine gewisse Begabung der Unterrichteten für den Lehrstoff kaum hätten erzielt werden können.« Während im Gegensatz dazu die Daheimgebliebenen geradezu als Nullgeneration gelten müssen. Kaum einer der von allen »Entartungen« Gereinigten konnte sein früheres Niveau halten oder gar überbieten!

14

Manche der Emigranten gingen dann nach dem Krieg, wenigstens zeitweise, nach Wien zurück. Wie Leo Perutz, Jakov Lind, Hilde Spiel, Hans Weigel, Friedrich Torberg, Berthold Viertel, Karl Farkas, Armin Berg und einige andere. Und wurden auch zumeist, wo nicht mit offenen Armen, so doch mit vorsichtig ausgefahrenen Fingerspitzen empfangen und gewürdigt. Andere wiederum schwankten unschlüssig zwischen der alten und der neuen Heimat. Was auch zum Teil mit der damaligen amerikanischen Gesetzgebung zu tun hatte, die Neubürgern nach drei Jahren in ihren Ursprungsländern ihre Staatsbürgerschaft wieder entzog. Am unglücklichsten der einst berühmte Dichter des *Tubutsch*, Albert Ehrenstein. Der schon als junger Autor jahrelang verloren hinter der Schauspielerin Elisabeth Bergner hergereist war, ohne sie je an sich binden zu können. In Amerika erfolglos, versucht er es nach dem Krieg in Hamburg, Zürich und Wien, wo ihn die »fortdauernd blutig-gemütliche Wurstigkeit« abstößt. Psychisch schwer angeschlagen, kehrt er nach New York zurück, wird dort von einem Psychotherapeuten, Doktor Hulsbeck, behandelt … in dem er den seinerseits vergessenen Mit-Dadaisten Richard Huelsenbeck wiedererkennt. Nach einem Schlaganfall stirbt Ehrenstein in einem Armenspital. Paradigmatisches Schicksal jener Emigranten, die unfähig waren, sich den Umständen anzupassen. Wie es eben die Erfolgreichen taten, unter den Opfern nicht weniger als unter den Tätern. Über diese hat dann auch wieder ein Chansondichter und Kabarettist, es war Victor Schlesinger, das Unvermeidliche vorausgewußt:

Wann's dann aus wird sein,
Pack ich mein braunes Hemmad ein
Und keiner wird's dann g'wesen sein …

Von den Wiener Juden konnten 120.000 emigrieren, an die 65.000 wurden ermordet, hauptsächlich die ärmeren aus der Leopoldstadt. Genau 5512 überlebten in Wien. Dort hatte ein Bombenangriff – alle Kriegsereignisse wirken irgendwie symbolisch – zwar das Hotel Metropol zerstört, die Folteranstalt der

Gestapo (und auch der Hauptfigur in Stefan Zweigs *Schachnovelle*). Dafür das Kabarett Simpl am Leben gelassen. Das, als Luftschutzkeller und später auch als Kriegsküche dienlich, bis zum 3. April, als man schon die Russen herannahen hört, Lachtheater machen kann. Nach der Befreiung – die Wiener sagen, wie ja auch die Deutschen, Zusammenbruch – kann das Kabarett bereits am 18. Mai mit »neuem Programm« wiedereröffnet werden. In dem immerhin Grünbaums Name erwähnt wird. Die sogenannte Stunde Null, die man sich als Jahre des Schweigens und der Besinnung vorgestellt hatte, sollte gerade sechs Wochen gedauert haben. Das Simpl gibt es noch heute. Auch findet sich jetzt in Wien ein Foltermuseum. Es liegt, wie denn sonst, am Grünbaumplatz.

Daß einer der Emigranten sich je wieder in Wien gänzlich zu Hause gefühlt hätte, je sich der Stadt wieder liebend hätte anheimgeben können, habe ich trotz vieler Erkundigungen nie bestätigt bekommen. Man mochte sich hier leidlich wohl fühlen, die Lebensqualität genießen. Hatte vielleicht gar, wenn man Künstler oder Autor war, Privilegien. Erhielt Aufträge von den Medien. Ließ sich zu Talkshows heranziehen. Wurde zu seiner Meinung nach Dingen befragt, für die man zuständig war. Und nach anderen, die jeder andere ebensogut hätte beantworten können. (Besonders wenn man über »sein« Land, nämlich Israel, Auskunft geben sollte.) Man galt irgendwie als unantastbar, wurde manchmal mit Glacéhandschuhen angefaßt, bewundert, gar geliebt. Für Leiden, die man vor langer Zeit erlitten, für Gefühle und Überzeugungen, die man möglicherweise längst abgelegt hatte. Und blieb trotz alledem ein Außenseiter, ein Fremder, ein sich im Innersten nicht eingeschlossen Fühlender. Was ja auch mit der Stadt selbst zu tun haben mochte, die eben nicht die gleiche geblieben war, so wenig wie man selber. Nicht die Stadt der Sehnsucht war sie geblieben, des Heimwehs, obwohl wahrscheinlich doch noch mehr als hundert andere Städte. Aber man gehörte ihr nicht mehr an. Wie man ihr eben, trotz aller Anfeindungen, in der Zeit zwischen den beiden Kriegen angehört hatte, die ich hier aus persönlicher Sicht zu beschreiben versuchte. »Eine Heimat«, lasse ich später die Hauptfigur in einem Film sagen, »läßt sich so wenig wiederfinden wie eine Kindheit.« Etwas war auf alle Zeiten dahin und würde nicht mehr wiederkommen. Auch wenn ja Städte und Völker weiterzuleben pflegen, genießen, lieben und vergessen, wie es den Bewohnern dieser Erde eben zusteht.

DANKSAGUNG

Der Autor bedankt sich bei seinen literarischen Freunden und Kollegen für viele Informationen, die ihm sonst nicht greifbar gewesen wären.

BILDNACHWEIS

akg-images: I 20, I 26.
Bettmann / CORBIS: I 28.
Deutsches Filminstitut, Frankfurt a. M.: I 10, I 19.
Dokumentationsarchiv des österreichischen Widerstandes, Wien: II 2, II 14.
S. Fischer Verlag GmbH, Frankfurt a. M.: II 6.
Archiv Franz Endler, Neue Freie Presse, Wien: I 14, I 27.
Franz Hubmann, Wien: II 19.
Institut für Zeitgeschichte, Wien: II 8.
Volker Kahmen, Rheinbach: I 4.
Kosel, Wien: I 16.
Österreichische Nationalbibliothek, Wien: I 1, I 2, I 3, I 7, I 12, I 17, II 1, II 4, II 5, II 9, II 11, II 12, II 13, II 15.
Robert-Musil-Literatur-Museum, Klagenfurt: I 18.
Archiv Lothar Rübelt, Homburg: II 16, II 17.
Salzburger Festspiele / Ellinger: I 25.
Schiller Nationalmuseum, Marbach / Joël-Heinzelmann: I 5.
Archiv Heinrich Schnitzler: II 7.
Archiv Jürgen Serke: I 22.
Stadt- und Landesbibliothek, Wien: I 11.
Georg Stefan Troller, Paris: I 15.
ullstein bild: I 6, I 13, II 3, II 10.
Pressephoto Votava, Wien: I 23, II 18.
I 8: Christian Schad: »Der Reporter Egon Erwin Kisch« (1928). © Christian Schad Stiftung Aschaffenburg / VG Bild-Kunst, Bonn 2004. © Foto: Artothek, Weilheim.
I 9: Oskar Kokoschka: »Maler mit Puppe« (1922). © VG Bild-Kunst, Bonn 2004. © Foto: akg-images.

Leider konnten nicht alle Rechteinhaber der in diesem Buch verwendeten Abbildungen ausfindig gemacht werden. Rechtmäßige Ansprüche werden auf Nachfrage vom Verlag gerne abgegolten.

LITERATURVERZEICHNIS

Altenberg, Peter (Hrsg.): Kunst. Wien 1903, 1904

Andics, Hellmut: Der Staat, den keiner wollte. Wien 1962

Andics, Hellmut: Die Juden in Wien. Wien 1988

Baldass, Alfred von: Wien. Wien 1925

Bartos, Eva: Wilde Wienerinnen. Wien 1999

Beckermann, Ruth (Hrsg.): Die Mazzesinsel. Wien 1984

Bettauer, Hugo: Die freudlose Gasse. Berlin 1924

Bin Gorion, Emanuel u. a. (Hrsg.): Philo-Lexikon. Berlin 1935

Birnbaum, Uriel: Moses. Wien 1919

Birnbaum, Uriel: Der Kaiser und der Architekt. Wien 1924

Birnbaum, Uriel: Ein Wanderer im Weltenraum. Siegen 1990

Borchardt, Rudolf (Hrsg.): Eranos. München 1923

Borchardt, Rudolf: Gesammelte Werke. Stuttgart 1979 ff.

Bradbury, Malcolm (Hrsg.): The atlas of literature. London 1996

Brecht, Bertolt: Arbeitsjournal 1942–1955. Berlin 1973

Breicha, Otto und Gerhard Fritsch (Hrsg.): Finale und Auftakt. Salzburg 1964

Broch, Hermann: Hofmannsthal und seine Zeit. München 1964

Bronsen, David: Joseph Roth. Köln 1974

Brownlow, Kevin: The parade's gone by. New York 1968

Clair, Jean (Hrsg.): Vienne, L'Apocalypse joyeuse. Paris 1986

Czeschka, C. O.: Die Nibelungen. Wien 1909

Denscher, Bernhard: Humor vor dem Untergang – Tobias Seicherl. Wien 1983

Denscher, Bernhard: Kunst und Kommerz. Wien 1985

Dubrovich, Milan: Veruntreute Geschichte. Wien 1985

Ehrenstein, Albert: Tubutsch. Wien 1911

Eisner, Lotte H.: Dämonische Leinwand. Wiesbaden 1975

Endler, Franz: Wien zwischen den Kriegen. Wien 1983

Ertl, Ferdinand: Humor der Illegalen. Wien 1938

Esswein, Hermann: Alfred Kubin. München 1911

Franck, Dieter: Die Welt der dreißiger Jahre. Bergisch-Gladbach 1989

Friedell, Egon (Hrsg.): Das letzte Gesicht. Zürich 1928
Friedmann, Tomas u. a.: Der Salzburger Literaturführer. Salzbug 2001
Fuhrich-Leisler, Edda u. a. (Hrsg.): Max Reinhardt. Salzburg 1993
Gregor, Joseph: Geschichte des österreichischen Theaters. Wien 1948
Grieser, Dietmar: Wien. München 1994
Haage, Peter (Hrsg.): Egon Friedell, Wozu das Theater. München 1965
Haage, Peter (Hrsg.): Egon Friedell, Vom Partylöwen. München 1965
Hadamowsky, Franz (Hrsg.): Richard Teschner. Wien 1956
Hakel, Hermann: Wigl Wogl. Wien 1962
Harenbergs Lexikon der Weltliteratur. Dortmund 1989
Herzmanovsky-Orlando, Fritz von: Gesammelte Werke. München 1960
Herzmanovsky-Orlando, Fritz von: Lustspiele und Ballette. München 1960
Herzmanovsky-Orlando, Fritz von: Briefwechsel mit Alfred Kubin. Salzburg 1983
Hirschfeld, Ludwig: Das Buch von Wien. Was nicht im Baedeker steht. München 1927
Historisches Museum der Stadt Wien: Das Wiener Kaffeehaus. Wien 1980
Historisches Museum der Stadt Wien: Traum und Wirklichkeit. Wien 1985
Historisches Museum der Stadt Wien: Wien 1938. Wien 1988
Hofbauer, Josef: Im roten Wien. Prag 1926
Hofmannsthal, Hugo von: Gesammelte Werke. Düsseldorf 2003
Jacobson, Wolfgang: Erich von Stroheim. Berlin 1994
Jugend. Band I. München 1896
Jungk, Peter Stephan: Franz Werfel. Frankfurt 1987
Kafka, Franz: Briefe. Frankfurt 1975
Kafka, Franz: Sämtliche Werke. Frankfurt 1978
Kallir, Otto: Egon Schiele. Wien 1966
Keil, Martha (Hrsg.): Wien, jüdisches Städtebild. Frankfurt 1995
Kessler, Harry Graf: Tagebücher. Frankfurt 1961
Kisch, Egon Erwin: Soldat im Prager Korps. Prag 1922
Kisch, Egon Erwin: Der Fall des Generalstabschefs Redl. Berlin 1924
Kisch, Egon Erwin: Der rasende Reporter. Berlin 1924
Kisch, Egon Erwin: Marktplatz der Sensationen. Berlin, Leipzig 1947
Koebner, Thomas (Hrsg.): Filmklassiker, Band 1. Stuttgart 1995
Kokoschka, Oskar: Mein Leben. München 1971
Körber, Robert: Rassesieg in Wien. Wien 1939
Kortner, Fritz: Aller Tage Abend. München 1959

Kracauer, Siegfried: Von Caligari zu Hitler. Frankfurt 1979
Kraus, Karl: Die letzten Tage der Menschheit. Wien 1919
Kraus, Karl: Die Unüberwindlichen. Wien 1928
Kraus, Karl (Hrsg.): Peter Altenberg Auswahl. Wien 1932
Kraus, Karl: Die Fackel (Nachdruck). Frankfurt 1977
Kubin, Alfred: Die andere Seite. München 1909
Kuh, Anton: Der unsterbliche Österreicher. München 1931
Kuh, Anton: Metaphysik und Würstel. Zürich 1987
Kunschak, Leopold: Österreich 1918–1934. Wien 1934
Lamarr, Hedy: Ecstasy and me. New York 1966
Lind, Jakov: Selbstporträt. Berlin 1970
Loos, Adolf: Sämtliche Schriften. Wien, München 1962
Loos, Lina: Wie man wird und was man ist. Wien 1994
Mahler-Werfel, Alma: Mein Leben. Frankfurt 1960
Malmberg, Helga: Widerhall des Herzens. München 1961
Mascha, Ottokar: Österreichische Plakatkunst. Wien 1915
Massiczek, Albert u. a. (Hrsg.): Zeit an der Wand. Wien 1967
Matejka, Viktor: Widerstand ist alles. Wien 1984
Meyrink, Gustav (Hrsg.): Der liebe Augustin. Wien 1904
Meyrink, Gustav: Der Golem. München 1915
Musil, Robert: Der Mann ohne Eigenschaften. Berlin 1931
Nebehay, Christian M.: Egon Schiele. Salzburg 1979
Nestroy, Johann: Der Böse Geist Lumpazivagabundus. Wien 1838
Neumann, Robert: Mit fremden Federn. Berlin 1928
Neumüller, Robert u. a. (Hrsg.): Axel Corti. Wien 2003
Nolte, Ernst: Die faschistischen Bewegungen. München 1966
Perutz, Leo: Nachts unter der steinernen Brücke. Frankfurt 1953
Perutz, Leo: Wohin rollst du, Äpfelchen. Wien 1987
Pick, Rudolf: Die Nelkenburg. Wien 1923
Piszk, Oskar (Hrsg.): Künstlerhilfe Almanach. Wien 1924
Polgar, Alfred: Auswahlband. Berlin 1930
Porges, Friedrich (Hrsg.): Mein Film-Buch. Wien 1933
Prohl, Jürgen: Hugo von Hofmannsthal und Rudolf Borchardt. Bremen 1973
Quercu, Dr. Matthias (Hrsg.): Falsch aus der Feder geflossen. München 1964
Reimann, Hans: Die Kloake. München 1920

Reimann, Hans: Von Karl May bis Max Pallenberg. München 1924
Roda Roda: Roda Rodas Roman. München 1924
Rössler, Arthur: Richard Teschner. Wien 1947
Rote Jugendfahnen über Wien. Wien 1929
Salten, Felix: Das österreichische Antlitz. Berlin 1910
Salten, Felix: Wurstelprater. Wien, Leipzig o. D.
Salten, Felix: Bambi. Wien 1923
Schaefer, Camillo (Hrsg.): Peter Altenberg. Wien 1979
Scheu, Friedrich: Humor als Waffe. Wien 1977
Schiller Nationalmuseum: Expressionismus. Marbach 1960
Schiller Nationalmuseum: Das 20. Jahrhundert. Marbach 1980
Schlemiel, Jüdische Blätter für Humor und Kunst. Berlin 1919/1920
Schnitzler, Arthur: Gesammelte Werke. Berlin 1922
Schnitzler, Arthur: Tagebücher. Wien 1991 ff.
Schnitzler, Olga: Spiegelbild der Freundschaft. Salzburg 1962
Schönherr, Karl: Gesammelte Werke. Wien, Leipzig o. D.
Schuh, Franz und Juliane Vogel (Hrsg.): Die Belagerung der Urteils-Mauer. Wien 1986
Serke, Jürgen: Die verbrannten Dichter. Weinheim, Basel 1977
Serke, Jürgen: Böhmische Dörfer. Wien 1987
Sonnenschein, Hugo: Die Legende vom weltverkommenen Sonka. Leipzig, Wien, Zürich 1920
Sonnenschein, Hugo: Der Bruder Sonka. Wien 1930
Soyfer, Jura: Vom Paradies zum Weltuntergang. Wien 1947
Spiel, Hilde: Glanz und Untergang. Wien 1987
Sternberg, Josef von: Fun in a chinese laundry. New York 1965
Sternberg, Josef von: Das Blau des Engels. München 1991
Sternfeld, Wilhelm und Eva Tiedemann: Deutsche Exil-Literatur. Heidelberg 1970
Szeemann, Harald (Hrsg.): Austria im Rosennetz. Wien 1996
Tomkowitz, Gerhard und Dieter Wagner (Hrsg.): Ein Volk, Ein Reich, Ein Führer. München 1968
Torberg, Friedrich: Mit der Zeit – gegen die Zeit. München 1965
Torberg, Friedrich: Die Erben der Tante Jolesch. München 1978
Torberg, Friedrich: Pamphlete Parodien Postscripta. München 1980
Troller, Georg Stefan: Selbstbeschreibung. Hamburg 1988
Tschuppik, Karl: Von Franz Joseph zu Adolf Hitler. Wien 1982

Tucholsky, Kurt: Gesammelte Werke. Hamburg 1960
Um Freiheit und Menschenwürde. Wien 1928
Veigl, Hans: Lachen im Keller. Wien 1986
Veigl, Hans: Lokale Legenden. Wien 1991
Walzer, Tina und Stephan Templ (Hrsg.): Unser Wien. Berlin 2001
Weigel, Hans: Das tausendjährige Kind. Wien 1965
Weigel, Hans: In Memoriam. Graz, Wien, Köln 1979
Weinheber, Josef: Wien wörtlich. Wien 1935
Weinzierl, Ulrich: Alfred Polgar. Wien, München 1985
Werfel, Franz: Spiegelmensch. München 1920
Werfel, Franz: Gedichte. Wien 1927
Werfel, Franz: Barbara oder die Frömmigkeit. Wien 1929
Weys, Rudolf: Literatur am Naschmarkt. Wien 1947
Weys, Rudolf: Cabaret und Kabarett. Wien 1970
Weys, Rudolf: Wien bleibt Wien: und das geschieht ihm ganz recht. Wien 1974
Weys, Rudolf: Gerichtstag vor 49 Leuten. Wien 1981
Wiener Stadt- und Landesbibliothek: Tagebuch der Straße. Wien 1981
Zohn, Harry: Wiener Juden in der deutschen Literatur. Tel Aviv 1964
Zohn, Harry: Ich bin ein Sohn der deutschen Sprache. Wien 1986
Zsolnay, Paul (Hrsg.): Wiener Cocktail. Wien 1960
Zuckmayer, Carl: Geheimreport. München 2004
Zweig, Stefan: Die Welt von gestern. Stockholm 1944
Zwischenwelt. Literatur, Widerstand, Exil: Kabarett im Exil. Wien 2003

PERSONENREGISTER

Abraham, Paul 117, 210, 268
Adler, Alfred 160
Adorno, Theodor W. 125, 267
Albers, Hans 122, 165, 170, 230, 232
Alesch, Emma von 30
Alpar, Gitta 122
Altenberg, Peter 16, 26, 28, 30 f., 33–38, 52, 62, 69, 87, 90, 110, 114, 145 f., 194, 212, 214 f., 226 f.
Ambrosi, Gustinus 227
Amon, Bibiana 31
Andrian, Leopold 26, 82
Arlt, Gustave O. 272
Aslan, Raoul 88
Auernheimer, Raoul 26, 248, 255, 275
Augustin, Elisabeth 49
Ausländer, Rose 264
Austerlitz, Friedrich 137

Bahr, Hermann 21, 26–28, 42, 62
Baker, Josephine 123–125, 138, 157
Balzac, Honoré de 43
Bartsch, Rudolf Hans 60 f., 180
Bassermann, Albert 180, 268 f.
Baudelaire, Charles 37
Bauer, Felice 74
Beckermann, Ruth 159
Beer, Rudolf 227, 260
Beer-Hofmann, Richard 26, 28
Beethoven, Ludwig van 35, 65, 116
Behrman, Samuel Nathaniel 272
Bekessy, Imre 95–97, 109
Bekessy, Janos (Hans, Jean) 96, 275
Benatzky, Ralph 117, 119 f., 268
Benjamin, Walter 44
Berg, Alban 84, 125 f., 133, 167, 188
Berg, Armin 121, 207 f., 266 f., 270, 278
Berghof, Herbert 268, 277
Bergman, Ingrid 211
Bergmann, Adolf 17
Bergner, Elisabeth 179, 268, 279
Bergson, Henri 204
Berkéwicz, Ulla 270
Bettauer, Hugo 73 f., 208
Billinger, Richard 147, 232 f.
Binder, Josef 113
Binding, Rudolf 42
Birnbaum, Menachem 71 f., 263
Birnbaum, Nathan 71
Birnbaum, Uriel 20 f., 70–72
Blei, Franz 31, 105
Bleibtreu, Hedwig 147
Bloch, Ernst 179, 188
Bogart, Humphrey 211, 271
Böhm, Karl 262
Bonaparte, Marie 261
Borchardt, Rudolf 81 f.
Borodajkewycz, Taras 60
Bosel, Siegmund 95
Brahm, Otto 87
Brauer, Arik 199

Brecht, Bertolt 65, 129, 164, 171, 182, 190, 266, 270–272
Brecht, Stefan 190
Breitner, Hugo 94, 108, 150, 185
Breker, Arno 227
Bressart, Felix 268
Broch, Hermann 12, 30 f., 39, 83 f., 102, 133, 188, 255, 261, 275
Brod, Max 99
Bronnen, Arnolt 129, 131
Bronner, Gerhard 201
Bronsen, David 40
Brooks, Louise 180
Brownlow, Kevin 144
Bruckner, Ferdinand 129 f., 147, 179, 277
Buber, Martin 58
Büchner, Georg 126
Bürckel, Josef 262
Burckhard, Max 149

Canetti, Elias 16, 44, 83, 104, 107, 188, 264
Castiglioni, Camillo 95–97, 109
Celan, Paul 264
Chambers, Whittaker 52
Chaplin, Charlie 46, 139, 192
Charell, Eric 119
Christie, Agatha 163
Clemenceau, George Benjamin 229
Corti, Axel 169, 199
Csokor, Franz Theodor 26, 30, 147, 225–229, 254, 260, 263
Curtiz, Michael 68
Czeschka, Carl Otto 79

Dehmel, Richard 42, 105
Deuticke, Franz 193
Deutsch, Ernst 268
Deutsch, Julius 23
Dietrich, Marlene 143, 145, 180, 267
Dinter, Artur 61
Döblin, Alfred 65, 130, 266
Doblinger, Ludwig 194
Doderer, Heimito von 200, 229, 251, 261
Dollfuß, Engelbert 133, 172, 174 f., 177, 184, 189–191, 202, 210, 234, 260, 276
Dollfuß, Malwine 244
Dörmann, Felix 26
Dubrovich, Milan 39
Durian, Wolf 112

Eckhardt, Fritz 219
Ehn, Karl 251
Ehrenstein, Albert 43, 179, 279
Eichmann, Adolf 255
Eisenbach, Heinrich 17
Eisenstein, Sergej 152
Endler, Franz 128, 191
Engländer, Richard, s. Peter Altenberg
Eysler, Edmund 15, 117, 157

Fall, Leo 15, 29, 117
Fall, Richard 239
Farkas, Karl 18, 201–207, 213, 215 f., 242, 253 f., 263, 266–268, 270, 278
Feininger, Lyonel 114
Ferstel, Heinrich 29
Feuchtwanger, Lion 271 f.

Ficker, Ludwig von 48
Fischer, Alois 134
Fischer, Heinrich 45
Flatter, Richard 49
Fleming, Ian 163
Flinker, Martin 194
Fontane, Theodor 21
Forst, Willi 122, 165, 180, 251
Forster, Rudolf 171
Franz Ferdinand, Erzherzog 7
Franz Josef I. 7, 19
Freud, Sigmund 11, 16, 22, 39, 83, 127, 142, 145, 160, 193, 204, 216f., 252, 261, 274
Fried, Erich 261, 264
Friedell, Egon 21, 29 f., 43, 69, 76, 91, 96, 103, 109–112, 119 f., 131, 188, 212, 214 f., 226, 238 f., 253 f., 260
Friedmann, Desider 240, 248
Friedrich II. von Preußen 81
Fritsch, Gerhard 34
Fritsch, Willy 122, 165, 251
Fröhlich, Gustav 122
Fry, Varian 272
Fuchs, Ernst 199

Gaal, Franziska 122
Gabin, Jean 142
Galilei, Galileo 222
Garbo, Greta 73, 269, 271
Gebühr, Otto 170
George, Stefan 26, 155
Gert, Valeska 73
Gilbert, Robert 117, 119
Ginsberg, Allen 146
Ginzkey, Franz Karl 60, 180
Girardi, Alexander 25
Glaise-Horstenau, Edmund 237, 242
Glück, Franz 36
Goebbels, Joseph 81, 122, 132, 171, 250
Goethe, Johann Wolfgang von 111, 140, 212 f., 216, 270
Gogh, Vincent van 37
Golding, William 162
Goldman, Kurt 162
Göring, Hermann 81, 150, 172, 189, 243, 247
Göth, Amon 194
Graf, Oskar Maria 179, 181 f., 270
Grandville 199
Gregor, Nora 147, 276
Greinz, Rudolf Hans 180
Grieb, Miriam 72
Grieb, Rosa 72
Grillparzer, Franz 11, 25, 194
Gropius, Walter 53, 105
Grünbaum, Fritz 21, 200–204, 206 f., 216, 242, 248, 253 f., 257 f., 260, 267, 280
Gundolf, Friedrich 87
Gutenberg, Johannes 222
Gütersloh, Paris von 29, 199 f., 261

Haas, Dolly 122
Haas, Willy 241
Habe, Hans 96, 109, 187, 275
Habsburg, Otto von 65, 186, 238, 278
Hagen, Uta 268
Haider, Jörg 12, 262
Hakel, Hermann 159

Hammerschlag, Peter 219
Hamsun, Knut 111
Hansen, Max 120
Harbou, Thea von 80
Harlan, Veit 232
Hašek, Jaroslav 99 f.
Hauptmann, Gerhart 42, 82, 219
Hausner, Rudolf 199
Havel, Václav 100
Heer, Friedrich 12, 79, 229
Heine, Thomas Theodor 201
Heinreid, Paul 211, 268
Heller, Hugo 194
Hemingway, Ernest 271
Hermlin, Stephan 264
Herz, Peter 118
Herzl, Theodor 16, 22, 26, 69, 71, 102, 158, 160
Herzmanovsky-Orlando, Fritz von 198 f.
Hesse, Hermann 101
Heym, Stefan 266
Himmler, Heinrich 80, 233
Hirschfeld, Al 122
Hirschfeld, Ludwig 24, 27, 121, 157, 202
Hirschfeld, Nina 122
Hitler, Adolf 10, 19, 31, 59 f., 62, 66, 80, 123, 127, 139, 141, 153, 172–174, 176–178, 181, 183 f., 187, 189 f., 216, 224, 231, 236 f., 239 f., 242 f., 247, 249 f., 252, 255, 258 f., 265, 269
Hodann, Max 160
Hoeflich, Eugen (M. Y. Ben Gavriel) 20
Hofer, Andreas 238
Hoffmann, Josef 212
Hofmannsthal, Gerty von 83
Hofmannsthal, Hugo von 11, 21, 26, 28, 62–65, 81 f., 88, 98, 115 f., 133, 146, 229, 250, 252, 260, 275
Hohlbaum, Robert 250
Hölderlin, Friedrich 21
Hollnsteiner, Johannes 188
Höllriegel, Arnold 87
Holzweber, Franz 189
Homer 111
Hörbiger, Attila 165, 251, 261
Horváth, Ödön von 11, 188, 227 f.
Hötzendorf, Franz Conrad von 25, 45
Hueber, Franz 150
Huelsenbeck, Richard 279
Hundertwasser, Friedensreich 200
Hutter, Wolfgang 199

Innitzer, Theodor 184, 188, 247, 249

Jabotinsky, Vladimir 159
Jandak, Katharina 21
Jannings, Emil 165
Jaray, Hans 119
Jean Paul (Richter) 111
Jelusich, Mirko 60, 113, 180, 250
Jens, Walter 265
Jerger, Alfred 88
Jeritza, Maria 88, 118, 208, 260
Jesenska, Milena 31, 40, 84, 241
Joyce, James 256
Jungk, Peter Stephan 188
Jürgens, Curd 272

Kafka, Franz 12, 21, 31 f., 34, 40, 43, 74, 77 f., 83 f., 87 f., 99 f., 105 f., 163, 241
Kalbeck, Maria 261
Kallir, Otto 260
Kálmán, Emmerich 117, 119, 157
Kalmar, Fritz 276
Karl der Große 65
Karl I. 22
Kästner, Erich 112, 201
Katzler, Johannes 260
Kaus, Gina 30
Kaye, Danny 272
Keaton, Buster 115
Kerr, Alfred 229
Kerschbaumer, Gert 185
Kessler, Harry Graf 64, 82, 131, 229
Kiepura, Jan 118
Kiesler, Hedy (a. Hedy Lamarr) 209–212
Kisch, Egon Erwin 16, 22 f., 103, 168 f., 276
Kisch, Paul 22
Klabund 229
Kleist, Heinrich von 37, 118
Klemperer, Victor 60
Klimt, Gustav 8, 54, 195, 212
Klinger, Julius 114
Kmoch, Ladislaus 138
Koestler, Arthur 266
Kokoschka, Oskar 11, 30, 32, 43, 52–54, 84, 123, 179, 194–196, 212, 229, 260, 264
Kollwitz, Käthe 194
Kolowrat, Alexander Graf 68
Kolschitzky (Kundschafter, 1683) 24
Kolumbus, Christoph 222
Körber, Robert 252
Korda, Sir Alexander (Sándor Laszlo Kellner) 69
Korngold, Erich Wolfgang 200, 271
Kortner, Fritz 179, 269
Kotab, Hermine (Herma) 214 f., 253
Kowa, Victor de 210
Kraft, Werner 217
Kramer, Theodor 21, 193, 255, 264
Kraus, Karl 11, 13, 17, 22, 26–29, 31, 34, 37 f., 42–53, 59, 62–65, 74–76, 83, 96–98, 100, 105, 108 f., 119, 165, 172, 175 f., 179, 181, 187, 194, 196, 216 f., 228, 230, 232, 243, 246, 249, 251, 268
Krauß, Werner 73
Kreisler, Fritz 119
Krenek, Ernst 125
Kronberger, Maximilian (Maximin) 26
Krüger, Horst 115
Kubin, Alfred 114, 197 f., 232
Kuh, Anton 22 f., 28 f., 31, 39 f., 91, 94, 96 f., 103, 110 f., 142, 157, 174, 241, 245
Kurz, Selma 118

Lada, Josef 99
Lamarr, Hedy, s. Hedy Kiesler
Lang, Fritz 79–81, 94, 115, 171, 268
Langen, Albert 201
Lanner, Joseph 230
Lányi, Richard 194, 196, 260
Laqueur, Walter 278

Lasker-Schüler, Else 43
Lawrence, D. H. 272
Leander, Zarah 120
Lehár, Franz 113, 116, 118, 248, 258 f.
Lehmann, Lotte 118
Lehmden, Anton 199
Lenau, Nikolaus 25
Lenin, Wladimir Iljitsch 231
Lenya, Lotte (a. Lenja) 171, 268
Lenz, Jakob Michael Reinhold 37
Leopold, Rudolf 260
Leopoldi, Ferdinand 259
Leopoldi, Hermann 117 f., 122, 157, 236, 257–259, 268
Liebenfels, Jörg Lanz von 59
Lind, Jakov 263, 265, 278
Lissauer, Ernst 42
Lohner, Helmuth 49
Löhner-Beda, Fritz 117, 248, 258 f.
Loos, Adolf 11, 26, 30, 33, 37, 123, 162, 175 f., 194, 200, 226 f.
Loos, Lina 30, 37, 43, 111, 145 f., 212, 214 f., 226 f., 254
Lorre, Peter 180, 268
Lothar, Ernst 133
Lubitsch, Ernst 272
Ludendorff, Erich 170
Ludwig, Emil 255 f.
Lueger, Karl 67, 177

Machaty, Gustav 209
Mahler, Gustav 16, 126, 274
Mahler-Werfel, Alma 53, 103, 105, 125, 183, 188, 229, 239, 241, 272 f.
Malmberg, Helga 35–39, 90, 253
Mandl, Fritz 210
Mann, Heinrich 267
Mann, Klaus 162, 266
Mann, Thomas 65, 82, 87, 110, 140, 147, 255, 264–267, 271 f., 274 f.
Masaryk, Tomáš Garrigue 42
Massary, Fritzi 15, 119
Matejka, Viktor 259
Matejko, Theo 113
Maugham, William Somerset 269
Mayer, Hans 102, 264
Mayer, Louis Burt 212, 271
Mehring, Walter 179, 181 f., 220, 242
Meinl, Julius 210
Meisel, Kurt 232
Meisl, Hugo 168
Mell, Max 181, 225, 250
Mendelssohn-Bartholdy, Felix 253
Mengele, Josef 126
Merz, Carl 249
Meyrink, Gustav 103 f., 114, 160
Milestone, Lewis 152
Mille, Cecil B. de 68
Milskaja, Betja 122
Mitterer, Felix 180
Molnár, Ferenc 270
Moos, Hermine 53 f.
Morgan, Paul 120, 132, 257 f.
Moser, Hans 17, 91 f., 147, 199
Moser, Kolo 8
Mostar, Gerhart Herrmann 277
Mozart, Wolfgang Amadeus 69, 116
Müller, Hans 119
Musil, Robert 20, 26, 29 f., 39, 83–85, 104, 133, 140, 198, 264 f.

Mussolini, Benito 54, 80, 127, 150, 153, 172, 175, 192, 247
Muther, Richard 166
Mynona 87

Nádherný, Sidonie von 47–50, 217
Nadler, Josef 82
Nelson, Herbert 263
Nelson, Rudolf 180, 263
Nestroy, Johann Nepomuk 9, 11, 15, 96, 98, 130, 216, 220
Neumann, Robert 62, 132, 181 f., 264, 266
Nietzsche, Friedrich 43
Nordau, Max 87
Nostitz, Helene 64
Novotna, Jarmila 118

Odets, Clifford 272
Offenbach, Jacques 15, 96, 216
Ollenhauer, Erich 126
Ophüls, Max 68, 268
Orlik, Emil 114, 212
Ortner, Hermann Heinz 225

Pabst, Georg Wilhelm 170 f., 179
Pallenberg, Max 29, 119
Palmer, Lilli 219
Pascin, Jules 114
Pauli, Herta 242
Pawlowa, Anna Pawlowna 208
Perntner, Hans 241, 245
Perutz, Leo 13, 24, 39–42, 157, 163 f., 248, 265, 278
Pfeifer, Hertha 261
Pfrimer, Walter 153
Picasso, Pablo 54
Piccaver, Alfred 113, 117 f.
Pick, Gustav 76, 205
Pick, Otto 75
Pick, Robert 15, 61, 86 f., 92, 140, 270, 275
Pick, Rudolf 76
Picon, Molly 20
Piel, Harry 165
Piscator, Erwin 119, 268
Pius XI. 184
Planetta, Otto 189
Poe, Edgar Allan 197
Polak, Ernst 39
Polgar, Alfred 16, 26, 29 f., 40 f., 76, 103, 109 f., 119, 145, 163, 179, 207, 212, 226, 230, 246, 260, 271, 278
Pollaszek, Clara 188
Popper, Karl 264
Preminger, Otto 268 f.
Princip, Gavrilo 7, 253

Qualtinger, Helmut 109, 249

Raimund, Ferdinand 11, 15, 25
Rastelli, Enrico 15, 90 f.
Rattigan, Terence 204
Rauschning, Hermann 178
Redl, Alfred 168
Reich, Wilhelm 160
Reimann, Hans 132
Reiner, Grete 99
Reinhardt, Max 62, 87, 96, 109, 119, 147, 158, 180, 195, 199, 208, 268, 272
Remarque, Erich Maria 152, 272
Renner, Karl 8, 65

Renoir, Jean 142, 276
Reuß, Leo (a. Kaspar Brandhofer) 180
Reutter, Otto 27, 207
Richter, Paul 79
Richthofen, Frieda von 272
Riedl, Joachim 44
Riefenstahl, Leni 80
Rilke, Rainer Maria 21, 30, 47 f., 50 f., 98, 196, 206, 275
Rimbaud, Arthur 185
Ringelnatz, Joachim 201
Rintelen, Anton 188 f., 191
Robitschek, Kurt 132, 268, 270
Roda Roda, Alexander 87, 114, 149, 181, 270
Rodin, Auguste 227
Röhm, Ernst 172
Rops, Félicien 199
Rosenberg, Ethel 52
Rosenberg, Julius 52
Rosenzweig, Franz 58
Roth, Friedl 40
Roth, Joseph 14 f., 19, 39 f., 61, 103, 133, 140 f., 169 f., 238, 263, 265, 269
Rothstock, Otto 74
Rouault, Georges 71
Rowohlt, Ernst 40, 140
Ruther, Leopoldine 227

Sacco, Nicola 21
Salten, Felix 16 f., 21, 26, 51 f., 87, 121, 147, 149, 261
Sandrock, Adele 147–149
Schad, Christian 23
Schalek, Alice 44
Schiele, Edith 7
Schiele, Egon 7, 11 f., 30, 54, 84, 194–196, 199, 260 f.
Schildkraut, Rudolf 69
Schiller, Friedrich von 100, 216
Schlesinger, Victor 279
Schmidt, Joseph 117, 264
Schmieger, Wilhelm 168
Schneider, Magda 147
Schnitzler, Arthur 11, 16, 22, 26, 28, 30, 67 f., 82, 87, 89, 102, 133, 142, 145 f., 148–150, 188, 230, 251 f., 256, 261, 275
Schnitzler, Heinrich 262, 269
Schnitzler, Lilli 150
Schnog, Karl 258
Schober, Johann 107–109, 150
Schönberg, Arnold 16, 84, 133, 167, 188, 229, 271
Schönherr, Karl 57, 102, 251
Schopenhauer, Arthur 110
Schröder, Rudolf Alexander 42
Schubert, Franz 69, 116, 128 f., 230
Schuschnigg, Kurt von 184, 188 f., 216, 224, 236–240, 242, 247
Schwarzwald, Eugenie 229
Seghers, Anna 276
Seipel, Ignaz 66 f., 106–108, 128 f., 133, 139, 205
Seitz, Karl 107 f., 129, 172
Serke, Jürgen 231
Sewerin, Andrzej 64
Seyß-Inquart, Arthur 237, 242, 247
Shakespeare, William 49, 64
Sindelar, Matthias 210
Sissi (Elisabeth von Österreich) 35 f.

Slama, Viktor 113
Slezak, Leo 88, 120
Sonnenschein, Hugo (a. Bruder Sonka) 230f., 234
Soubirous, Bernadette 272
Soyfer, Jura 126, 184, 219 f., 234–236, 242, 247 f., 257, 270
Soyka, Otto 31, 41 f., 46
Speer, Albert 113
Spengler, Oswald 110
Sperber, Manès 104, 181, 263
Speyer, Wilhelm 154
Spiel, Hilde 9, 278
Springenschmid, Karl 185
Starhemberg, Rüdiger von 147, 150, 153, 172, 185, 188, 190, 276
Stauf von der Mark, Ottokar 59
Steiner-Prag, Hugo 104
Steinschneider, Hermann (a. Eric Jan Hanussen) 15
Sternberg, Graf 65
Sternberg, Josef von 143 f.
Stolz, Robert 116, 119, 121, 268
Straus, Oscar 15, 117, 119
Strauss, Richard 116
Streicher, Julius 172
Strindberg, Frieda 146
Strobl, Karl Hans 60, 180
Stroheim, Erich von 141 f.
Szakall, Szöke 211

Tagger, Theodor 129
Tanaka, Michiko 210
Tauber, Richard 90, 113, 117–119, 264
Templ, Stephan 259
Tennenbojm, Josef 19
Teschner, Richard 196
Thalberg, Irving 143
Thimig, Hans 147
Thimig, Helene 269
Thimig, Hermann 147
Thimig, Hugo 147
Toch, Josef 158
Torak, Josef 227
Torberg, Friedrich 21, 39, 41, 63, 75, 100, 163, 165, 187, 191, 198, 203, 219, 278
Trakl, Georg 21, 43, 48, 181, 275
Trenker, Luis 170, 232, 251
Tressler, Otto 88
Troller, Herbert 225
Trotzki, Leo 29
Truffaut, François 115
Tucholsky, Kurt 96, 124, 179, 220
Tzara, Tristan 123

Unruh, Fritz von 179
Urzidil, Johannes 40

Vadim, Roger 68
Vanzetti, Bartolomeo 21
Veidt, Conrad 69, 170, 180, 211, 269
Veigl, Hans 203, 219, 258
Verlaine, Paul 146
Viertel, Berthold 43, 45, 271
Viertel, Peter 271
Viertel, Salka 271
Vrieslander, John Jack 114

Waggerl, Karl Heinz 181, 251
Wagner, Otto 8
Wagner, Richard 80, 258

Waldheim, Kurt 12
Wallishausser, Johann Baptist 194
Walter, Bruno 119
Walzer, Tina 259
Wassermann, Jakob 82, 87
Webern, Anton 126
Wedekind, Frank 201
Wegener, Paul 131
Weigel, Hans 83, 120, 219, 278
Weigel, Helene 229
Weill, Kurt 268 f.
Weinheber, Josef 181, 250
Weinzierl, Ulrich 252
Werfel, Franz 21 f., 28 f., 39 f., 47, 65, 74 f., 83, 97, 103–106, 133, 183, 187 f., 243, 256, 268, 271 f.
Wessely, Paula 119, 147, 165, 251, 261
Wiesenthal, Bertha 229 f.
Wiesenthal, Else 229 f.
Wiesenthal, Grete 37, 229 f.
Wilde, Oscar 30
Wilder, Billy 142, 269
Wildgans, Anton 21
Wilhelm II. 169
Winkler, Ernst 108
Wittgenstein, Ludwig 11, 48, 83, 88, 97f.
Wohlbrück, Adolf (Anton Walbrook) 180
Wolf, Friedrich 184
Wolf, Markus 184
Wolzogen, Ernst von 201

Zernatto, Guido 186, 244
Zille, Heinrich 114
Zohn, Harry 46
Zsolnay, Paul 105, 265
Zuckerkandl, Berta 188, 228 f.
Zuckermann, Hugo 21
Zuckmayer, Carl 132, 179, 188, 210, 238 f.
Zumbusch, Ludwig von 27
Zweig, Stefan 9, 12, 21 f., 24, 40, 65, 84 f., 87, 100–102, 106, 114, 127, 133, 147, 184 f., 244, 256, 261, 263–266, 280